IQ · EQ 박사 | 현용수의 인성교육 시리즈 11

〈우리 아이 모세처럼 **독수리 리더**로 키우는 방법〉
유대인의 리더십 개발 원리

현용수 지음

도서
출판 쉐마

IQ·EQ 박사 현용수의 인성교육 시리즈 ⑪

유대인의 리더십 개발 원리

초판	1쇄 (도서출판 쉐마, 2022년 5월 1일)
지은이	현용수
펴낸이	현용수
펴낸곳	도서출판 쉐마
등록	2004년 10월 27일
	제315-2006-000033호
주소	서울시 강서구 공항대로71길 54
	(염창동, 태진한솔아파트 상가동 3층)
전화	(02) 3662-6567
팩스	(02) 2659-6567
이메일	shemaiqeq@naver.com
홈페이지	http://www.shemaIQEQ.org
총판	한국출판협동조합(일반)
	생명의말씀사(기독교)

Copyright ⓒ 현용수(Yong Soo Hyun) 2022
본서에 실린 자료는 저자의 서면 허가 없이 복제를 금합니다.
Duplication of any forms can't be published without written permission.

ISBN 978-89-91663-95-4

값 25,000원

도서출판 쉐마는 무너진 교육을 세우기 위한 대안으로
인성교육과 쉐마교육의 원리와 실제를 연구하여 보급합니다.

Character Development Series ⑪

Jewish Leadership Principles Modeled by Moses

By
Yong Soo Hyun (Ph. D.)

Presenting
Modern Educational Problems and
It's Solution

2022

Shema Books
Seoul, Korea

차 례

서평 · 추천사

- 랍비 마빈 하이어 : 유대인을 연구한 많은 학자들이 있지만 현 박사처럼 유대인 생존의 비밀을 정확히 지적한 경우는 의외다 · 16
- 김성수 박사 : 기존의 교회교육 학설을 뒤집는 하나님의 모세교육 연구 · 18
- 정성구 박사 : 탁월한 하나님의 모세 리더십 개발 원리 발견 · 23

저자 서문: 유대인의 리더쉽 개발 원리를 펴내며 · 27

IQ-EQ 총서를 발간하면서 · 44

제1부
하나님의 모세 이전과 이후 인성교육의 내용과 방법 차이

제1장
〈모세 이전〉
하나님이 모세를 큰 지도자로 만든 교육방법 연구
– 인성교육학적 분석 –

I. 서론 · 60

   1. 문제 제기 · 60

   2. 모세의 인적 사항 · 63

   3. 용어 정의 · 64

      A. 수직문화와 수평문화 · 64

      1) 수직문화 · 64

      2) 수평문화 · 64

      3) 수직문화에 속한 '성격(PQ)의 토양'과 '마음(EQ)의 토양' · 65

   B. Pre-Evangelism, Evangelism, Post-Evangelism · 67

   C. 큰 그릇, 큰 인물 및 큰 지도자(=리더) · 68

II. 하나님의 모세 교육1: 애굽 왕궁학교 교육 · 70

  1. 하나님이 모세를 왕궁학교에 유학 보낸 방법:

    아기 모세가 죽을 위기 조성 · 70

  2. 하나님이 모세를 애굽 왕궁학교에 유학 보내는 8가지 과정 · 72

  3. 모세가 애굽 왕궁학교에서 받은 교육 커리큘럼 · 75

   A. 요게벳의 교육, 어느 정도였나 · 75

   B. 모세가 받은 세계 최고 애굽 왕실의 수직문화 교육 · 80

   C. 하나님이 모세에게 애굽 왕실 수직문화 교육을 시키신 5가지 이유 · 82

III. 하나님의 모세 교육2: 미디안 광야학교 교육 · 86

  1. 하나님이 모세를 광야학교로 전학 보낸 방법: 애굽 관헌을 죽임 · 86

   A. 모세가 애굽을 탈출한 이유: 살인죄보다는 역모죄 · 86

   B. 왜 하나님은 모세를 광야학교로 전학 보내기 위해 살인 사건을 택하셨나 · 89

  2. 모세가 미디안 광야학교에서 받은 교육 커리큘럼(4가지) · 90

   A. 모세는 광야에서 고난 교육을 받았다 · 90

   B. 모세는 미디안의 수직문화 교육을 받았다 · 93

   C. 모세는 양치기 목자 수업을 받았다

    〈애굽의 생존법과 광야 생존법의 차이〉· 95

   D. 모세는 가정 사역을 배웠다 · 95

  3. 결론 · 98

IV. 모세의 회심 과정과 열매 · 99

    1. 80세에 하나님을 만난 모세: 낮아짐과 회심 · 99

    2. 모세의 회심 이전과 이후의 차이 · 103

    3. 모세가 아론보다 큰 그릇이란 4가지 증거 · 105

    4. 하나님은 왜 고집 센 사람을 더 크게 사용하시나 · 108

V. 요약, 토론 및 결론 · 111

    1. 아론과 모세가 받은 교육의 차이1: 노예 공동체와 왕궁의 차이 · 112

    2. 아론과 모세가 받은 교육의 차이2: 노예 공동체와 미디안 광야의 차이 · 115

    3. 결론 및 적용 · 118

        A. 모세가 다녔던 왕궁학교와 미디안 광야학교 비교 (인성교육 측면) · 118

        B. 하나님의 모세 교육 원리를 한국 교회에 적용 및 대안 제시 · 122

        C. 개인에게 적용: 모세를 키우신 하나님 vs 나를 키우신 하나님 · 127

           1) 하나님의 목적을 위해 모세를 키우셨던 하나님 · 127

           2) 하나님의 목적을 위해 저자를 키우셨던 하나님 · 129

           3) 예화1: 큰 그릇 고 정필도 목사님이 그리워지는 이유 · 131

           4) 예화2: 아들이 미법무부 차관보에 지명된 후 한 말 · 135

제2장
〈모세 이후〉
유대인의 신본주의 수직문화 개발과 이를 한국인에게 적용

I. 모세 이후 하나님이 유대인을 큰 지도자로 만드신 방법
   〈유대인을 독수리 민족으로 만든 방법〉 · 164

    질문 1: 모세 이후에 하나님은 유대인을 어떻게 큰 인물로 키우셨나 · 164

    답 1: 모세 이전과 이후의 차이 · 164

질문 2: 모세 이전 아브라함이나 요셉이 큰 인물이 될 수 있었던 이유 · 167
답 2: 족장 시대와 노예 시대의 차이 · 167

II. 유대인 교육을 한국인에게 적용
〈한국인을 독수리 민족으로 만드는 방법〉 · 171

1. 문제점: 한국의 초대교회에는 큰 인물들이 많았는데
   왜 현대에는 거의 없는가 · 171

   A. 한국 초대교회에 큰 인물이 많았던 이유 · 171
   B. 현재 한국교회에 큰 인물이 적은 이유 · 174
      1) 한국의 수직문화 얼마나 파괴되었나 · 174
      2) 한국의 수직문화가 파괴된 참혹한 결과 · 178

2. 한국교회에 대안 제시 · 182

   A. 하나님이 만드신 두 교육 모델이 한국인에게 필요한 이유 · 182
   B. 출애굽 이전 모세 교육 모델을 한국 초대교회 1세대에 적용 · 185
   C. 출애굽 이후 유대인 교육 모델을 한국 초대교회 1세대에 적용 · 189
      1) 모세가 율법 받은 후 유대인의 3단계 수직문화 개발 · 189
         제1단계(초기): 시내광야에서 율법으로 신본주의 수직문화를
                      만들었다 · 189
         제2단계(중기): 가나안에 입성 후 지킬 제사와 절기를 준비했다 · 190
         제3단계(완성): 가나안에서 완성된 수직문화를 실천했다 · 191
      2) 한국인이 예수님을 믿은 후 3단계 수직문화 개발 · 192
         제1단계(개인): 먼저 자녀를 한국인으로 키워라
                      (한국의 수직문화 회복) · 192
         제2단계(교회): 서양식 기독교 문화를 한국식 기독교 문화로
                      전환하라 · 195

제3단계(모두): 신구약 성경으로 한국인의 신본주의 수직문화를
　　　　만들어라 · 199
　　　D. 한국인의 신본주의 수직문화 개발 단계와 주님의 재림 준비 · 202
　　3. 질문: 한국교회는 왜 신본주의 수직문화를 개발 못했나 · 208
　　4. 요약 및 결론 · 209

제2부
하나님의 모세교육과 관련된 두 주제

제1장
인성교육에 예절이 필요한 이유:
인성교육에는 내용과 형식이 있다

Ⅰ. 인(仁)과 예(禮), 사랑과 율법 · 224

　　1. 예는 인격(인성)을 담는 그릇이다 · 224
　　2. 예(율법)는 자기의 유익보다 남의 유익을 구하는 것이다 · 231
　　3. 속리산(俗離山)과 법주사(法住寺) vs. 시내산과 율법 · 235

Ⅱ. 교육의 내용과 형식: 믿음과 율법의 행함 · 238

　　1. 반석(믿음) 위에 어떤 집을 지어야 하는가 · 238
　　2. 한국 교회 최대 과제 '신앙과 삶의 불일치' · 246
　　3. 유대교와 바울, 천주교와 개신교(칼빈) · 249
　　　A. 유대교의 교육 내용과 형식 · 250
　　　B. 천주교와 개신교의 교육 내용과 형식 · 253
　　　C. 구약도 율법주의를 책망했다 · 256
　　　D. 결론: 대안 제시 · 257

4. 신약교회도 '내면화'와 '제도화'가 필요하다 · 264

Ⅲ. 대안: 한국인 기독교인에 맞는 율법에 근거한 전통을 만들어야 한다 · 269

    1. 전통이 형성되는 과정 · 269

    2. 서양 것 모방은 그만하고 한국 것 개발해야 · 273

제2장

극소수 개신교가 3.1 운동의 리더가 되었던 이유가 교회 성장에 미치는 영향 연구

Ⅰ. 서론 · 282

    1. 문제 제기 · 282

    2. 연구의 범위 · 284

    3. 연구의 조건 · 285

Ⅱ. 소수 개신교가 3.1 운동의 리더가 되었던 신학적 및 윤리학적 이유 · 286

    1. 신학적 이유: 개신교인들이 복음을 받은 후 민족주의자들로
        바뀌었기 때문이다 · 286

    2. 윤리학적 이유: 한국의 초대교회 지도자들이 '자기 개조 운동'을
        했기 때문이다 · 288

Ⅲ. 소수 개신교가 3.1 운동의 리더가 되었던 인성교육과 종교심리학적 이유 · 291

    1. 조선인에게 강한 수직문화가 있었기 때문이다 · 291

        A. 강한 수직문화에 복음이 결합되면 큰 파워가 발생하는 이유 · 291

            1) 조선인의 수직문화는 마음과 성격(EQ+PQ)의 토양이 옥토였다 · 291

            2) 조선인의 마음과 성격의 토양(EQ+PQ 토양) · 294

            3) 조선인의 강한 성격의 토양(PQ)이 순교자를 많이 낳게 했다 · 298

B. 수직문화의 마음과 성격의 토양으로 본 4가지 신앙 타입 · 301
　　1) A타입(옥토): EQ의 마음도 풍부하고, 의지력도 강한 사람 · 302
　　2) B타입(돌밭): EQ의 마음은 풍부하지만, 의지력이 약한 사람 · 303
　　3) C타입(길가): EQ의 마음은 적지만, 의지력이 강한 사람 · 305
　　4) D타입(가시덤불): EQ의 마음도 적고, 의지력도 약한 사람 · 307
C. 4가지 신앙 타입 비교 분석 · 309
D. 요약 및 결론 · 311
2. 수직문화에 대한 이론을 증명했던 저자의 연구 논문 · 316

IV. 소수 개신교가 3.1 운동의 리더가 되었던 교육신학적 이유:
　　선교사들의 바른 신학교육 때문이었다 · 318

V. 요약 및 결론 · 321
1. 요약 · 321
2. 결론 · 324

부 록

부록 I: 유대인의 '비디온 슈바임 자금'(속전)을 통해 본
'아사셀 염소'와 그리스도 십자가의 의미 연구 · 330

I. 서론 · 333
1. 문제제기: 사탄 배상설을 주장하면 이단인가 · 333
2. 연구의 범위 · 338
3. 용어 사용 설명 · 339

II. 유대인의 속전의 개념 · 341

    1. 유대인이 포로를 사올 때 지불하는 '비드온 슈바임 자금' · 341
    2. 기독교인에게 적용되는 '비드온 슈바임 자금' 개념 · 345

III. 구약에서 찾은 사탄 배상설의 근거 · 346

    1. 유대인의 대속죄일 · 346
    2. 유대인을 속죄하는 데 필요한 두 염소의 의미 · 348
    3. 둘째 염소(아사셀 염소)의 의미 · 351
    4. 아사셀 염소가 사탄의 요구를 배상하는 속전인 이유 · 354
        A. 죄를 지은 아담과 그의 후손은 사탄의 소유다 · 354
        B. 대속죄일에 대제사장이 취한 첫째 염소와 둘째 염소의 기능 차이 · 358

IV. 그리스도는 십자가에서 두 염소의 이중 대속의식을 성취하셨다 · 361

    1. 그리스도가 둘째 염소(아사셀 염소)의 기능을 성취하신 근거 · 361
    2. 기독교인이 사탄을 물리칠 수 있는 법적 근거 · 365

V. 요약 및 결론: 사탄 배상설은 성경적이다 · 370

부록 II: 쉐마지도자클리닉 참석자들의 증언 · 378

- 탈북자의 통일 준비, 답을 찾았다 · 379
    - 탈북민 김예진 의사 (여, 단국대학교 병원 내과의사)

- '쉐마'는 구약학계의 Blind Spot을 세계 최초로 발견한 것 · 386
    - 김상진 박사 (Ph.D., 구약학)

- 제2의 종교개혁 태동 느껴 · 389
    - 김선중 교수 (미국 국제개혁신학대학원 교수)

- 찬란한 광채를 보는 듯한 감격 · 398
  - 소강석 목사 (분당 새에덴교회 목사)

- 미주 한인 2세교육의 문제점에 대한 해결 대안을 찾았다 · 401
  - 함성택 박사 (Ph.D., 한미 역사학회 회장)

- 쉐마교육을 신학교에서도 필수과목으로 채택해야 · 405
  - 소화춘 감독 (교수, 충주 제일감리교회)

- "아, 기독교강요와 종의 기원처럼 이 이론은 교육학의 분기점이 되겠구나!" · 412
  - 권혁재 목사 (수원신학교 교수, 민들레교회 담임)

부록 Ⅲ: 우리의 각오: 쉐마교사대학 졸업생 선언문 · 415

Los Angeles Times

SATURDAY, JULY 13, 2002 — Religion

'We have to learn the secrets of the Jews.'
— The Rev. Yong-Soo Hyun

The Rev. Yong-Soo Hyun, left, who has immersed himself in the study of Orthodox Judaism, meets with Rabbi Yitzchok Adlerstein at a Shabbat meal.

Taking a Cue From Jews' Survival

Culture: Minister studies Orthodox Judaism to teach Korean Americans how to educate children, help churches thrive.

By TERESA WATANABE
TIMES STAFF WRITER

The Rev. Yong-Soo Hyun says God called him to abandon a well-paying engineering career 21 years ago in favor of Christian ministry.

So what is he doing shepherding a group of Korean visitors around Southern California to attend a Shabbat dinner, an Orthodox Jewish temple and a lecture by a Jewish rabbi on how to keep children holy?

Hyun, 63, may be the biggest booster of traditional Jewish education in all of Korean America.

It is, he tells you, the antidote to the loss of cultural identity and religious grounding he sees in successive generations of Koreans here.

So the minister now writes books, conducts tours and has even opened the Shema Education Institute to teach Koreans the Jewish "secrets of survival."

"For Korean churches to survive in America, we have to successfully pass down the word of God from generation to generation, just as Jews have done since the time of Moses," said Hyun, a short, dynamic man with an easy grin. "We have to learn the secrets of the Jews."

Hyun, who immigrated to the United States in 1975 at age 36, says he sees several parallels between Korea and Israel.

Both, he says, are small nations surrounded by large and sometimes menacing neighbors.

Both, he says, prospered when their people honored God and became imperiled when they did not. The Israeli captivity in Babylonia, he says, mirrors the Korean colonization by Japan.

His fascination with traditional Judaism was sparked 12 years ago, when he was a doctoral student at Biola University. He was studying the philosophy of Christian education and wrote a term paper comparing secular education with traditional Jewish education.

What struck him, he says, was the way Jewish education seemed to produce children who were intellectually excellent, honed through hours of Torah training and Socratic-style questioning, as well as religiously pious and morally grounded.

Traditional Jews also seemed to keep family ties strong, with fewer generation gaps than he says he found in his own community, and his divorce rates.

Persistence Pays Off

Trying to learn more about Jewish religious education, however, wasn't easy. He called the Orthodox Yeshiva University in Los Angeles but says he was told it was not open to non-Jews. He called again and was told the same thing. The third time, he said, he began to argue with the rabbi on the other end.

"Why do you want to hide? God gave the Torah not just for you but also to shine for all nations. If you teach me the secrets of survival, how to keep your children holy, I will teach this to the Koreans. This will be good for you and good for God!" Hyun said he told the rabbi.

There was a pause. Then the rabbi gave him the name and number of Rabbi Yitzchok Adlerstein, a professor of Jewish law at Loyola University and prominent member of the Orthodox community known for reaching out to non-Jews.

Hyun called Adlerstein, who immediately invited him to his home for Shabbat dinner. Even better, Hyun said, Adlerstein agreed to guide his research into Jewish education.

"He allowed me to attend his Talmudic teachings," Hyun said. "He invited me to all of the ritual meals—the Passover Seder, Sabbat, Rosh Hashana. I asked so many questions and he answered them all."

The Shabbat meal, in particular, left a lasting impression, Hyun says. He was moved by the way the family sang a ritual song of praise to Adlerstein's wife—a contrast, he says, with an old Korean saying that the "those dumb things" a man must not do are praise his wife, his children or himself. He was touched by the way Adlerstein blessed each of his children.

And he was impressed at the way Adlerstein taught his children the Torah, quizzing them on passages, never spoon-feeding answers but asking more questions to stimulate their critical thinking skills and creative intellects.

For his part, Adlerstein said he initially thought the idea of a Korean Christian minister wanting to learn about Orthodox Judaism seemed "a little odd."

Although traditional Jews don't believe Judaism was meant for the world—they do not proselytize and often discourage would-be converts—Adlerstein was willing to guide Hyun.

"Our attitude generally is a communal one that when you're enthusiastic about God and his teachings, you have a gift that you want to share with any well-intentioned person," he said.

Armed with his experiences, Hyun was ready to try the techniques on his four sons at home. He announced that, like Adlerstein, he would no longer allow them to watch TV. Instead, those evenings a week he would teach them the Bible.

The reaction? "They rejected it all," Hyun said, laughing.

After too many nights of arguments, Hyun got them interested in Bible studies by asking them to take home preaching. But more than the intellectual training, Hyun said, it was his ministry of Jewish experiences of family love that seemed to bring the most dramatic results.

Praise for His Wife

For the first time, Hyun says, he began praising his wife as he had seen his Jewish mentor do. He took her to Malibu at night, and strolled around the waterfront. He began washing the dishes and taking his wife on his travels. Before, he said, their marriage was characterized by "an romance—just called" to her from afar.

For the first time, he gathered his sons around to bless them. He asked God to bless them with wisdom, prosperity, leadership and the light of the gospel. "I cried, and they cried," he said.

From there on, he says, his family life dramatically improved. "Judaism showed me patience and how to lead children by wisdom and not authoritarianism. Now our family friendship has recovered."

Eager to share his experiences with other Koreans, Hyun has written a book on Jewish religious education that has sold more than 120,000 copies.

Hyun writes that Jewish fathers develop a child's IQ through Talmudic teachings, while mothers nurture their "EQ," or emotional quotient, with their maternal love—a thesis Adlerstein himself rejects in favor of viewing both parents as responsible for nurturing both aspects.

Experiencing Judaism

Hyun also figures he's coached 300,000 other Koreans in lectures on Jewish education at various seminars and conferences around the world.

And he says he has brought at least 150 people to Los Angeles to experience traditional Judaism firsthand in visits to synagogues and Friday night Shabbat dinners.

During one recent tour, Hyun led a group into the Beth Jacob congregation on Olympic Boulevard, wearing a traditional Korean jacket and a Jewish yarmulke.

After Sabbath prayers, Rabbi Shalom Kraft fielded a stream of lively questions: Why do you wear a head covering? Why do you wear a beard? Why kiss the door? Why do men shake when they pray? Why do you have two daughters? Do you evangelize?

Finally, someone asked, "We've learned about Jews, but what do you think about Koreans?"

Kraft gave the crowd a broad smile.

"They are bright, hard-working, studious—just like Jewish people," he said. "We seem to share a lot of the same values."

THE JEWISH JOURNAL
OF GREATER LOS ANGELES
Volume 24, Number 52 • 5–11 Adar, 5770 • February 19–25, 2010 • jewishjournal.com

Judaism by Example

Koreans study Jewish family values, traditions and history as secrets to longevity.

by JULIE GRUENBAUM FAX, Senior Writer

Thirty-five Korean ministers and professors visited the Los Angeles Jewish community last week, sitting in on high school Torah classes, attending morning prayers, joining a Shabbat meal and studying Jewish texts with local rabbis.

All devout Christians, these students of Judaism hailed not only from South Korea, but also from Korean communities in Russia, China, South America, Canada and across the United States.

They were not interested in converting to Judaism or in proselytizing Jews, but rather were here to learn the secret to Judaism's survival.

"Jews successfully conveyed the Torah, the traditions, the history — especially the history of suffering — and the family values based on Torah for 3,000 years with no generation gap," said the group's leader, Yongsoo Hyun. "The Christian people lost the value of how to raise children who are holy. We are recovering that history to spread it all over the world."

Hyun, 62, a Presbyterian minister and professor who moved to the United States in 1975, has spent the last 18 years studying the Jewish community and spreading his Jewish gospel from his Mar Vista-based Shema Education Institute.

This is the ninth annual tour of Los Angeles Hyun has led, the culminating event of a three-semester course attended by 400 students each year at locations around the world. Hyun says 3,000 Koreans have graduated his class, paying $350 a semester, and he believes about 3 million people have been affected by his teachings through seminars led by his disciples or by reading one of his 22 books on Judaism, which have sold hundreds of thousands of copies in South Korea.

Hyun focuses on family, jumping off the biblical idea of keeping three generations together — as in Abraham, Isaac and Jacob, or the Torah's refrain of "you and your children and your children's children."

But some Jews might not recognize the Judaism Hyun teaches. He speaks of a Judaism with intact families and no faulty transmission lines between parent and child. He speaks of Jewish Nobel laureates gaining their wisdom through Jewish studies, though most did not have a Jewish education.

Yongsoo Hyun

His understanding of Judaism derives almost exclusively from observance of Orthodox families and studying with traditional rabbis. He believes the father is primarily responsible for transmitting texts and traditions to children, with the mother being responsible for the family's emotional well-being and helping the father.

"I don't get high grades in modern feminist literature, but I don't think this division of labor is clear cut. Both parents contribute appreciably to both the intellectual and the emotional training of their children," said Rabbi Yitzchok Adlerstein, who has been Hyun's mentor. "It is partially Dr. Hyun's reaction coming from a very man-centered society, where these divisions of labor still exist, and he thinks he spots them in traditional Judaism, but I don't see them in my home or in my community."

Adlerstein, a professor of Jewish law and ethics at Loyola Law School, said Hyun is as loyal a friend as the Jewish community and Israel will find, as well as a personal friend. Hyun pursues Jewish knowledge assiduously, and he knows more about Jewish texts and traditions than most Jews.

The visitors to Los Angeles, many of whom brought their families, toured the Museum of Tolerance, Beth Jacob Congregation in Beverly Hills, the Skirball Cultural Center, American Jewish University and YULA Boys High School and went on a shopping spree at 613 The Mitzvah Store before participating in a commencement ceremony at the JJ Grand Hotel in Koreatown at the end of their weeklong stay.

Koreans often compare themselves to Jews — a beleaguered people from a small country surrounded by enemies, which is, like ancient Israel, divided in two. Their brothers in North Korea are persecuted, while millions of Koreans in the Diaspora — and even those in the increasingly westernized South Korea — struggle to maintain their traditions and a standard of excellence for their children.

Hyun's interest in Judaism began in 1990 while working toward his Ph.D. in education at Biola University, a Christian school in Orange County. As part of his studies, he was moved by what he saw as the God-centered nature of Jewish education, compared to the student-centered nature of classical American education.

He started taking classes at the University of Judaism (now American Jewish University), but was turned off by the liberal approach he found there. He switched to Yeshiva University of Los Angeles and, after some persistent nudging, ended up talking with Adlerstein, who was teaching there at the time.

Adlerstein, currently director of interfaith affairs at the Simon Wiesenthal Center, invited Hyun to his home for Shabbat dinner. Now Hyun and his wife — and often dozens of Hyun's guests — regularly attend Adlerstein's Passover, Rosh Hashanah and Shabbat meals.

Hyun set up the Shema Education Institute in 1992, and has since become something of a cult figure among his followers in South Korea and in the Korean Diaspora.

"We have had great leaders like Moses, and Paul in the New Testament, and Dr. Hyun's discovery of the secret of Jewish survival is one of the greatest discoveries in human history," said Yeong Pog Kim, with Hyun translating.

Kim has 2,000 members at his Presbyterian Church of Love and Peace near Seoul, and he said he is slowly introducing them to Jewish family values and educational methods.

He believes the Jewish give and take between teacher and student can revolutionize their Korean classrooms. And it will make families stronger, as husbands learn to respect their wives and spend more time with their children.

Like many of Hyun's students, Chi Nam Kim, a pastor in Toronto, has modified how he observes the Lord's Day. Now, his wife lights candles every Sunday, and he says a prayer over the wine and the bread, and blesses his children and wife, all dressed in their best traditional clothes.

Chi Nam Kim explains this commitment by quoting Rabbi Abraham Joshua Heschel's observation, "More than the Jews have kept the Sabbath, the Sabbath has kept the Jews."

One student, Jin Sup Kim, prays three times a day, reciting the Shema and the biblical chapters that come after it, along with verses from the New Testament.

Jin Sup Kim is vice president of the divinity college at Baekseok University, a Christian school near Seoul with 30,000 students. Kim earned a Ph.D. in ancient near eastern studies at Philadelphia's Dropsie College, now known as the Center for Advanced Judaic Studies at the University of Pennsylvania.

Kim, who teaches Hebrew, named his children Salome, Emet and Chesed, Hebrew words for peace, truth and kindness. During summer and winter breaks, he studies the Bible with his children for hours every day and encourages his 950 divinity students to do the same.

Kim leads a division of the Shema Education Institute and his own organization, the Korean Diaspora Revival Foundation, with offices in Israel aimed at drumming up Korean support for Israel and Judaism. Addressing the anti-Semitism some Christian missionaries imported into Korea has been a clear benefit of the program.

"I didn't like the Jewish people because of what they did to Jesus and Paul in the New Testament," said Yeong Pog Kim, the minister from Seoul. "But now I turned to being pro-Israel. Now it opened my eyes to see the Jews positively, as a friend, and to see the Old Testament with a positive mind."

In the past decade, South Korea has sent more tourists — mostly Christian pilgrims — to Israel than the rest of Asia combined, and the political relationship between the two countries continues to improve, according to the Jerusalem Center for Public Affairs.

While Israel needs that kind of international support, and the attention the Shema Education Institute is offering the L.A. Jewish community is flattering, is this attention all positive?

Adlerstein isn't so worried about the Koreans' filtered interpretations of Judaism — they are, after all, not planning to become Jewish. But Adlerstein does worry about what some refer to as reverse anti-Semitism, something he has seen in many parts of the world.

"Putting Jews up on a pedestal for how they are educated or for their achievements is sort of nice, but at the same time, it sends the message that the reason why we like Jews or will tolerate them is because they act on a higher plane. And we don't always act on a higher plane, and these positive stereotypes are not always true," Adlerstein said. "We would rather be accepted because we are a people and all people deserve tolerance and acceptance."

Still, there is something compelling about the expectation, Adlerstein said.

"As a traditional Jew, I can't fight it too much because I do believe it is what the Ribbono Shel Olam [Master of the Universe] asks of us. He does ask of us to live on a higher plane, to be an or lagoyim [a light unto the nations]. I find this insistence in some people who are not anti-Semites, but who insist on Jews being different, to be disturbing and exhilarating at the same time."

Book Review

유대인의 리더십 개발 원리를 읽고

- 유대인을 연구한 많은 학자들이 있지만 현 박사처럼
  유대인 생존의 비밀을 정확히 지적한 경우는 의외다
  　　– 랍비 마빈 하이어 (로스앤젤레스 예시바 대학교 학장)

- 기존의 교회교육 학설을 뒤집는 하나님의 모세교육 연구
  〈역설 속에 번쩍이는 교육적 통찰〉
  　　– 김성수 박사 (전 고신대학교 총장)

- 탁월한 하나님의 모세 리더십 개발 원리 발견
  　　– 정성구 박사 (전 총신대. 대신대 총장)

유대인을 연구한 많은 학자들이 있지만 현 박사처럼 유대인 생존의 비밀을 정확히 지적한 경우는 의외다

많은 학자들이 유대인의 생존의 비밀에 관해 관심을 가져왔습니다. 수천 년의 박해와 유랑에도 불구하고 살아난 유대인의 생존에 관한 학설들은 수없이 많습니다.

현용수 박사가 비유대인으로 유대인의 생존의 비밀을 정확히 지적한 사실은 의외이며, 이를 축하합니다. 현 박사는 유대인에게는 토라 - 그들의 가장 신성한 율법서 - 에 대한 충성심이 생존의 도구였고, 죄악이 만연하는 바다를 표류하는 동안 성결을 지키게 한 결정체란 것을 확신하고 있습니다. 그는 3천 년 이상을 유대인을 다른 민족과 구별되게 한 교육의 기법, 부모에게서 자녀에게 자손 대대로 끊어지지 않는 연결 고리로 유대주의의 메시지를 전한 구전의 방법에 주목하고 있습니다. 그는 이러한 방법의 핵심을 빌어 그가 속한 한국 민족이 그들의 전통과 가치를 보존할 수 있는 힘을 찾으려 합니다.

현 박사는 수년 간 정통파 유대인 공동체에서 열심히 연구했습니다. 그는 유대인의 교육 이론을 연구해 왔고, 철저한 관찰을 통하여 실제적인 유대인의 생활 방식을 조사했습니다. 우리는 그가 우리의 로스앤젤레스 예시바의 학자들과 접촉하고 특별히 그의 연구를 지도하기 위하여 탈무드와 유대학 교수인 랍비 이츠학 에들러스테인과 만나게 된 것을 기쁘게 생각합니다.

우리는 그가 지구촌의 많은 사람에게 두 가지, 도덕과 관용을 전파하는 노력에 성공하기를 기원합니다.

로스앤젤레스 예시바 대학교 학장
진실한 랍비 마빈 하이어

בס״ד

yeshiva of los angeles

Rabbi Marvin Hier
Dean

Rabbi Sholom Tendler
Rosh Hayeshiva
Director, Academic Programs

Rabbi Meyer H. May
Executive Director

Rabbi Nachum Sauer
Rosh Kollel

Mr. Paul S. Glasser
Director

Rabbi Yitzchok Adlerstein
Director,
Jewish Studies Institute

Rabbi Harry Greenspan
Coordinator,
Beit Midrash Programs

April 2, 1996

To whom it may concern:

Many scholars have been intrigued by the longevity of the Jewish people. Theories concerning the survival of the Jews despite millennia of persecution and exile fill volumes.

Dr. Yong-Soo Hyun should be congratulated for pointing to a factor that is unusual for a non-Jew to note. Dr. Hyun believes that the faithfulness of the Jews to the Torah - their corpus of Divine Law - conferred upon them the tools for survival, and the resolve to keep holiness afloat in a sea of unholy influences. He is intrigued with the educational technique that has distinguished the Jewish people for over three millennia - the method of oral transmission that passes on the message of Judaism from parent to child, from one generation to the next in an unbroken chain. He is attempting to distill some of these tools in a way that may help his own Korean people find the strength to preserve elements of their tradition and values.

Dr. Hyun has spent a few years of hard research studying the Orthodox Jewish community from the inside. He has studied Jewish educational theory, and investigated practical Jewish lifestyle by thorough observation. We are pleased that he has turned to the scholars associated with our own Yeshiva of Los Angeles, particularly Rabbi Yitzchok Adlerstein, a member of our Talmud and Jewish Studies faculty, for guidance in his research.

We wish him success in his endeavors to spread both morality and tolerance to large populations of the globe.

Sincerely,

Rabbi Marvin Hier
Dean

9760 West Pico Boulevard, Los Angeles, CA 90035/(310) 553-4478

Book Review

기존의 교회교육 학설을 뒤집는
하나님의 모세교육 연구
⟨역설 속에 번쩍이는 교육적 통찰⟩

김성수 박사 ⟨전 고신대학교 총장⟩

- 현 미국 Evangelia University 총장
- 전 고신대학교 총장
- 전 고신대학교 기독교교육과 교수

어릴 적부터 자녀들을 위한 부모님의 다음과 같은 기도가 아직도 나의 뇌리에 생생하다. "전능하신 하나님 아버지! 우리 자녀들을 위해서 기도합니다. 우리 사랑하는 자녀들에게 모세와 같은 지도력을 주시고, 솔로몬의 지혜와 다니엘의 신앙을 더하여 주옵시고, 이들이 세상적으로도 머리가 되게 하시고 꼬리가 되지 않게 해 주옵소서!"

그러함에도 불구하고 현대에는 1970년대 이전보다 큰 인물들이 많이 나타나지 않는다. 특히 저자는 "왜 현대에는 성경을 많이 배운 교회학교 출신들 중에 큰 인물이 별로 나타나지 않는가?"라는 문제점을 던진다. 그리고 그 답을 하나님의 모세교육에서 찾아 제시한다.

저자는 한평생을 유대인 교육의 이론과 실제를 연구해 온 쉐마교육의 세계적인 권위자다. "구슬이 서말이라도 꿰어야 보배"라는 말이 있다. 유대인의 교육에 대해서 그간 수많은 연구물들을 발표해 온 저자는 금번에 출간하는 이 책에서 모든 것을 다 담겠다는 의지를 가진 것처럼 심도 깊고 방대한 연구결과를 구슬을 꿰어 보배로 만들고 있다.

이 책은 저자가 신약의 바울 사도와 함께 성경의 가장 큰 지도자 중 한 사람으로 평가한 모세를 하나님께서 이스라엘의 위대한 지도자로 양육하신 동기와 과정을 한 폭의 그림처럼 생생하게 그려내고 있는 자녀교육의 리더십 원리와 실제를 집대성한 책이다.

저자는 태어날 때부터 나일 강물에 띄워진 아기 모세가 애굽 바로의 궁중에서 이방의 수직문화 교육을 받은 40년, 그리고 미디안 광야에서 받은 40년의 특별한 광야교육을 통해서 하나님께서 그를 어떻게 하나님 나라는 물론, "세상적으로도 꼬리가 되지 않고 머리가 되는" 위대한 지도자로 양육하셨는지의 교육 과정을 사회문화와 교육적 관점에서 세밀하게 분석해 내고 있다.

이 책에서 우리는 역설 속에서 번쩍이는 저자의 교육적 통찰을 읽어 낼 수 있어야 한다. 성경공부와 기도를 통한 신앙교육과 애굽 왕 바로 궁중의 수직문화를 통한 인성교육을 대비, 성경 공부를 많이 한 아론 교육과 80년간 성공공부와 기도 훈련 보다는 이방교육을 많이 받은 모세 교육의 대비는 저자의 역설이다.

하나님은 모세를 큰 인물로 만드시기 위하여 먼저 성경을 가르치는 주일학교에 보내신 것이 아니라, 두 이방학교에 유학을 보내셨다.

첫째는 바로가 교장(?)으로 있었던 애굽 궁중의 왕자교육 아카데미이다. 당시 바로는 유대 민족을 무섭게 핍박하는 적국의 수장이며 영적으로는 사탄의 표상이었다. 기독교인으로 도저히 이해가 되지 않는 일을 하나님이 하셨다. 둘째는 이드로가 교장(?)으로 있었던 미디안의 광야학교였다. 두 학교 모두 수료 기간은 40년이었다.

저자는 그 이유를 두 가지로 요약했다. 전자에서는 당대 세계 최고의 거대한 애굽 궁중의 강한 수직문화를 배우게 하셨고, 후자는 고난대학이었다. 전자는 큰 그릇의 리더로 만들기 위함이고, 후자는 겸손한 목회자로 만들기 위함이었다.

"큰 인물이 될 수 있는 요소는 기도와 성경 공부보다는 강한 독수리 수직 문화의 영향이 더 크다. 신앙교육은 개인의 신앙 성장에는 도움을 주지만 큰 그릇을 만드는 데는 크게 영향을 주지 못한다. 신앙교육은 신앙 발발에 유효하고 수직 문화는 큰 인물을 만드는데 유효하다"는 저자의 논지는 소위 이분법적 세계관이 아니라 오히려 통합적 세계관을 표출하려는 저자 특유의 역설이다.

저자는 한국의 초대교회에 주기철 목사나 손양원 목사 그리고 한경직 목사나 조용기 목사 같은 기라성 같은 세계적인 큰 인물들도 모두 주일학교 출신이 아닌 1세대 기독교인이었다는 것을 강조한다. 그들이 큰 인물이 된 것은 어려서부터 성경을 배워서가 아니라 한국인의 강한 수직문화 교육을 받았기 때문이라는 것이다.

〈제2부 제2장 '극소수 개신교가 3.1 운동의 리더가 되었던 이유가 교회 성장에 미치는 영향 연구' 참조〉

"그렇다고 교인들이 어려서부터 성경 공부나 기도하는 것을 강조하지 말라는 것은 결코 아니다"는 저자의 첨언이 이를 뒷받침해 주고 있다. 인성교육과 수직문화교육에 대한 강조는 모든 교육의 근저에 있는 세계관적 기초를 중시하는 것이 저자의 관점이며, 전인격적이며 통합적인 성경적 세계관 교육의 중요성을 강조하는 것이 저자의 출발점이다. 그러므로 독자들은 이 책의 역설 속에 나타나고 있는 저자의 지혜를 보화를 찾듯이 포착해 낼 수 있어야 한다.

따라서 본서는 성경만 열심히 공부하면 큰 인물이 될 수 있다는 기존의 교회교육 학설을 뒤집는 역설을 제공한다. 그리고 그 역설이 옳다는 것을 하나님의 모세교육을 사례로 들어 증명한 것이다.

이 책은 읽어 나가기에 지루함이 없고 재미가 있다. 그것은 이 책의 논지가 메마른 이론의 나열이 아니라 저자가 정의하고 있는 수평문화에 젖어 있는 독자들, 특별히 한국인 독자들에게 주는 사회문화적이며 교육적인 적용력이 강하기 때문이다.

"고집 불통인 사람이 오히려 신앙이 좋다." "고집이 세지 않으면 환난 속에서 신앙을 지킬 수 없다."는 저자의 익살스런 언급은 독자들로 하여금 야생마를 길들이시는 하나님의 섭리적 손길을 느끼며 공감하게 만들어 줄 것이다.

이것은 흔히 인성교육을 착한 사람 만드는 것만으로 알고 있지만 저자에 의하면 하나님이 원하시는 큰 인물은 착한 품성은 물론 세상에서 독수리 같은 고집이 센 강한 리더십을 겸비해야 한다는 것이다. 그 예가 구약의 모세와 신약의 바울이다.

그리고 저자는 그러면 한국 교회학교는 어떤 새로운 수직문화를 만들어야 하는지 그 대안도 제시했다. 하나님의 율법에 기초했던 유대인의 수직문화가 모델이다. 이것은 모세가 시내산에서 율법을 받은 이후에 형성된 유대인의 신본주의 수직문화를 뜻한다.

종교개혁자들은 우리 그리스도인들의 삶을 "우리는 세상 속에 살고 있지만 세상에 속한 자는 아니다"(We are in the world but not of the world)는 말로 묘사하였다. 우리 모두는 우리의 언약의 자녀들을 세상으로부터 도피해서 세상과 격리된 삶을 영위해 나가는 자녀들이 아니라 세상 속에서, 그리고 세상을 통해서 하나님께 영광을 돌리며, 그리스도께서 통치하는 하나님의 나라(Kingdom of God)를 확장해 나가는 독수리 같은 신앙의 용사들로 길러내야 한다.

기독교 학교교육의 유산이 빈약하고, 공교육의 허상 속에서 자녀들을 양육해야 하는 한국의 독자들은 이 책을 통해서 우리의 언약의 자녀들을 모세와 같은 큰 리더로 양육해 낼 수 있는 지혜와 소망을 가질 수 있을 것이다. 교육에 관심을 갖고 교육현장에 종사하고 있는 교사, 목회자, 부모들이 일독할 것을 강하게 추천한다.

탁월한 하나님의
모세 리더십 개발 원리 발견

정성구 박사 〈전 총신대. 대신대총장〉

현용수 박사가 또 다시 큰 것을 세상에 터트렸다. 그는 오랫동안 유대인 교육의 핵심인 쉐마 교육의 전문가로서 벌써 수 십 권의 저술을 남겼다. 이번의 신간은 40번째라고 한다. 그의 저서는 유쾌, 통쾌 그리고 독자의 마음을 훔치는데 탁월했다. 남이 상상조차 하지 못했던 주제를 기발한 발상으로 유대인을 모델로 설득력 있게 논증하는 지혜가 있다.

그는 지난 30여년 동안 미국과 한국을 오가며 세속사회 인본주의 세상을 바로 세우는 것은 철저히 성경교육이며 하나님 중심의 교육임을 발을 굴리며 외친 작은 거인이다.

그가 또 기독교인으로 상상하기 힘든 주제를 다루어 세상을 놀라게 한다. 왜 하나님께서는 어려서부터 성경공부를 많이 했던 아론 대신에 애굽의 왕궁학교에서 40년 동안 바로의 왕자교육을 받았던 모세를 하나님의 선민 이스라엘 민족의 지도자로 선택했느냐고 질문한다.

그 이유는 하나님께서는 모세가 애굽의 노예 공동체에서는 큰 그릇으로 성장하기 힘들기 때문에 애굽의 바로 궁중에서 왕자교육을 받게 하셨다는 것이다. 왜냐하면 그곳에는 애굽의 노예 공동체보다 논리적이고 조직적인, 세계에서 가장 강한 수직문화가 있었기 때문이라는 것이다.

그의 핵심 논지는 이것이다.

"큰 인물이 될 수 있는 요소는 기도와 성경 공부보다는 강한 독수리 수직 문화의 영향이 더 크다. 신앙교육은 개인의 신앙 성장에는 도움을 주지만 큰 그릇을 만드는 데는 크게 영향을 주지 못한다. 신앙교육은 신앙 발발에 유효하고 수직 문화는 큰 인물을 만드는데 유효하다."

하나님은 모세를 애굽의 궁중 학교에서 40년 동안 미디안 광야학교로 전학을 시키셨다. 목적은 모세가 거친 광야에서 양을 치며 왕궁에서 높아진 교만을 낮추어 겸손한 목회자로 거듭나게 하시 위함이었다고 한다. 겸손은 하나님이 요구하시는 지도자의 기본 자격이다. 하나님은 그 후에 모세를 만나주시고 사명을 주셨다. 그리고 40년 동안 전무후무한 출애굽의 독수리 지도자로 사용하셨다.

요약하면 현 박사는 하나님이 모세를 만세 전에 택하시고 크게 사용하시기 위해 노예 공동체에서 애굽 바로의 궁중학교와 미디안 광야 학교로 유학을 보내셨다는 것이다. 탁월한 하나님의 모세 리더십 개발 원리를 발견한 것이다.

저자는 "그렇다고 교인들이 어려서부터 성경 공부나 기도하는 것을 강조하지 말라는 것은 결코 아니다"며 하나님의 형상을 닮아가기 위한 영성 훈련을 겸할 것을 강조한다. 다만 현 박사는 신앙성장에 관한 주제와 큰 인물을 만드는 주제라는 다르다는 것을 강조한다.

본서 제2부 제2장의 "극소수 개신교가 3.1 운동의 리더가 되었던 이유가 교회 성장에 미치는 영향 연구"라는 소논문에서는 소수 개신교가 3.1 운동의 리더가 되었던 것은 당시 조선인에게 조선인의 강한 수직문화가 있었기 때문이라고 설명했다. 따라서 일제의 압제에 대항하다가 많은 순교자들도 많이 발생했다.

당시 대표적인 리더들은 주기철 목사, 손양원 목사, 길선주 목사, 이승만 전 대통령, 조만식 장로, 도산 안창호 선생, 한경직 목사, 한상동 목사 등이다.

현 박사는 강한 수직문화에 복음이 결합되면 어떤 파워가 발생하는지 그 이유도 밝혔다. 당시 조선인의 수직문화는 종교심리학적 입장에서 '마음과 성격의 토양'(EQ+PQ 토양)이 예수님이 말씀하셨던 옥토였다는 것이다(막 4:1-25). 그런 마음의 토양에서 큰 인물들만 배출한 것이 아니다. 평양의 장대현교회를 비롯하여 전대미문의 교회성장을 성취한 것도 같은 논리로 설명할 수 있다.

　요약하면 한국의 초대교회 교인들이 그렇게 하나님에 대한 강한 믿음을 가지게 된 것은 처음부터 모태신앙으로 아론처럼 성경공부를 많이 해서가 아니라, 모세처럼 이방 나라 조선의 강한 수직문화에 젖는 독수리 교육을 받았기 때문이다.

　이것은 왜 100여전 전에는 한국교회에 큰 리더들이 많이 나왔는데, 현대 교회학교 출신들 중에는 걸출한 인물들이 많이 나타나지 않는지에 대한 답을 준다. 그것은 전자는 강한 한국의 수직문화교육을 받았던 세대이고, 후자는 한국의 수직문화 대신에 서구의 수평문화에 젖어 있는 세대이기 때문이다.
　현 박사는 그 대안으로 한국 교회의 교회학교에 새로운 신본주의 수직문화를 만들 것을 제안했다. 그 모델은 모세가 시내산에서 율법을 받은 이후 율법에 기초해 만든 새로운 유대인의 수직문화다.
　현 박사는 책을 낼 때마다 대부분 베스트셀러가 되었다. 아무쪼록 자녀들을 큰 리더로 키우기를 소망하는 이들에게 본서가 명쾌한 답을 줄 것이라 생각하고 추천하는 바이다.

저자서문

'유대인의 리더십 개발 원리'를 펴내며

중심 주제: 실패한 다음세대 리더 교육,
왜 '모세+유대인 교육'이 답인가

많은 부모들이 자신의 자녀들은 자신들을 뛰어 넘는 큰 리더가 되기를 소원한다. 그러나 다음세대 리더는 잘 보이지 않는다. 리더는 태어나는 것인가, 만들어지는 것인가? 전자는 '은사'이지만 후자는 '은사개발'이다. 저자는 전자도 중요하지만 후자가 더 중요하다고 주장한다.

성경에서 가장 큰 리더는 구약의 모세이고 신약의 바울이다. 본서는 특히 모세의 리더십 연구서다. 한 마디로 하나님은 모세를 어떻게 큰 리더로 만드셨나 하는 그분의 섬세하신 교육과정을 연구한 것이다. 구원론적이 아닌 인성교육학적인 연구다.

본서는 비기독교인에게도 적용된다. 성경공부를 많이 했던 아론과 반대로, 모세는 하나님의 백성을 노예로 삼고 매우 괴롭혔던 애굽의 바로 왕궁에서 그들의 수직문화 교육을 40년 동안 받았기 때문이다. 그리고 이어서 40년 동안 미디안 광야교육을 더 받았다. 하나님은 왜 모세를 큰 리더로 만들기 위해 비기독교인 교육을 총 80년 동안을 시키셨나?

한 마디로 본서는 하나님의 '모세 교육과 수직문화'에 관한 책이다. 여기에 하나님의 리더십 교육의 비밀이 숨어 있다. 이것이 다른 크리스천 리더십 교과서들과의 차이다. 그런 점에서 하나님의 모세 리더 만들기는 모세가 시내산에서 율법을 받은 이후, 유대인이 율법에 기초해 만든 신본주의 수직문화 교육에 의한 유대인 리더 만들기와 큰 차이가 있다. 그 차이와 공통점도 본서에 자세히 수록되어 있다.

본서는 다음 몇 가지 질문에 대한 답을 제공해 준다.

1) 하나님은 왜 성경교육을 많이 받았던 아론 대신에 이방 교육만 받았던 모세를 리더로 택하셨나?

2) 하나님은 왜 인간에게 신앙교육만 시키시지 않으시고 이방의 수직문화 교육도 시키시나? (한국인에게 적용 포함)

3) 이방의 수직문화는 모세 리더 만들기에 어떤 영향을 주었나? (한국인에게 적용 포함)

4) 그렇다면 모세 리더 만들기는 모세가 율법을 받은 이후의 유대인 리더 만들기와 어떤 차이와 공통점이 있나?(한국인에게 적용 포함)

5) 다음세대 한국인 기독교인의 신본주의 수직문화는 어떻게 만들어야 하는가?

본서를 출판하기까지의 역사

저자가 본서를 쓴다는 것은 상상을 하지 못했다. 새로운 주제의 책은 정치신학에 관한, 〈*이스라엘을 모델로 좌파 논리 쪼개기*〉(2021)

가 마지막 책이 될 것이라고 여겼다. 그런데 '하나님의 모세 교육'을 별도의 주제로 계속 강의를 하며 연구하면서 새로운 하나님의 교육 이론과 방법을 개발하게 되었다. 이것은 하나님의 리더십 개발 원리이기도 하다.

이것은 저자가 개발한 인성교육의 핵심 원리인 수직문화의 중요성을 성경에서 찾은 완벽한 증거다. 새로운 금광을 발견한 느낌이다. 하나님께서 왜 저자를 통해 기독교교육의 온전한 커리큘럼을 완성하기 위해 두 가지 학문의 영역, 즉 유대인을 모델로 한 '인성교육론'과 '쉐마교육론'을 개척하게 하셨는지 그 이유를 명확하게 알게 되었다.

원래 '모세와 아론'을 대조한 글은 〈현용수의 인성교육 노하우〉 제2권 제2부 제4장 Ⅲ. '인성교육 원리 적용Ⅰ- 현실 적용'의 7번째 질문에 간단히 답변한 적이 있었다(pp. 195-199). 그런데 이렇게 깊이 있는 한 권의 책으로 출간하게 된 것은 하나님의 은혜다. 부족한 종에게 지혜를 주신 하나님께 감사와 찬송과 영광을 올려 드린다.

저자는 박사학위 논문(1990)을 1993년에 한국어로 번역한 〈문화와 종교교육〉을 처음으로 출간했다. 이 책은 저자의 인성교육론의 토대가 되는 연구였다. '수직문화와 수평문화'이론이 세계 최초로 이 논문에서 나왔다.

그 후 1996년에는 유대인의 자녀교육서 〈IQ는 아버지 EQ는 어머니 몫이다〉(전3권)란 책을 출간했는데, 이 책들이 스테디 베스트셀러가 되었다. 그런데 일부 학자들과 목회자들이 유대인에 대한 부정적인 견해를 제기했다.

따라서 유대인의 선민교육이 기독교교육에 왜 필요한지를 변증하기 위해 《부모여 자녀를 제자 삼아라, 부제: 왜 기독교교육에 유대인 자녀교육이 필요한가》(2002, 2005, 2021)를 집필하게 되었다.

〈저자 주: 후에 이 책들을 수정 증보하여 두 가지 제목, 《실패한 다음세대 교육, 왜 유대인 교육이 답인가》와 《세계선교의 한계, 왜 유대인 교육이 답인가》(2021)로 출간했다.〉

그 후 하나님의 은혜로 '구약의 지상명령 쉐마'(창 18:19; 신 6:4-9)를 세계 최초로 발견하여 《잃어버린 구약의 지상명령 쉐마》(전3권, 2009)를 출간했다. 이 책은 전체 유대인 자녀교육서, 즉 쉐마교육론의 척추 역할을 하는 이론이다.

'구약의 지상명령 쉐마'를 발견하면서 전체 유대인 자녀교육서의 주제들, 즉 구약을 기초로 한 가정신학, 아버지신학, 경제신학, 성신학, 어머니신학, 효신학, 고난의 역사신학 등의 목적이 분명해졌다. 그리고 유대인 생존의 깊은 비밀을 깨닫게 되었다. 하나님이 만드신 교육(교육신학)의 비밀을 하나씩 파헤친 것이다.

요약하면, 저자의 저서들은 전체 기독교교육의 영역을 '인성교육론'과 '쉐마교육론'으로 나눌 수 있다. '인성교육론' 시리즈 10권, '쉐마교육론' 시리즈 26권(본서 포함)이다. 이에 총론 3권을 더하면 도합 39권이다. 이외 마빈 토카이어와 솔로몬의 탈무드 시리즈 전7권(6+1권)을 한국어로 편역하여 도합 약 30년 동안 46권의 책을 출간했다. 모두 구약에 기초한 유대인의 자녀교육을 구원론적 입장이 아니라, 교육학적 입장에서 조명한 내용이다. 하나님의 은혜가 참으로 놀랍다.

본서 내용 더 엿보기

본서는 제1부에 두 편, 제2부에 두 편, 그리고 부록에 한 편, 도합 5개의 주제로 구성되어 있다. 대부분 논문 형식이다.

제1부는 구약성경에서 하나님의 인간교육을 두 가지로 나누어 설명했다. 즉 '하나님의 모세 교육 이전과 이후, 인성교육의 내용과 방법 차이'를 설명했다. 제1장은 '모세 이전, 하나님이 모세를 큰 지도자로 만든 교육방법 연구'이다. 그리고 제2장은 '모세 이후, 하나님의 유대인 교육(리더십) 개발 과정과 그것을 한국인에게 적용'이다. 모두 '인성교육학적 분석'이다.

제1장의 연구 질문은 "왜 현대에는 1960년대 이전처럼 교회학교 출신들 중에 큰 지도자들이 많이 나오지 않는가?"에서 시작된다. 많은 이들은 자녀들에게 어려서부터 성경공부와 기도를 많이 시키면 큰 인물이 많이 나온다고 한다. 그러나 꼭 그렇지는 않다는 것이다.

성경공부와 기도는 개인의 신앙 성장에는 도움을 주지만 큰 인물을 만드는 데는 한계가 있다. 즉 신앙 성장과 큰 인물을 만드는 것은 다른 주제다. 이에 관한 예를 성경에서 찾아보자.

아론은 모태신앙인으로 어려서부터 하나님의 나라 유대인 공동체에서 40년 동안 성경공부와 기도생활을 모범적으로 했던 인물이다. 반면 모세는 40년 동안 애굽의 바로 왕에게 사탄 교육을 받았던 인물이다. 그런데 하나님은 이스라엘 민족을 인도할 지도자로 왜 성경공부를 많이 했던 아론 대신에 사탄 교육을 받았던 모세를 택하셨나? 그 이유는 애굽 왕궁의 수직문화 교육이 모세를 큰 인물로 만들었기 때문이다.

이것은 아론이 속했던 유대인 노예 공동체의 수직문화보다 모세가 속했던 애굽의 바로 왕궁의 수직문화가 큰 인물을 만드는 데 상대적으로 훨씬 우월했다는 것을 뜻한다.

이것은 '성경공부와 기도'의 목적과 '수직문화 교육'의 목적이 다르다는 것을 뜻한다. 전자는 신앙 성장이고, 후자는 큰 그릇을 만드는 것이다. 전자는 신학적인 주제이고 후자는 인성교육학적 주제다. 성령을 받아도 자신의 그릇만큼 채워지듯이 하나님을 위한 사역도 자신의 그릇만큼 헌신할 수 있다.

이것이 하나님이 모세를 애굽 왕궁학교에 유학을 보내신 이유다. 이외에도 하나님은 모세를 40년 간 미디안 광야학교에서 공부를 더 하게 하셨다. 도합 80년이 지난 후 하나님은 떨기나무 불꽃 앞에서 모세를 만나 주셨다(회심, Evangelism). 이것은 인성교육학적인 입장에서 복음을 믿기 이전의 큰 그릇을 만드는 마음의 토양 교육(Pre-Evangelism)이 그만큼 중요하다는 것을 뜻한다.

본 연구는 하나님의 입장에서 그분이 모세를 큰 지도자로 키우시기 위하여 왜 그를 애굽 왕궁학교로 유학을 보내셨는지, 그곳에서 무엇을 배우게 하셨는지, 그리고 그 후 왜 미디안 광야학교로 전학을 보내셨는지, 그곳에서 무엇을 배우게 하셨는지를 연구한 하나님의 모세 교육 방법이며 하나님의 리더십 개발 원리다. 모세의 일생 스토리는 하나님만이 쓰실 수 있는 기상천외한 대하드라마의 시나리오이다.

또한 다음 질문에 대한 답도 준다. "믿음은 들음에서 성장하는데, 성경공부를 전혀 하지 않았던 모세가 어떻게 하나님에 대한 믿음이 80년 동안 성경공부를 했던 아론보다 더 강할 수 있는가?"

본 연구는 하나님의 교육방법을 새롭게 개발하여 현대 기독교교육의 문제점이 무엇인지를 발견하게 하고, 이에 대한 대안을 제시한다.

> 이것은 '성경공부와 기도'의 목적과 '수직문화 교육'의 목적이 다르다는 것을 뜻한다. 전자는 신앙성장이고, 후자는 큰 그릇을 만드는 것이다. 전자는 신학적인 주제이고 후자는 인성교육학적 주제다.

제2장의 첫 번째 연구 질문은 "모세 이후에 하나님은 하나님의 거룩한 선민 유대인을 어떻게 큰 인물로 키우셨나?"이다. 이것은 모세 이후 하나님이 유대인을 큰 지도자로 만드신 교육방법이다. 즉 유대인을 독수리 민족으로 만든 교육방법이다. 또한 유대인의 리더십 개발 원리이기도 한다.

모세 이전과 이후의 하나님의 가장 큰 교육 차이는 무엇인가? 유대인이 시내산에서 하나님의 율법을 받기 이전과 이후의 차이다. 즉 모세 이전에는 구체적인 율법이 거의 드물었고, 이후에는 많았다.

하나님은 유대인에게 구체적인 율법을 주신 이후에 그 율법들을 기초해 유대인의 신본주의 수직문화를 세계 최초로 만들게 하셨다. 그리고 그것을 자손 대대로 지켜 행하도록 하셨다. 대부분 그들의 사고와 행동 양식은 하나님이 주신 율법(말씀)에 근거한, 즉 성경적인 것이다.

각 민족이나 나라마다 자신들의 고유한 수직문화가 있다. 그 수직문화가 얼마나 조직적이고 논리적이고 합리적인지에 따라 그 민족에게서 큰 인물이 많이 나올 수 있느냐와 없느냐가 결정된다.

이것은 무엇을 뜻하나? 수직문화에도 최고에서 최하까지 등급이 있다는 것이다. 모세 이전에는, 즉 유대인이 애굽의 노예로 있을 당시에는 그들의 수직문화가 최하위에 있었기 때문에 큰 인물을 키울 수 없었다. 따라서 하나님은 모세를 큰 인물로 키우시기 위하여 당시 세계 최고의 고품질 수직문화를 지녔던 애굽의 바로 왕궁 아카데미로 유학을 보내셨던 것이다.

따라서 하나님은 시내산에서 유대인에게 율법을 주신 이후에 모세로 하여금 율법에 기초한 세계 최고의 고품질 신본주의 수직문화를 개발하게 하신 것이다. 이것이 바로 유대인의 리더십 개발 원리이다. 하나님의 백성 유대인을 세계만방을 이길 만한 독수리 민족으로 키우시기 위함이다.

제2장의 두 번째 연구 질문은 유대인의 신본주의 수직문화 개발 원리를 한국인 기독교인에게 어떻게 적용하느냐 하는 것이다. 그것은 한국 기독교인도 유대인처럼 새로운 신본주의 수직문화를 개발해야 한다는 것이다.

그 이유는 한국의 초대교회에는 큰 인물들이 많았는데 현대에는 거의 없는 이유가 전자에는 한국의 '고품격 수직문화'(high-quality vertical culture) 교육을 받았던 인물들이 많았기 때문이고, 후자는 거의 없기 때문이라고 저자는 판단하고 있다.

왜 후자는 한국의 고품격 수직문화 교육을 받지 못했는가? 인성교육학적인 입장에서 한국교회 지도자들이 한국 초대교인들이 가졌던 한국의 전통 수직문화(뿌리 문화)를 거의 없앴기 때문이다. 왜 없앴는가? 거기에 일부 우상숭배적인 것들이 있었다는 것이다. 맞는 말이다. 그러나 그렇지 않은 것들까지 대부분을 없앤 것은 잘못이다.

왜 거의 모두를 없앴는가? 그들은 자신들이 가졌던 한국의 수직문화 때문에 큰 인물이 될 수 있었다는 사실을 몰랐기 때문이다. 즉 한국의 전통 수직문화의 가치를 몰랐기 때문이다.

이것은 모세가 이방 애굽 왕궁의 강한 고품격 독수리 수직문화 교육으로 말미암아 큰 그릇이 되었던 것같이, 한국인 제1세대 기독교인들도 예수님을 믿기 이전에 그들이 받았던 한국의 강한 고품격 독수리 수직문화 교육으로 말미암아 큰 그릇이 될 수 있었다는 사실을 몰랐다는 것을 뜻한다.

즉 모세와 한국 초대교회 교인들은 성경공부와 기도를 많이 하여 큰 그릇이 된 것이 아니고 그들이 가졌던 강한 독수리 수직문화로 말미암아 독수리 같은 큰 그릇이 될 수 있었다는 것이다.

이방의 강한 독수리 수직문화 교육을 받은 이방 독수리도 하나님의 백성이 된 후에는 하나님을 위한 독수리로 사용될 수 있다. 독수리가 나는 방향이 바뀌었다고, 즉 삶의 목적이 바뀌었다고 참새가 될 수는 없다.

따라서 한국인 기독교인의 수직문화는 유대인처럼 두 시기로 나누어 설명해야 한다. 유대인의 경우는 1) 노예시대, 즉 출애굽을 하기 이전과, 2) 자유인 시대, 즉 출애굽을 한 이후로 나뉜다. 전자는 모세 교육의 모델이고, 후자는 유대인이 율법을 받은 이후에 개발된 유대인 교육의 모델이다. 후자는 성경적인 유대인 교육의 효시이다. 하나님이 만드신 교육 방법이다.

노예시대 이후 유대인 교육 모델은 '인성교육'(수직문화 교육)과 함께 '신앙교육'도 동시에 겸하는 가장 이상적인 교육방법이다. 이것은 무엇을 뜻하나? 유대인이 매일 자신들이 만든 수직문화를 실천하면 자동적으로 자신들의 그릇도 점점 더 커지고 견고해질 뿐만 아니라 토라도 배우고 기도도 하게 되어 신앙도 함께 성장하게 된다는 것이다.

따라서 한국인 기독교교육도 예수님을 믿기 이전과 이후로 나누어 서로 달라야 한다. 전자에게는 하나님의 모세 교육 모델이 적용되지만, 후자에게는 하나님의 유대인 교육 모델이 적용되어야 한다. 고로 한국인 1세대 기독교인은 자신들이 모세의 모델이 되었지만, 다음 세대를 위해서는 유대인처럼 예수님을 믿은 이후에 한국인 기독교인의 신본주의 수직문화를 만들었어야 했다.

그것은 한국의 기존의 전통 수직문화를 대체할 만한 한국인 기독교인만의 독특한 신본주의 수직문화였어야 했다. 왜냐하면 당시 한국 초대교회 시대의 한국인 기독교인들도 그리스도의 피로 구원받은, 즉 영적으로 출애굽을 한 하나님의 언약 백성이었기 때문이었다.

따라서 저자는 유대인이 모세가 율법을 받은 후 자신들의 수직문화를 3단계로 나누어 개발했다는 것을 분석하여 한국인이 예수님을 믿은 후 한국인의 수직문화를 3단계로 나누어 개발해야 한다는 이론을 제시했다.

중요한 것은, 늦었지만, 이제라도 한국인 기독교인은 유대인처럼 한국인의 신본주의 수직문화를 만들어야 한다. 그 수직문화는 한국인의 정체성을 가지면서 성경에 기초한 신본주의 문화가 더해져야 한다. 이것이 한국인의 '인성교육'(수직문화 교육)과 함께 '신앙교육'도 동시에 겸하는 가장 이상적인 교육방법이다.

따라서 한국인 기독교인은 먼저 자녀에게 한국의 수직문화를 가르쳐 한국인의 정체성을 가진 한국인으로 키워야 한다. 한복을 입고, 국악찬양을 하고 김치찌개와 된장찌개를 즐겨 먹어야 한다. 자신의 족보를 알게 하고 한국의 예법을 가르쳐야 한다. 이것이 잘 된 사람이 하나님에 대한 믿음도 강해진다. 모세와 바울이 그 예다.

수직문화의 가장 중요한 요소 중 하나는 절기다. 유대인은 토라 말씀을 절기라는 교육의 형식에 담아 지킨다. 절기는 토라를 담아 다음세대에 전하는 하나님의 교육 도구(형식)다. 따라서 유대인의 절기는 하나님의 율법에 기초했기 때문에 유대인의 신본주의 정체성이 담겨 있다. 고로 유대인의 정체성을 알기 위해서는 유대인의 절기를 연구하면 된다.

이것은 무엇을 뜻하나? 한국인 기독교인도 유대인과 같은 절기들을 구체적으로 만들어야 한다는 것이다. 만들 때 기존의 기독교 절기들을 한국식으로 만들 뿐만 아니라 구약의 절기들도 가능한 것들은 한국인 기독교인에게 맞게 만들어 지켜야 한다.

한국인 기독교인이 유대인처럼 한 가정 3세대가 절기를 함께 지킨다면 하나님의 말씀과 한국의 수직문화(한국인의 인성교육)를 다음세대에 자손 대대로 전수할 수 있다. 따라서 한국인 기독교인의 완성된 수직문화는 주님 오실 때까지 계속 지켜나가야 한다. 그래야 하나님이 디자인하신 가정과 교회, 그리고 대한민국이 영원히 살 수 있다.

〈저자 주: 제1부 제2장은 유대인의 교육 모델을 한국인 기독교인에게 적용한 이론이다. 타민족 기독교인들도 이 이론을 그대로 적용할 수 있다. 이것이 하나님이 원하시는 각 민족의 기독교교육 방식이다.〉

이외에도 본서는 모세 이전 아브라함이나 요셉이 큰 인물이 될 수 있었던 이유도 족장시대와 노예시대의 차이를 분석하며 설명한다.

제2장의 첫째 연구 질문은 "모세 이후에 하나님은
하나님의 거룩한 선민 유대인을 어떻게 큰 인물로 키우셨나?"이고,
둘째는 "유대인의 신본주의 수직문화 개발 원리를
한국인 기독교인에게 어떻게 적용하느냐?"이다.

제2부는 제1부 제1장 하나님의 모세교육과 관련된 두 가지 주제들을 다루었다. 물론 인성교육학적인 입장에서 제1부 제2장과도 연관이 있다. 제2부 제1장은 '인성교육에 예절이 필요한 이유: 인성교육에는 내용과 형식이 있다'이다. 한 민족의 수직문화 개발에 이 주제는 대단히 중요하다.

특히 자녀교육에는 반드시 인성교육의 내용과 형식이 필요하다. 인성교육의 형식, 즉 예(禮)는 개인에게는 인격(인성)을 담는 그릇이다. 훌륭한 인격을 나타낼 수 있는 예(禮)가 갖추어진 사람을 신사, 혹은 숙녀라고 부른다. 이런 사람을 인성교육이 잘된 사람이라고 할 수 있다. 성경적으로도 무례한 행실은 부모의 뜻을 거역하는 일이다. 이것은 부모를 공경하라는 하나님의 계명(출 20:12)을 어기는 죄다. 본 주제의 저자 서문은 목차로 대신한다.

Ⅰ. 인(仁)과 예(禮), 사랑과 율법
  1. 예는 인격(인성)을 담는 그릇이다
  2. 예(율법)는 자기의 유익보다 남의 유익을 구하는 것이다
  3. 속리산(俗離山)과 법주사(法住寺) vs. 시내산과 율법

Ⅱ. 교육의 내용과 형식: 믿음과 율법의 행함
  1. 반석(믿음) 위에 어떤 집을 지어야 하는가
  2. 한국 교회 최대과제 '신앙과 삶의 불일치'
  3. 유대교와 바울, 천주교와 개신교(칼빈)
    A. 유대교의 교육 내용과 형식

B. 천주교와 개신교의 교육 내용과 형식
       C. 구약도 율법주의를 책망했다
       D. 결론: 대안 제시
    4. 신약교회도 '내면화'(interiorized)와 '제도화'(institutionalized)
       가 필요하다
 III. 대안: 한국인 기독교인에 맞는 율법에 근거한 전통을 만들어야 한다
    1. 전통이 형성되는 과정
    2. 서양 것 모방은 그만하고 한국 것 개발해야

제2부 제2장은 또 하나의 논문이다. 제목은 '극소수 개신교가 3.1 운동의 리더가 되었던 이유가 교회 성장에 미치는 영향 연구'이다.

이 논문도 인성교육학적인 측면에서 교회 성장에 한국인의 수직문화가 얼마나 중요한지를 증명했다는 점에서 제1부 '하나님의 모세 교육 이전과 이후 유대인의 인성교육 차이'란 주제의 연장선으로 볼 수 있다.

한국교회는 1990년대 초부터 교회 성장이 멈추고 침체기에 들어섰다. 본 논문은 인성교육과 종교심리학적 측면에서 다음 세 가지 질문을 제기한다. 1) 왜 현대에는 1920년대처럼 복음의 파워가 나타나지 않고 교회 성장이 멈추었는가? 그리고 왜 기독교인이 된 이후 그리스도를 닮아가는 제자화가 쉽지 않은가? 2) 왜 현재 개신교인은 19.7%인데도 불구하고 나라와 민족을 위하여 큰 리더십을 발휘하지 못하고 오히려 사회로부터 비난을 받고 있는가? 3) 한국 교회의 미래를 걱정하는 많은 교계 지도자들이 1920년대 한국의 초대교회를 본받자고 한다. 그런데도 왜 그것이 실현되기 힘든가?

따라서 본 논문의 목적은 "1920년대 한국 개신교가 다른 종교에 비해 극소수였는데도 불구하고 어떻게 3.1 독립운동에서 거국적인 리더가 될 수 있었느냐?"를 연구하여, 현재 침체된 한국 교회 성장에 대안을 제시하기 위함이다.

본 논문은 당시에 개신교가 강한 교회 성장과 더불어 큰 리더가 될 수 있었던 4가지 이유를 제시했다. 1) 신학적 이유: 개신교인들이 복음을 받은 후 민족주의자들로 바뀌었기 때문이다. 2) 윤리학적 이유: 한국의 초대교회 지도자들이 자기 개조 운동을 했기 때문이다. 3) 인성교육과 종교심리학적 이유: 조선인에게 강한 수직문화가 있었기 때문이다. 4) 교육신학적 이유: 선교사들의 바른 신학교육 때문이었다.

당시에는 동일한 복음과 신학교육으로 이 4가지 이유가 가능했는데, 왜 현대에는 불가능한가? 가장 큰 원인은 인성교육학적 및 종교심리학적 차이에서 찾을 수 있다. 당시는 한국의 수직문화가 매우 강했던, 즉 종교성 토양이 옥토였기에 가능했고, 현대는 강한 수평문화의 영향으로 종교성 토양이 돌밭, 길가 및 가시덤불 등의 나쁜 토양으로 변했기에 불가능한 것이다.

대안은 무엇인가? 현대인의 종교성 토양을 1920년대처럼 옥토로 바꾸기 위해서 가정과 교회, 그리고 학교에서 수평문화를 차단하고 수직문화 교육을 강화해야 한다. 그래야 성령의 바람도 강하게 나타날 수 있다.

〈부록1〉

〈부록1〉에는 저자의 또 다른 논문을 소개한다. "유대인의 '비디온 슈바임 자금'(속전)을 통해 본 '아사셀 염소'와 그리스도 십자가의 의미

연구"(사탄 배상설의 성경적 근거 제시)다. 이 논문은 구약의 유대인 교육과 관련된 구속사적 해석이다.

이 논문을 쓰게 된 동기는 한국 교회에서 '사탄 배상설'에 대한 오해로 이단 시비가 많기 때문이다. 오해가 발생한 이유는 유대인의 '비디온 슈바임 자금'(속전) 개념을 모르기 때문이다. 따라서 저자는 유대인 교육 전문가로서 유대인의 '비디온 슈바임 자금'(속전) 개념을 설명하며 '사탄 배상설'이 왜 옳은지를 증명하고자 한다.

기독교에서 '교회'를 "하나님이 예수님의 피 값으로 산 교회"(행 20:28)라고 하는데, 하나님은 교회를 사신 구매자인데, 판매자는 누구인가? 본 논문은 이를 밝히기 위하여 유대인의 속전 개념을 설명하고, 사탄 배상설의 성경적 근거를 제시한다. 그리고 판매자가 사탄임을 증명한다.

대속죄일에 대제사장이 이스라엘 자손의 죄를 사하기 위하여 두 염소를 취했다(레 6-10, 20-22). 첫째 염소는 여호와를 위하여 속죄제로 드리고, 둘째 염소는 아사셀을 위하여 광야로 내보내졌다(레 16:10). 전자는 하나님의 공의를 만족시키기 위한 것이고, 후자는 광야에 거주하는 사탄의 요구, 즉 이스라엘 자손의 죄의 값을 배상하기 위함이다. 그리스도는 두 염소의 이중 대속 의식; 1) 하나님의 공의를 만족시키기 위하여, 그리고 2) 사탄의 요구, 즉 온 인류의 죄의 값을 배상하기 위하여 십자가에서 보혈을 흘리셨다(막 10:45).

성도인 우리는 사탄에게 포로되어 '죄의 종'(롬 6:17)이 되었던 자들이었다. 그러나 하나님께서는 사탄에게 '죄의 삯'(롬 6:23), 즉 '비드온 슈바임 자금'(유대인이 적에게 잡힌 동족 포로를 사올 때 지급하는 속전)을 지불하시고 우리를 사오셔서 하나님의 자녀로 삼으셨다. 하나님께서 사탄에게 비드온 슈바임 자금을 지불하신 방법은 하나님의 독생자이신 예수님을 십자가상에서 죽이신 것이다(요 3:16). 그 대금이 바로 그 십자가상에서 예수님이 흘리신 보혈이다. 따라서 예수님이 십자가상에서 마지막 운명하시기 전에 "다 이루었다"(요 19:30)고 하신 말씀은 헬라어로 '테텔레스타이'인데, 그 뜻은 "다 갚아졌다"는 의미다.

유대인이 포로된 자를 사기 위하여 그토록 귀한 토라(하나님의 말씀)까지 팔도록 허락한 것은 바로 말씀이 육신이 되신 독생자(요 3:16)까지 아끼지 않으시고 희생시키신 하나님이, 죄인인 우리를 사랑하신 것과 비유될 수 있다(요 3:16; 롬 5:8). 따라서 사탄 배상설에는 이단성이 없다.

이 외에도 '부록 2'에는 쉐마교육을 받았던 분들의 소중한 소감문들이 수록되어 있다. 독자들이 이 글을 읽으면 하나님의 간절한 소원을 발견하는 데 많은 도움을 줄 것이다.

부족한 종에게 하늘 문을 여시고 하나님의 지혜를 주셔서 '인성교육의 원리'와 '구약의 지상명령 쉐마'를 발견하게 하시고 이를 성취하기 위한 또 하나의 책, '하나님의 모세교육 원리'를 발간하게 하신 성삼위 하나님에게 감사와 찬송과 영광을 돌린다.

교정을 도와준 권혁재 목사와 황갑순 학제, 그리고 제 아내 현복희와 편집을 도와준 이재현 간사에게도 감사드린다.

2021년 12월 예수님 오신 성탄 절기에
미국 웨스트 로스앤젤레스 쉐마 연구실에서
현용수

IQ-EQ 총서를 발간하면서

무너진 교육의 혁명적 대안을 찾아서

왜 유대인의 IQ+EQ교육은 인성교육+쉐마교육인가

현대인들은 교육의 문제점은 많이 지적하지만, 속 시원한 대안은 찾지 못하는 시대에 살고 있다. 저자는 오랜 연구 끝에 그 대안으로 온전한 인간교육을 위해 크게 두 가지가 필요하다는 사실을 깨달았다. 하나는 인성교육이고, 다른 하나는 종교교육이다. 기독교인을 예로 든다면, 인성교육을 바탕으로 한 성경적 쉐마교육(기독교교육)을 해야 한다는 것이다.

따라서 전체 기독교교육은 예수님을 믿기 이전과 이후로 나뉘는데, 이전에는 인성교육을, 이후에는 쉐마교육을 시켜야 한다. 그래서 유대인 자녀교육《IQ는 아버지 EQ는 어머니 몫이다》총서는 유대인을 모델로 한 인성교육론 편과 쉐마교육신학론 편으로 나누어 정리했다. 물론 두 가지 주제는 하나님께서 저자에게 주신 지혜로 개척한 새로운 학문의 영역이다

인성교육론 편 (인성교육 노하우 시리즈)
예수님을 믿기 이전: 왜 인성교육은 Pre-Evangelism인가

'인성교육론 시리즈'는 전체 8권으로 출간 되었다. 1. 문화와 종교교육(저자의 박사 학위 논문), 2. 현용수의 인성교육 노하우(전 4권), 3. 현용수의

쉐마교육 개척기. 4. 가정 해체로 인한 인성교육 실종 대재앙을 막는 길. 5. 기독교인의 바른 국가관과 정치관, 등이다. 8권의 내용은 현대교육의 근본적인 문제점을 분석하고, 해결 방안을 제시한다. 즉 다음 네 가지 질문에 답을 준다.

Q 1. 일반 교육학적 질문: 가르치고 가르쳐도 왜 자녀가 달라지지 않는가. 왜 현대교육은 점점 발달하는데 인간은 점점 더 타락하는가

그것은 IQ교육 위주의 현대교육이 인성교육에 꼭 필요한 세 가지를 놓치고 있기 때문이다.

– 어떻게 자녀들에게 깊이 생각하게 하는 교육을 시킬 수 있을까?
– 어떻게 자녀들이 바른 행동을 하게 할 수 있을까?
– 수직문화의 중요성과 수평문화의 위험성은 무엇인가?

Q 2. 문화인류학적 질문: 왜 한국인 자녀들이 서양 문화에 물들고 있는가

한국의 젊은 세대는 거의가 한국인의 문화적 및 철학적 정체성의 빈곤에 처해 있다. 부모들이 인성교육의 본질이 수직문화인지를 모르고 가르치지 않았기 때문이다. 그 결과 세대 간의 세대 차이가 너무나 다르다. 북미주 한인 2세 자녀들이 부모가 섬기는 교회를 떠난다. 고로 자녀들에게 한국인의 정체성교육이 시급하다.

Q 3: 기독교인의 인성 문제: 왜 예수님을 믿는다고 하면서 사람의 근본은 잘 변하지 않는가

많은 기독교인들이 예수님만 믿으면 모든 인성교육이 잘되는 줄 알고 있다. 그러나 모두 그런 건 아니다. 왜 유교교육을 받은 가정의 어린이들이 기독교교육을 받은 어린이들보다 더 예의 바르고 효자가 많을까? 예수님을 믿고 성령의 은사가 많았던 고린도교회는 왜 데살로니가교회보다 도덕적인 문제가 더 많았을까?

Q 4. 기독교의 복음주의적 질문: 왜 현대인들에게 전도하기가 힘든가

왜 기독교 가정에서 2세들이 대학을 졸업하면 90% 이상 교회를 떠나는가? 교회학교 교육이 천문학적인 투자에도 불구하고 90% 이상 실패하는 이유는 무엇인가? 왜 현대(2000년대)에는 1970년대 이전보다 복음 전하기가 더 힘든가? 아마 생각 있는 교육자라면 모두가 이런 고민을 안고 살았을 것이다.

한 인간의 마음이 예수님을 믿기 이전 인성교육, 즉 복음적 토양교육이 잘못되었기 때문이다. 예수님의 '씨 뿌리는 자의 비유'에서 말씀하신 네 가지 종교성 토양(길가, 돌밭, 가시떨기, 옥토)(눅 8:4~15) 중 옥토이어야 복음을 영접하기도 쉽거니와 구원을 받은 후 예수님을 닮는 제자화도 되기 쉽다는 말이다. 이를 'Pre-Evangelism'(예수님을 믿기 이전의 복음적 토양 교육)이라 이름했다.

> 현용수의 인성교육론은
> **인성교육**의 **원리**와 **공식**을 제공한다

쉐마교육신학론 편 (쉐마교육 시리즈)
예수님을 믿은 후: 왜 쉐마교육은 Post-Evangelism인가

예수님을 영접한 사람에게는 하나님의 형상을 닮아가는 기독교교육을 시켜야 한다. 이를 '성화교육' 혹은 '예수님의 제자교육'이라고도 한다. '신의 성품'(벧후 1:4)에 참여하는 자(partakers of the divine nature)가 되는 과정이다. 이를 'Post-Evangelism'(예수님을 믿은 이후의 성화교육)이라 이름했다.

교육의 내용은 신·구약 하나님의 말씀이다. 예수님 믿기 이전의 좋은 인성교육이 마음의 옥토를 준비하는 과정이라면, 복음과 하나님의 말씀은 그 옥토에 심어야 하는 생명의 씨앗이며 기독교적 가치관이다(물론 기독교 가정에서 태어난 자녀에게는 어려서부터 인성교육과 쉐마교육을 함께 시켜야 한다).

저자는 성경적 기독교교육의 본질과 원리를 유대인의 선민교육에서 찾았고 그 내용과 방법이 바로 구약의 '쉐마'에 있음을 발견했다. 즉 성경적 교육신학의 본질과 원리가 '쉐마'에 있다는 것이다.

'쉐마'는 한 마디로 부모가 자녀에게 말씀을 가르쳐, 자손 대대로 자녀를 말씀의 제자 삼으라는 '구약의 지상명령'이다(저자의 저서 《잃어버린 구약의 지상명령 쉐마》(쉐마, 2006, 2009), 제1권 제1~2부 참조). 유대인이 아브라함 때부터 현재까지 4000년 간 하나님의 말씀을 후대에게 전수하는 데 성공한 것은 자녀를 말씀의 제자 삼는 쉐마교육에 성공했기 때문이다(물론 신약시대는 영적 성숙을 위해 신약성경도 필요함).

여기에서 "왜 기독교교육에 유대인 선민교육이 필요한가?"란 질문이 대두 된다. 신약시대에 복음으로 구원받은 하나님의 선민인 기독교인은 영적 유대인(갈 3:6~9)으로 구약에 나타난 선진들(예; 모세,

인성교육(Pre-Evangelism)이 부실하면 복음 받기와 제자교육(Post-Evangelism)이 힘들지만(상), 튼튼하면 복음 받기와 제자교육이 쉽다(하).

1)항과 2)항이 새로 개척한 학문의 영역이다. 자세한 것은 '현용수의 인성교육 노하우' 제2권 제2부 제4장 Ⅱ. 2 '기독교교육의 새로운 영역: 종교성 토양 교육' 참조.

다윗, 에스라)의 믿음생활과 쉐마교육을 본받아야 한다(히 11장).

예수님도 유대인으로 태어나셔서 유대인의 선민교육(쉐마교육)을 받고 자라셨으며 제자들에게도 그 교육을 시켰다(마 23:1~4).

〈더 자세한 내용은 저자의 저서 '실패한 다음세대 교육 왜 유대인 교육이 답인가'(쉐마, 2018), 제1권 제1부 '기독교교육에 유대인 자녀교육이 필요한 이유' 참조〉

기독교의 제자교육에는 교회에서 타인을 제자 삼는 수평적 제자교육과 가정에서 자녀를 제자 삼는 수직적 제자교육, 두 가지가 있다. 유대인의 쉐마교육에는 전도에 필요한 복음은 없지만, 자녀를 제자 삼는 교육의 원리와 방법이 있다. 이 원리와 방법은 타인을 제자로 삼는 데도 적용할 수 있다.

먼저 가정에서 자녀를 제자 삼은 후에 타인을 제자 삼는 지도자가 성경적 지도자의 모델이다(딤전 3:2-5). 즉 가정에서 쉐마를 실천하는 가장이어야 교회의 지도자가 될 수 있다는 말이다. 이것은 가정 목회에 실패한 사람은 교회 지도자가 될 수 없다는 말이다.

저자는 구약의 지상명령, 쉐마를 성취하기 위해 필요한 쉐마교육 신학들을 다음과 같이 정리했다.

쉐마교육신학론 주제들 (쉐마교육 시리즈)

1. 왜 유대인의 선민교육이 기독교교육에 필요한가?
2. 구약의 지상명령 쉐마 (교육신학)
3. 자녀신학
4. 유대인의 가정교육 (가정신학)
5. 유대인의 아버지 교육 (아버지신학, 경제신학)
6. 유대인의 어머니 교육 (어머니신학)
7. 유대인의 결혼 및 성교육 (부부·성신학)
8. 유대인의 효도교육 (효신학)
9. 유대인의 고난의 역사교육 (고난의 역사신학)
10. 절기 교육 (절기 신학)
11. 정치 신학 등

이것은 구약성경에 근거한 기독교교육의 새로운 패러다임이며, 원안이다. 또한 개혁주의 입장에서 신약 교회가 적용할 수 있도록 정리했다.

왜 인성교육론이 'Know-Why'라면
유대인의 쉐마교육신학론은 'Know-How'인가

유대인 자녀교육의 우수성은 이미 역사를 거듭하면서 증명되었다. 그러나 두 가지 의문이 아직까지 남아 있다. 첫째, 그것이 왜 우수한지에 대한 교육학적, 심리학적 및 철학적 이유를 설명하지는 못했다. 둘째, 왜 유대인 자녀교육이 기독교교육에 필요한지 그 이유를 설명할 수 있는 확실한 교육신학적 해답을 제공하는 데 미흡했다.

두 가지 의문 중 전자에 대한 답이 '인성교육 노하우 시리즈'라면, 후자에 대한 답은 '쉐마교육 시리즈'다. 왜 유대인 자녀교육의 원리와 방법이 한국인의 정체성을 세우는데 필요한지를 설명한 '인성교육 노하우 시리즈'가 'Know-Why'라고 한다면, '쉐마교육 시리즈'는 'Know-How'가 될 것이다. 원인을 밝히고 당위성을 설명하는 'Know-Why'가 있기에 쉐마교육인 'Know-How'가 더 힘을 받아 자신과 자신의 가정, 그리고 교회에서 적용할 수 있다.

현재까지 천문학적 돈을 교육에 투자하고도 교육의 열매가 바람직하지 못한 것은 교육의 원리와 공식을 발견하지 못했기 때문이다. 물론 현대 기독교교육의 이론이 모두 필요 없다는 뜻은 아니다. 인간교육과 교회성장 위기의 근본 대안이 '인성교육 + 쉐마교육'이라는 뜻이다.

처음 국민일보에서 초판 2권(1996년, 23쇄), 조선일보에서 개정 2판 전3권(1999년, 19쇄)으로 출간됐던 유대인 자녀교육서《IQ는 아버지 EQ는 어머니 몫이다》가 하나님의 은혜와 교계의 열화 같은 성원에 힘입어 지금까지도 스테디셀러인 것에 감사드린다.

그러나 소수이긴 하지만 목회자들과 신학자들께서 까다로운 질문도 했다. 그도 그럴 것이 구원론과 관계없는 인성교육에 관한 수직문화와 수평문화에 대해, 그리고 기독교가 2000년간 원수처럼 여겼던 복음도 없는 유대인의 교육을 이해하기란 쉽지 않았을 것이다. 덕분에 저자는 계속 연구에 연구를 거듭하는 계기가 되었다.

긴 학문의 순례를 마치는 기분이다. 처음 개척한 두 가지 학문의 영역이기에 더 많은 연구가 필요하다. 그리고 쉐마가 주님의 종말을 준비하는 세계선교까지 가려면 갈 길은 아직 멀었다. 이제 하나님의 은혜로 많은 오해도 풀렸다. 많은 쉐마 동역자들의 도움으로 쉐마교육이 파도처럼 번지고 있다.

이 책을 집필하는 데 많은 정통파 유대인 학자들이 특별한 도움을 주었다. LA 예시바대학교 학장이시며 사이먼 위센탈 센터 국제 본부장이신 랍비 마빈 하이어(Rabbi Heir)와 랍비 쿠퍼(Rabbi Cooper) 부학장님, 탈무드 교수이며 로욜라대학교 법대 교수인 랍비 애들러스테인(Rabbi Adlerstein) 부부와 그 가정, 그리고 서기관 랍비 크래프트(Rabbi Krafts) 씨 부부와 그 가정에 심심한 사의를 표한다. 이들의 특별한 도움이 없었으면 저자의 연구는 완성될 수 없었다.

저자의 논문 지도교수이셨던 바이올라대학교 탈봇신학대학원의 윌슨 박사님과 풀러 선교신학대학원의 저자의 선교학(Ph.D.) 지도교수이자 유대교 교수였던 글래서 박사님에게 특별히 감사드린다. 그리고 저자를 물심양면으로 도와주신 이영덕 전 총리님과 김의환 총장님, 그리고 고용수 총장님 및 국내외 많은 교계 어른들과 쉐마교육연구원 동역자님들께 감사드린다.

저자를 키워주신 고인이 된 이순례 어머님과 형님 내외분께도 감사드린다. 지금도 내조를 아끼지 않는 아내 황(현)복희, 그리고 내일의 희망인 네 아들 승진(Stephen), 재진(Phillip), 상진(Peter), 호진(Andrew)에게도 감사한다. 교정을 봐주신 권혁재 목사님과 황갑순 선생님 그리고 표지를 도와주신 원유경님과 편집을 해준 이재현 간사님에게도 감사를 표한다.

이 책들은 방향 없이 혼란스런 교육의 시대에 참교육을 갈구하는 독자들에게 뚜렷하고 확실한 대안을 제시할 수 있다고 확신한다. 이 연구는 분명히 하나님의 지혜로 하나님이 하셨다. 세세토록 영광 받으실, 오직 성삼위 하나님께만 감사와 찬송과 영광을 드린다.

2022년 1월 10일
미국 West Los Angeles 쉐마교육연구실에서

저자 현용수

하나님의 모세 이전과 이후 인성교육의 내용과 방법 차이

제1장

〈모세 이전〉

하나님이 모세를 큰 지도자로 만든 교육방법 연구
- 인성교육학적 분석 -

제2장

〈모세 이후〉

유대인의 신본주의 수직문화 개발과 한국인에게 적용

중심 주제

실패한 다음세대 리더 교육, 왜 '모세+유대인 교육'이 답인가

많은 부모들이 자신의 자녀들은 자신들을 뛰어 넘는 큰 리더가 되기를 소원한다. 그러나 다음세대 리더는 잘 보이지 않는다. 리더는 태어나는 것인가, 만들어지는 것인가? 전자는 '은사'이지만 후자는 '은사 개발'이다. 저자는 전자도 중요하지만 후자가 더 중요하다고 주장한다.

성경에서 가장 큰 리더는 구약에선 모세이고 신약에선 바울이다. 본서는 특히 모세의 리더십 연구서다. 한 마디로 하나님은 모세를 어떻게 큰 리더로 만드셨나 하는 그분의 섬세한 교육과정을 연구한 것이다. 구원론적이 아닌 인성교육학적인 연구다.

본서는 비기독교인에게도 적용된다. 성경공부를 많이 했던 아론과 반대로, 모세는 하나님의 백성을 노예로 삼고 매우 괴롭혔던 애굽의 바로 왕궁에서 그들의 수직문화 교육을 40년 동안 받았기 때문이다. 그리고 이어서 40년 동안 미디안 광야교육을 더 받았다. 하나님은 왜 모세를 큰 리더로 만들기 위해 비기독교인 교육을 총 80년 동안이나 시키셨나?

한 마디로 본서는 하나님의 '모세 교육과 수직문화'에 관한 책이다. 여기에 하나님의 리더십 교육의 비밀이 숨어 있다. 이것이 다른 크리스천 리더십 교과서들과의 차이다. 그런 점에서 하나님의 모세 리더 만들기는 모세가 시내산에서 율법을 받은 이후, 유대인이 율법에 기초해 만든 신본주의 수직문화 교육에 의한 유대인 리더 만들기와 큰 차이가 있다. 그 차이와 공통점도 본서에 자세히 수록되어 있다.

본서는 다음 몇 가지 질문에 대한 답을 제공해 준다.

1) 하나님은 왜 성경교육을 많이 받았던 아론 대신에 이방 교육만 받았던 모세를 리더로 택하셨나?

2) 하나님은 왜 인간에게 신앙교육만 시키시지 않으시고 이방의 수직문화 교육도 시키시나? 〈한국인에게 적용 포함〉

3) 이방의 수직문화는 모세 리더 만들기에 어떤 영향을 주었나? 〈한국인에게 적용 포함〉

4) 그렇다면 모세 리더 만들기는 모세가 율법을 받은 이후, 유대인 리더 만들기와 어떤 차이와 공통점이 있나? 〈한국인에게 적용 포함〉

5) 다음세대 한국인 기독교인의 신본주의 수직문화는 어떻게 만들어야 하는가?

〈모세 이전〉
하나님이 모세를 큰 지도자로 만든 교육방법 연구
– 인성교육학적 분석 –

Ⅰ. 서론
Ⅱ. 하나님의 모세 교육1: 애굽 왕궁학교 교육
Ⅲ. 하나님의 모세 교육2: 미디안 광야학교 교육
Ⅳ. 모세의 회심 과정과 열매
　Ⅴ. 요약, 토론 및 결론

요약(Abstract)

왜 현대에는 1960년대 이전처럼 교회학교 출신들 중에 큰 지도자들이 많이 나오지 않는가? 많은 이들은 자녀들에게 어려서부터 성경공부와 기도를 많이 시키면 큰 인물이 많이 나온다고 한다. 그러나 이 말은 거의 틀린 말이다.

성경공부와 기도는 개인의 신앙 성장에는 도움을 주지만 큰 인물을 만드는 데는 한계가 있다. 즉 신앙 성장과 큰 인물을 만드는 것은 다른 주제다. 이에 관한 예를 성경에서 찾아보자.

아론은 모태신앙인으로 어려서부터 하나님의 나라 유대인 공동체에서 40년 동안 성경공부와 기도 생활을 모범적으로 했던 인물이다. 반면 모세는 40년 동안 애굽의 바로 왕에게 사탄 교육을 받았던 인물이다. 그런데 하나님은 이스라엘 민족을 인도할 지도자로 왜 성경공부를 많이 했던 아론 대신에 사탄 교육을 받았던 모세를 택하셨나? 그 이유는 애굽 왕궁의 수직문화 교육이 모세를 큰 인물로 만들었기 때문이다.

이것은 아론이 속했던 유대인 노예 공동체의 수직문화보다 모세가 속했던 애굽의 바로 왕궁의 수직문화가 큰 인물을 만드는 데 상대적으로 훨씬 우월했다는 것을 뜻한다.

이것은 '성경공부와 기도'의 목적은 '수직문화 교육'의 목적과 다르다는 것을 뜻한다. 전자는 신앙 성장이고, 후자는 큰 그릇을 만드는 것이다. 전자는 신학적인 주제이고 후자는 인성교육학적 주제다.

이것이 하나님이 모세를 애굽 왕궁학교에 유학을 보내신 이유다. 이외에도 하나님은 모세를 40년간 미디안 광야학교에서 공부를 더 하게 하셨다. 도합 80년이 지난 후 하나님은 떨기나무 불꽃 앞에서 모세를 만나 주셨다(회심, Evangelism). 이것은 인성교육학적인 입장에서 복음을 믿기 이전의 큰 그릇을 만드는 마음의 토양교육(Pre-Evangelism)이 그만큼 중요하다는 것을 뜻한다.

본 연구는 하나님의 입장에서 그분이 모세를 큰 지도자로 키우시기 위하여 왜 그를 애굽 왕궁학교로 유학을 보내셨는지, 그곳에서 무엇을 배우게 하셨는지, 그리고 그 후 왜 미디안 광야학교로 전학을 보내셨는지, 그곳에서 무엇을 배우게 하셨는지를 연구한 하나님의 모세교육 방법이다. 모세의 일생 스토리는 하나님만이 쓰실 수 있는 기상천외한 대하드라마의 시나리오이다.

본 연구는 하나님의 교육방법을 새롭게 개발하여 현대 기독교교육의 문제점이 무엇인지를 발견하게 하고, 이에 대한 대안을 제시한다. 따라서 본서는 모세 같은 이상적인 지도자를 만드는 데 필요한 완벽한 교과서가 될 수 있다.

키워드: 모세와 아론, 큰 지도자, 수직문화, 성경공부, 바로의 왕궁학교, 광야학교

I 서론

1. 문제 제기

많은 이들이 자녀들에게 성경공부와 기도를 많이 시키면 큰 인물이 많이 나온다고 한다. 이 말이 맞나? 왜 세상에서 비기독교인 생활을 오래 했던 1세대 기독교인들 가운데는 큰 인물들이 많이 나왔는데, 모태신앙으로 교회학교를 오래 다녔던 출신들 가운데에서는 큰 인물이 잘 나오지 않나? 성경에서 답을 찾아보자.

하나님은 왜 이스라엘의 지도자로 유대인의 선민 공동체에서 성경공부만 했던 아론을 택하시지 않으시고 40년간 애굽의 왕궁 교육을 받았던 모세를 택하셨나? 〈저자 주: 모세는 애굽의 왕궁에서 40년, 미디안 광야에서 40년, 도합 80년 동안 이방 교육을 받은 후 하나님의 부름을 받았다.〉

이스라엘 백성은 애굽에서 400년 동안 노예 생활을 했다. 하나님은 때가 차매 그들을 구원하실 계획을 세우셨다. 하나님 앞에 하나님 나라에 가장 적합한 세계 최대의 지도자가 필요했다. 두 사람의 이력서가 있었다. 아론과 모세다(출 1-2장).

아론은 어려서부터 하나님의 선민 유대인 공동체에서 모태신앙으로 신앙 좋은 부모 밑에서 40년 동안 성경공부와 기도 생활을 모범적으로 했던 인물이다. 그러나 모세는 40년 동안 애굽의 바로 왕에게 사탄 교육을 받았던 인물이다.

〈저자 주: '사탄'은 하나님에게 대적하는 마귀나 귀신들의 우두머리를 뜻한다(위키백과)〉.

왜냐하면 영적으로 애굽의 왕 바로는 사탄을 상징하기 때문이다(행 7:38; 롬 6:18; 고전 10:1-4). 따라서 바로 왕 교육은 하나님의 말씀에 근거한 유대인의 선민교육과 상반된 적그리스도 교육이다.

〈저자 주: 자세한 것은 현용수의 고난의 역사교육 시리즈 제1권 *하나님의 독수리 자녀교육*, 제1부 제1장 II. 1. '애굽, 홍해, 광야, 요단강 및 가나안의 신약적 예표' 참조.〉

그런데 하나님은 하나님의 큰 집에서 귀히 쓰실 그릇으로(히 3:5) 성경공부를 열심히 했던 아론을 택하지 않으시고 사탄 교육을 받았던 모세를 택하셨다.

본 연구에서는 그 이유를 알아보고 현재 기독교교육이 무엇이 잘못되었는지를 설명해 보자. 그리고 바른 대안을 제시해 보자. 우선 연구를 위해 다음 질문을 한다. 그리고 질문에 대한 답을 찾아간다.

Q1. 왜 하나님은 하나님 나라의 큰 지도자를 택하실 때 성경공부를 많이 했던 아론 대신에 사탄의 상징인 바로의 왕자 교육을 40년 동안 받았던 모세를 택하셨나?

Q2. 애굽의 사탄 교육은 모세에게 어떤 유익을 주었나?

Q3. 애굽의 사탄 교육을 받은 모세와 받지 못한 아론의 차이는 무엇인가?

Q4. 하나님은 모세를 왜 왕궁학교에서 광야학교로 전학을 시키셨나?

Q5. 광야 교육은 모세에게 어떤 유익을 주었나?

Q6. 교회에서 자녀들에게 성경공부와 기도를 많이 시키면 큰 인물이 된다는 말이 꼭 맞는가?

Q7. 틀린다면 자녀들에게 어떤 교육을 시켜야 하나?

본 연구는 피조물인 모세의 입장이 아닌, 창조주 하나님의 입장에서 그분이 모세를 큰 지도자로 키우시기 위하여 무엇을 왜 어떻게 하셨는지를 연구한 보고서다. 따라서 본서는 자녀를 모세 같은 이상적인 지도자로 키우기를 소원하는 학부모들에게 꼭 필요한 완벽한 교과서가 될 수 있다.

〈저자 주: 저자는 성경에 근거한 역사적인 사실을 현대인에게 알기 쉽게 설명하기 위하여 현대 교육학 용어로 바꾸어 기술했다.〉

왜 본서는
자녀를 모세 같은 큰 리더로 키우기를 소원하는
학부모에게 꼭 필요한가?

2. 모세의 인적 사항

모세의 아버지는 레위 지파 고핫의 아들 '아므람'이다. 어머니 '요게벳'도 '레위 여자'였다(출 6:16-20). 모세와 아론, 그리고 미리암은 레위의 둘째 아들 고핫 계열에서 나왔다. 그들은 모두 애굽에서 태어났다. 고핫 자손은 성막의 가장 신성한 기구들을 보관하고 운반하는 일을 맡았다(민 3:29-31).

요게벳은 두 아들 아론과 모세와 딸 미리암을 자녀로 둔 3남매의 어머니다(민 26:59).

> 아므람의 처의 이름은 요게벳이니 레위의 딸이요, 애굽에서 레위에게서 난 자라. 그가 아므람에게서 아론과 모세와 그 누이 미리암을 낳았고…. (민 26:59)

모세 이야기의 첫 번째 주인공은 아버지가 아니라 어머니 요게벳이다. '요게벳'이란 이름은 '여호와의 영광'이란 뜻이다. '여호와'와 합성된 이름을 가진 최초의 인물이다.

이것은 무엇을 뜻하나? 모세의 족보로 미루어 보아 모세의 가족은 레위 지파로 자손대대로 가정에서 신앙교육, 즉 성경공부를 열심히 했었다는 것을 뜻한다.

3. 용어 정의

A 수직문화와 수평문화

1) 수직문화

수직문화는 '심연문화' 또는 '뿌리문화'(the Deep Culture or Roots Culture)라고도 한다. 이 문화는 한 인종의 뿌리와 정체성을 나타내는, 조상대대로 내려오는 정신세계를 살찌우는 변하지 않는 전통적인 문화 가치들로 구성되어 있다. 따라서 수직문화는 한 인간의 인성을 형성하는데 꼭 필요한 핵심 콘텐츠다.

수직문화의 요소는 종교, 전통(관습), 효도, 이상, 언어, 고전문학이나 고전음악, 사상, 철학, 고난 체험, 역사 및 애국심(충, 忠) 등이다. 이러한 수직문화의 가치들은 눈에 보이지 않는 비물질적이며, 인간이 생각하는 형이상학적인 것이다. 따라서 수직문화는 유형·무형의 교육을 통해 대를 이어가면서 물려주는 인간의 정신적인 유산을 말한다.

각 인종들은 모두 자신들의 수직문화를 가지고 있는데, 그 수직문화의 형성된 콘텐츠와 형식이 얼마나 논리적이고, 조직적이며, 그리고 합리적이냐에 따라 '저급 수직문화'(low-quality vertical culture)와 '고품격 수직문화'(high-quality vertical culture)로 구분될 수 있다.

2) 수평문화

수평문화는 깊은 사상이 없는, 표면에 나타난 문화이며, 이를 표면

문화(Surface Culture)라고도 한다. 수직문화가 눈에 보이지 않는 인간의 정신세계를 살찌우는 가치들이라면, 수평문화는 일시적이면서도 외형적이며, 인간의 눈에 보이고 만져지는 형이하학적인 가치들이다.

예를 들면, 물질, 권력, 명예, 성(sex), IQ 위주의 현대 학문 및 과학, 외형적인 생김새나 유행, 즉 유행가, 청바지 문화, 그리고 인스턴트 음식 문화 등, 전통적인 가치들보다는 일시적인 만족과 쾌락을 위해 만들어졌다가 싫증이 나면 곧 다른 것으로 항상 바뀌는 문화다.

수직문화가 '인간은 무엇이고 왜 살아야 하는가?'에 대한 삶의 의미를 찾는 문화라면 수평문화는 삶에 대한 깊은 생각 없이 인간의 육의 재미를 찾는 문화다. 수직문화가 눈에 보이지 않는 정신세계의 좁은 길을 선택하는 이들의 문화라면, 수평문화는 눈에 보이는 현실의 것에 관심을 갖는 넓은 길을 선택하는 이들의 문화다. 수직문화가 컴퓨터의 하드웨어라면, 수평문화는 소프트웨어로 비유된다.

따라서 인성교육학적인 입장에서 수직문화가 한 인간의 인성을 형성하는데 순기능을 한다면 수평문화는 대부분 역기능을 한다.

〈자세한 것은 '현용수의 인성교육 노하우' 제1권 제2부 제2장 I. '수직문화와 수평문화란 무엇인가' 참조〉

3) 수직문화에 속한 '성격(PQ)의 토양'과 '마음(EQ)의 토양'

예수님은 인간이 복음을 받아들이고 열매를 맺게 하는 종교성 토양을 '씨 뿌리는 자의 비유'(막 4:1-25)로 말씀하셨다. 그 4가지 종교성 토양은 ① 길가 ② 돌밭 ③ 가시떨기 ④ 옥토(좋은 땅)다.

수직문화는 인성교육의 핵심 가치들이다. 이것은 인간의 종교 심리와 현저한 상관관계가 있다(Hyun Yong-Soo, 1990). 수직문화는 종교성 토양을 옥토를 만드는데 기여한다. 그리고 수직문화에는 두 가지 심리 토양들이 있다.

<u>첫째,</u> 인간의 뼈대와 같은 강한(혹은 약한) 성격 혹은 의지력(strong personality or willpower)을 보이는 '성격의 토양'(personality soil)이 있다. 이를 'PQ(Personality Quotient, 성격지수) 토양'이라고 부를 수 있다. 그리고 'PQ'는 '의지력 지수(Perserverance Quotient)'라고 부를 수도 있다.

<u>둘째,</u> 인간의 살과 같은 측은지심〈인정(人情), compassion〉이라는 '마음(心性)의 토양'(heart soil)이 있다. 이를 'EQ(Emotional Quotient, 감성지수) 토양'이라고 부를 수 있다.

따라서 본서에서 말하는 수직문화에 속한 심리적 '옥토'에는 '성격의 토양'이 옥토라는 것과 '마음의 토양'이 옥토라는 것, 두 가지가 모두 포함한다. 전자는 '강한 의지력(PQ)'을 뜻하고, 후자는 '풍부한 EQ'를 뜻한다. 따라서 한 개인이 두 가지 옥토를 모두 갖추어야 인성교육학적인 입장에서 완전한 옥토를 가졌다고 할 수 있다.

〈저자 주: 본서에서는 편의상 '성격의 토양'을 '의지력 토양' 혹은 'PQ 토양' 그리고 '마음의 토양'을 'EQ 토양'이라고 표기하기도 한다.〉

'마음의 토양(EQ 토양)'은 복음을 받아들이는 데 유익하고, '성격의 토양(PQ 토양)'은 복음을 믿은 이후 그리스도를 본받는 성화의 과정에 유익하다. 과거 왜정시대 조선인(한국인)의 수직문화에는 이 두 가지 심리적 토양이 옥토였다. 따라서 전도하기도 쉬웠고, 교인이 된 이후에 그리스도를 닮아가는 성화(제자화)의 과정도 쉬웠다.

〈더 자세한 것은 본서의 제2부 제2장 III. 1. A. 2) '조선인의 마음과 성격의 토양 (EQ+PQ 토양)' 참조〉

B. Pre-Evangelism, Evangelism, Post-Evangelism

신앙인의 입장에서 인간의 일생을 세 시기로 나눌 수 있다. 1) 복음을 접하기 이전의 복음적 토양교육, 즉 인성교육 시기(Pre-Evangelism), 2) 예수님을 인격적으로 만나는, 즉 복음을 영접하는 시기(Evangelism), 그리고 3) 복음을 영접한 후 하나님의 형상을 닮아 가는 제자화 시기(Post-Evangelism)다.

예수님은 복음을 접하기 이전에 종교적 토양교육을 통하여 마음 밭이 옥토가 되기를 원하신다(Pre-Evangelism)(마 13:3-7, 18-23; 막 4:1-25; 눅 8:4-15). 그래야 복음을 접했을 때 복음을 영접하기도 쉽고(Evangelism), 복음을 영접한 후 말씀 맡은 자(롬 3:2)로 제자화(Post-Evangelism)되기도 쉽다.

따라서 Pre-Evangelism, Evangelism, Post-Evangelism을 이렇게 정의할 수 있다.

1) Pre-Evangelism: 복음을 믿기 이전의 큰 그릇을 만드는 마음의 토양교육
2) Evangelism: 복음 전파, 혹은 복음을 믿는 회심

3) Post-Evangelism: 복음을 믿은 후 신앙 성장을 위한 교육

〈자세한 것은 '현용수의 인성교육 노하우' 제2권 제2부 제4장 II. 2. '기독교교육의 새로운 영역: 종교성 토양교육(Pre-Evangelism)의 필요성' 참조〉

C. 큰 그릇, 큰 인물 및 큰 지도자(= 리더)

저자는 인성교육학적인 입장에서 '인성'에 대한 정의를 다음과 같이 내린 바 있다. '인성'이란 "도덕적 인격을 형성하는 내면적 성품, 성질 또는 성격 및 도덕적이며 투철한 사상과 강한 의지다." 이것은 도덕적이면서도, 강하고 담대한 큰 그릇(a large bowl of moral, strong and courageous)의 인간을 만드는 요소다(현용수의 인성교육 노하우, 제1권 제1부 제1장 I. 2. '인성·인성교육의 정의'). 따라서 '인성이 잘된 사람'을 '착한 사람', '도덕과 윤리적인 사람', 그리고 '강하고 담대한 큰 그릇' 등으로 표현할 수 있다.

본 연구에서는 '강하고 담대한 큰 그릇'(a large bowl of strong and courageous)에 중점을 둔다. 이것은 큰 지도자가 가져야 할 필수 요소 중 하나다.

그리고 본서에서 언급하는 '큰 그릇'과 '큰 인물'은 동일한 뜻으로 쓰인다. '작은 그릇'과 '작은 인물'의 반대 개념이다. 하나님도 인간을 하나님이 쓰시는 그릇으로 비유하셨다(사 45:9; 렘 18:4; 행 9:15; 롬 9:21; 딤후 2:20-21). 주님께서는 바울을 택한 '그릇'이라고 말씀하셨다(행 9:15).

〈자세한 것은 '현용수의 인성교육 노하우' 제2권 제2부 제4장 II. '수직문화와 수평문화가 인성(종교성)의 토양에 미치는 영향' 참조〉.

본 논문은 인성교육학적인 입장에서 모세를 큰 그릇(인물, 지도자=리데)으로 만드는 데 애굽 왕실의 강한 수직문화 교육이 얼마나 절대적인지를 성경적으로 증명한다. 물론 그 민족의 수직문화는 모세의 성품, 기질 및 습관까지 전인적인 영역에 다양하게 영향을 미쳤을 것이다.

이 모든 요소들을 갖춘 이를 '큰 그릇', '큰 인물' 혹은 '큰 지도자(=리더)'라고 할 수 있다. 그러나 매번 다양한 용어를 언급하기가 번거로워 본 논문에서는 대표로 '큰 그릇' 혹은 '큰 인물'로만 표기한다.

성숙한 인성의 마음 =

도덕적 + **투철한 사상** + **강한 의지**
<윤리적 가치>　<정신적 가치>　　<정신력>

→ 도덕적이며 강하고 담대한 큰 그릇의 인간

II
하나님의 모세 교육1:
애굽 왕궁학교 교육

1. 하나님이 모세를 왕궁학교에 유학 보낸 방법: 아기 모세가 죽을 위기 조성

야곱이 그의 자손 70인을 데리고 가나안에서 애굽으로 이민을 갔다(창 46:26-27). 처음에는 아들 요셉이 국무총리로 재직하여 많은 혜택을 받았다. 그런데 유대인의 수가 너무 많이 번성하여 바로가 겁을 먹고 그들을 노예로 만들었다(출 1:10).

> 애굽에 내려간 네 열조가 겨우 칠십 인이었으나 이제는 네 하나님 여호와께서 너를 하늘의 별같이 많게 하셨느니라. (신 10:22)

모세가 태어날 때는 유대인이 400년 동안 노예 신분이었을 기간이었다. 출애굽을 할 당시에는 바로가 그들의 더 큰 번성을 막기 위하여 그들에게 노역을 심하게 시키고, 사내아이를 낳으면 나일 강물에 버려 죽이라고 했다(출 1:11-22). 누가 바로로 하여금 이스라엘 민족의 아들들이 태어나면 모두 하수에 버려 죽이라고 명령하게 하셨는가? 역사를 주관하시는 하나님이시다.

이것은 구속사적 입장에서 예수님이 태어나신 후 로마의 헤롯왕이 예수님을 죽이기 위하여 갓 태어난 2살 이내의 사내아이를 모두 죽이라고 명령한 것과 비교된다(마 2:13-18).

〈저자 주: 모세의 때와 예수님의 때에 차이도 있다. 전자의 경우에는 하나님이 모세의 부모에게 모세를 구하기 위하여 어디로 피신하라는 어떤 계시도 주시지 않았다. 그러나 후자의 경우에는 하나님이 예수님의 아버지, 요셉에게 예수님을 구하기 위하여 애굽으로 피신하라는 계시를 직접 주셨다(마 2:13). 따라서 모세의 부모는 앞일을 모르고 행동했지만 예수님의 부모는 앞일을 알고 행동했다. 그런 면에서 전자가 후자보다 더 힘들었을 것이다.〉

과학적인 입장에서 출산율을 억제하려면 여성을 죽이는 것이 훨씬 더 효율적이다. 그런데 왜 사내 아기를 죽이라고 했는가? 하나님께서 모세를 애굽의 궁중으로 유학을 보내시기 위해서는 이 방법이 최선임을 알고 계셨기 때문일 것이다.

요게벳은 아들 모세를 낳고, 그를 살리기 위하여 석 달을 숨겨서 키울 수밖에 없었다(출2:2). 누가 이런 위험한 환경을 만드셨는가? 하나님이시다. 왜 위기를 조성하셨는가? 모세를 애굽으로 유학을 보내시기 위함이었다.

만약 하나님이 이런 위기를 만드시지 않으셨다면 미리암은 모세를 나일강에 버리지 않았을 것이고, 그러면 모세는 애굽의 왕궁으로 들어갈 수 없었을 것이다. 그리고 모세는 그만큼 큰 인물로 클 수 없었을 것이고, 또한 후일 이스라엘의 큰 지도자가 될 수 없었을 것이다.

2. 하나님이 모세를 애굽 왕궁학교에 유학 보내는 8가지 과정

첫째, 하나님은 모세의 어머니 요게벳에게 담대한 믿음을 주셨다.

하나님은 요게벳에게 준수한 아기 모세를 보고 그를 살리고자 하는 강열한 열망을 주셨다. 그리고 왕의 명령을 무서워하지 않을 만큼 담대한 믿음을 주셨다(히 11:23). 그래서 그를 죽이지 않고 3개월이나 숨겨 키웠다(출 2:3). 더 이상 집안에 둘 수가 없어 3개월 된 모세를 나일강에 버리기로 작정했다.

둘째, 하나님은 요게벳에게 모세를 살릴 수 있는 지혜를 주셨다.

요게벳은 모세를 나일강에 버릴 때 그를 담을 갈대 상자에 역청과 나무진으로 물이 새어들지 않게 준비했다(출 2:3). 하나님이 그에게 주신 지혜였다. 이 갈대상자는 후일 노아의 방주에 비교된다(창 6:14).

셋째, 하나님은 요게벳을 통하여 모세와 바로의 딸이 만나게 하셨다.

요게벳은 바로의 딸이 목욕하러 나오는 시간과 지점을 정확하게 알아내었다. 그리고 그 때 그 장소에 모세를 담은 갈대 상자를 강물에 띄웠다(출 2:5). 누가 요게벳에게 바로의 딸이 목욕하러 나오는 시간과 지점을 택하게 하셨는가? 하나님이시다.

만약 그 시간과 장소에 다른 사람들이 왔다면 모세는 애굽의 왕궁에 들어갈 수가 없었을 것이다.

넷째, 하나님은 요게벳에게 미리암이 망을 보게 하셨다.

요게벳은 딸 미리암에게 멀리서 모세가 떠내려가는 장면을 보게 하셨다(출 2:4).

다섯째, 하나님은 바로의 시녀들이 아기 모세를 발견하게 하셨다(출 2:5-6).

여섯째, 하나님은 아기 모세가 공주 앞에서 울게 하셨다.

아기의 울음은 배가 고프다는 신호였다. 이것은 공주 안에 숨겨져 있던 여성 특유의 모성애를 자극한 것이었다(출 2:5-6). 이것은 공주에게 유모의 필요성을 일깨우게 하셨던 치밀한 하나님의 계획이었다.

〈저자 주: 모성애에 대해서는 저자의 저서 '성경이 말하는 어머니의 EQ교육', 제1권, 참조. 그리고 갈대상자나 모세를 구원하는 장면을 구속사적으로 설명할 것이 많지만 여기에서는 생략한다.〉

일곱째, 하나님은 미리암이 공주에게 어머니를 유모로 소개하게 하셨다.

미리암은 이 기회를 놓치지 않았다. 공주에게 달려가 히브리 여인 중에서 유모를 불러 주겠다고 했다(출 2:7). 그리고 어머니 요게벳을 소개해 주었다.

> 그 누이가 바로의 딸에게 이르되 내가 가서 히브리 여인 중에서 유모를 불러다가 당신을 위하여 이 아이를 젖 먹이게 하리이까. 바로의 딸이 그에게 이르되 가라. 그 소녀가 가서 아이의 어미를 불러오니, 바로의 딸이 그에게 이르되 이 아이를 데려다가 나를 위하여 젖을 먹이라. 내가 그 삯을 주리라. 여인이 아이를 데려다가 젖을 먹이더니 그 아이가 자라매 바로의 딸에게로 데려가니 그의 아들이 되니라. 그가 그 이름을 모세라 하여 가로되 이는 내가 그를 물에서 건져내었음이라 하였더라. (출 2:7-10)

여덟째, 하나님은 요게벳이 모세에게 젖을 먹이게 하셨다.

요게벳은 삯을 받고 젖을 먹이며 모세를 키우는 어머니 겸 유모가 되었다(출 2:9). 공주는 당시에 바로의 엄명 때문에 왕궁에서는 주워온 히브리 아이를 기를 수 없음을 잘 알았을 것이다.

여기서 요게벳이 자기 아들을 기르는 대가로 삯을 받았음은 주목할 만하다. 요게벳은 자기 아들을 키우며 당당하게 양육비까지 받을 수 있는 특권을 누리게 되었다.

당시 세계에서 가장 천한 노예 신분의 여인이 세계에서 가장 웅장하고 권위 있는 바로의 왕궁에 취직이 된 것이다.

이것은 무엇을 뜻하나? 모세는 태어나면서부터 집안에 경제적 및 신분적 특혜를 주는 효자가 되었다는 것을 뜻한다. 모세는 애굽의 국비 장학생으로 유학을 갔고, 그 나라로부터 돈을 받아 집안에 도움을 주었다. 누가 그렇게 하셨는가? 하나님의 오묘하신 섭리다.

모세는 왕궁에 들어가서 공주의 아들이 되었다. (출 2:10)

여기에 나오는 등장인물은 요게벳, 미리암, 그리고 애굽의 공주다. 각자의 역할이 얼마나 완벽한가! 하나님만이 이런 오묘한 대하드라마 시나리오의 구성(plot)을 짜실 수 있으시다.

여기에서 주목할 점이 더 있다. '모세'란 "물에서 건져내었음"(출 2:10)이란 뜻이다. '강'이나 '하수' 및 '바다'는 영적으로 '세상'이나 '죽음'을 뜻한다(고전 10:1-4). 죽음의 강(나일강)에서 '건지움을 받은' 그는 이제 이스라엘 백성들을 어둠과 속박의 땅 애굽에서 구출하여 빛과 자유의 세계로 인도하라는 하나님의 사명을 받은 자다. 이를 위해서 죽음의 강인 홍해를 반드시 건너야 했다(고전 10:1-4).

3. 모세가 애굽 왕궁학교에서 받은 교육 커리큘럼

A 요게벳의 교육, 어느 정도였나

어떤 이는 모세의 어머니 요게벳이 모세에게 시켰던 교육의 내용과 형식을 지나치게 강조한다. 그러나 이것은 잘못된 주장이다. 일단 모세의 어머니가 애굽 왕실에 거주하며 모세에게 접근할 수 있는 기간은 2-3년 정도다.

그 근거는 무엇인가? 출 2:10절 말씀은 모세의 어린 시기를 이렇게 서술하고 있다.

> 그[모세] 아이가 자라매 바로의 딸에게로 데려가니 그의 아들이 되니라. 그가 그 이름을 모세라 하여 가로되 이는 내가 그를 물에서 건져내었음이라 하였더라. (출 2:10)

정통파 유대인 학자들이 쓴 주석은 '모세가 자라매'(Moses grew up, 출 2:10-11)를 "엄밀하게 말하면 모세가 젖을 떼는 시기까지 자랐다(he grew up in the sense that he was weaned.)고 설명했다(Scherman & Zlotowitz, The Chumash, p. 298).

당시 유대인 여성이 젖을 떼는 시기는 언제인가? 보통 3세 때이다(대하 31:16). 대소변을 가릴 나이까지 합하면 길어야 4년 이내일 것이다. 그 주석은 모세의 어린 시절을 이렇게 기술하고 있다.

> 모세는 왕궁의 호화롭고 반유대인 정서에서 자랐다. 그러나 아므람과 요게벳의 아들로 남아 있었다(Moses had been raised in the splendor and anti-Semitism of the palace but remained the son of Amram and Jochebed) (상게서, p. 298).

이것이 정답일 것이다. 그 시기에는 어머니의 사랑이 가장 필요한 시기였다. 요게벳은 가슴의 접촉으로 사랑과 정서와 눈물(EQ) 교육을 충분히 시켰을 것이다. 그러나 그 나이에는 논리적 사고 전달(인지교육)에는 매우 한계가 있었을 것이다.

물론 3-4세 이전이라도 요게벳이 어린 모세에게 '너는 유대인'이라는 말을 반복하여 유대민족 정체성을 심어주는 데는 성공했을 것이다. 그 증거는 그가 40세가 되었을 때 그 형제 이스라엘 자손을 돌아볼 생각을 했다는 데서 찾을 수 있다(출 2:11-14; 행 7:23-24).

그러나 이와 다른 주장을 하는 이들도 있다. 요게벳이 모세를 7-12세까지 키운 후에, 혹은 20세까지 키운 후에 바로의 공주에 데려다 주었다고 하는 이들도 있다. 전자는 찰스 파그나니(Charles Fagnani, 미국 유니온 신학교 교수, 1897)의 추측이고, 후자는 미드라쉬(Midrashi)의 전설이다(Scherman & Zlotowitz, *The Chumash*, p. 298). 물론 두 학설 모두 증거는 없다.

저자는 이 주장에 반대한다. 4가지 이유가 있다.

첫째, 모세가 애굽인이 아니라 유대인이라는 혈통으로 의심받을 수 있기 때문이다.

애굽의 공주가 모세를 나일강에서 처음 만났을 당시는 그가 유대인 줄 알았다(출 2:6). 그러나 궁중에서는 그녀가 그 아기의 생존을 위하여 그 아기가 노예의 아들이라는 사실, 즉 출생의 비밀을 숨겼을 것이다.

그런데 노예 요게벳이 모세를 유대인 촌에서 청소년기까지 키운 후 애굽 왕실에 데려다 주었다면, 모세는 유대인 촌에서 요게벳의 아들이라는 소문이 많이 났을 것이다. 그런 소문을 들었던 애굽 왕실은 모세의 혈통이 애굽인이 아니라 유대인일 수 있다는 의심을 품을 수밖에 없었을 것이다.

옛날 조그만 나라 조선 왕궁에서도 왕실에서 왕의 후계자로 세자를 책봉할 때도 왕자의 혈통을 생명처럼 여겼다. 그뿐만 아니라 혈통의 중요성은 조선시대의 일반 사대부 양반 가문에서도 마찬가지였다.

그런데 당시 자존심이 최고였던 애굽 왕실에서 모세가 노예 혈통일지도 모른다는 의심을 했다면 어떻게 왕자로 받아들일 수 있었겠는가!

둘째, 유대인의 수직문화 교육으로 모세의 정신적 정체성이 유대인이기 때문이다.

모세가 유대인 촌에서 청소년기까지 유대인의 수직문화 교육을 받았다면, 그는 완전한 유대인의 정체성을 가졌을 것이다. 즉 그는 사상이나 문화 및 율례와 법도 면에서 애굽인이 아니라 유대인이었을 것이다. 그런 모세를 반유대인 정서(anti-Semitism)가 가장 강한 애굽 왕실에서 왕자로 입적하는 것이 어떻게 가능했겠는가!

셋째, 애굽의 왕자를 청소년기까지 노예 빈민촌에서 키운다는 것은 왕실 권위에 위배되기 때문이다.

당시 유대인 노예촌은 세계에서 가장 가난한 빈민촌 중 하나이었을 것이다. 모세가 그곳에서 청소년기까지 성장했다는 것은 애굽 왕실의 권위(the authority of Royal Family)를 손상시키는 일이기에 불가능했을 것이다.

넷째, 요게벳이 모세를 노예 촌에서 양육한 다음에 애굽의 바로의 딸에게 데려다 주었다는 것 자체가 잘못된 주장이기 때문이다.

성경은 이렇게 기술하고 있다.

"그[모세] 아이가 자라매 바로의 딸에게로 데려가니 그의 아들이 되니라"(The boy grew up and she brought him to the daughter of Pharaoh and he was a son to her.). (출 2:10)

누가 누구를 누구에게 어디에서 어디로 데려다주었다는 것인가? 요게벳이 모세를 노예 촌에서 양육한 후에 애굽 왕궁에 거주하는 바로의 딸에게로 데려다 주었다는 것이 아니고, 동일한 애굽 왕궁 안에서 요게벳이 유모 처소에서 몇 년 동안 모세를 양육한 후, 즉 젖을 뗀 후에 공주가 거주하는 처소에 데려다 주었다고 해야 합리적 해석이다. 왜냐하면 애굽의 왕궁은 매우 넓어 왕족들이 거처하는 처소도 많았을 뿐만 아니라 하인들의 방도 매우 많았을 것이기 때문이다.

이런 관습은 옛날 조선시대에도 있었다. 왕비가 자신이 낳은 아들을 키우는 것이 아니라 궁중 안에서 유모가 키우다가 가끔 왕비나 왕에게 데려다 주었다. 왕자는 사가(私家)에서 키우지를 않는다. 앞에서 언급한 대로 왕자를 최 빈민촌 노예집단(사가)에서 그렇게 오랫동안 키웠다는 주장 자체가 잘못된 해석이라고 생각된다.

따라서 저자는 요게벳이 모세를 청소년기까지 유대인 노예 촌에서 키운 후 애굽 왕실에 데려다 주었다는 데에 동의를 할 수 없다.

참고로 유대인 주석에는 왜 하나님이 모세를 유대인을 적으로 삼는 바로의 왕궁에 보냈는지 그 이유는 설명하지는 못했다. 따라서 저자가 그 이유를 인성교육학적인 입장에서 밝히는 것이다.

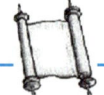

유대인 주석은 하나님이 모세를 바로의 왕궁에 보낸 이유를
설명하지 않아 저자가 대신 설명한다.

B. 모세가 받은 세계 최고 애굽 왕실의 수직문화 교육

하나님은 모세에게 40년 동안 애굽 왕궁 학교에서 애굽 교육을 시키셨다. 우선 모세의 신분은 로열패밀리였었다. 당시 애굽 왕궁 학교의 교장은 바로였을 것이다. 하나님이 임명하신 자였다. 하나님은 하나님의 선민 지도자를 양성하는 학교의 수장으로 이방의 왕을 지명하셨다는 점에 주목해야 한다.

〈저자 주: 이는 하나님이 가난에 찌든 대한민국의 경제 대국을 성취하기 위하여 박정희 전 대통령을 일제 강점기에 일제 군관으로 복무하게 하신 것에 비유할 수 있다. 박정희는 군에서 배운 지식을 토대로 1961년 5.16 군사혁명을 일으켰다. 그 이후 대한민국을 세계에 우뚝 선 경제 대국으로 만들었다. 따라서 유대인이 모세를 친애굽파라고 비난하지 않는 것처럼 한국인도 박정희를 친일파라고 비난하면 안 된다. 물론 공과는 있을지라도 오히려 감사해야 한다.〉

애굽 왕궁 학교의 교육 내용과 방법은 무엇인가? 일단 그 학교는 세계에서 가장 강한 독수리 리더십을 개발하는 학교였을 것이다. 요즘 용어로 말하면 왕자들만 키워내는 애굽 왕궁의 '로열패밀리 아카데미'였을 것이다. 따라서 모세는 장차 애굽의 왕이 될 품위 있는 귀족 교육과 천하를 호령할 수 있는 독수리 교육을 받았을 것이다. 그의 리더십에는 위엄과 강한 카리스마가 있었을 것이다.

따라서 하나님이 그에게 가르치신 교육 커리큘럼은 다음과 같을 것이다.

첫째, 애굽 왕궁의 수직문화에 기초한 왕실 교육이었다. 즉 애굽 왕궁의 율례와 법도에 기초한 애굽의 전통, 역사, 철학, 사상, 고전, 효, 민족관, 그리고 국가관이었을 것이다. 이것은 모세의 정신세계, 즉 사상을 견고하게 하는 형이상학적인 가치들이다.

〈저자 주: 인성교육의 원리인 '수직문화와 수평문화' 이론에 관해서는 '현용수의 인성교육 노하우' 제1권 제2부 '인성교육의 본질과 원리: 수직문화와 수평문화' 참조〉

둘째, 당시 애굽의 제사장들은 과학, 수학, 천문학, 의학 등에 정통했다고 한다. 따라서 모세도 애굽 왕실 가족으로서 이러한 모든 학문, 즉 세상학문을 습득했을 것이다.

셋째, 왕의 리더십과 의전을 배웠을 것이다.

넷째, 애굽의 군사, 외교, 교육, 경제 등 한 나라를 통치하는 데 필요한 모든 영역을 배웠을 것이다. 이것은 무엇을 뜻하나? 세계 최고의 통이 큰 지도자가 되기 위한 최고급 수직문화로부터 지혜를 배우고, 세상학문으로부터 지식을 겸비했다는 뜻이다.

> 모세가 애굽 사람의 학술을 다 배워 그 말과 행사가 능하더라. (행 7:22)

한 마디로 바로 왕은 모세를 애굽의 일반 시민이 아니라 세계 최대의 제국인 애굽을 호령하는 왕자로 키웠을 것이다. 뿐만 아니라 이러한 광범위한 학문들은 그가 이스라엘 백성들을 40년 동안 광야를 인도하는 데 매우 유용했을 것이다. 애굽의 노예로서는 도저히 배울 수 없었던 지혜와 지식 그리고 품위와 카리스마였다. 하나님이 모세를 애굽의 왕궁에 유학을 보내셨던 이유다.

다른 나라들의 왕들은 자신은 큰 그릇만을 준비하고 군사, 외교, 교육, 경제 등에는 그 나라 백성들 중에서 전문가들을 등용하면 나라가 운용되지만 당시 이스라엘 백성들에게는 노예 신분이었기에 그런 고급 전문가들이 거의 없었던 시기였을 것이다.

인성교육학적인 입장에서 당시 애굽은 다른 나라에 비해 상대적으로 양과 질에서 가장 수준 높은 수직문화를 가진 나라였다. 따라서 모세는 복음을 접하기 이전에 최상의 마음의 토양교육(pre-evangelism) 교육을 받은 인물이었다.

이것은 당시 노예였던 이스라엘 민족이 각 가정에서 받았던 선민교육과는 비교가 되지 않았다. 더구나 그 당시에는 이스라엘 백성에게 구체적인 교육 내용인 613개의 율법(토라)이나 탈무드도 없었던 시기였다.

C. 하나님이 모세에게 애굽 왕실 수직문화 교육을 시키신 5가지 이유

첫째, 모세를 큰 그릇으로 만들기 위함이었다.

인성교육학적인 입장에서 애굽의 수준 높은 수직문화는 모세를 큰 그릇으로 만들기에 충분했다. 모세는 세상적으로도 아름답고 큰 그릇으로 준비된 왕자였다.

이것은 무엇을 뜻하는가? 논리적이고, 조직적이며, 그리고 합리적으로 잘 정리된 수직문화 자체는 이방인의 것이라 해도 한 인간을 아름답고 큰 그릇으로 만드는 데 절대적인 영향을 준다는 사실이다. 수직문화를 하드웨어, 수평문화를 소프트웨어로 비유하는 이유다.

둘째, 모세가 큰 믿음을 가지게 하기 위함이었다.

우리는 이런 질문을 할 수 있다. 하나님은 믿음이 강한 사람을 더 사용하신다. 믿음은 하나님의 말씀을 들음에서 성장하는데(롬 10:17), 성경공부를 전혀 하지 않았던 모세가 어떻게 하나님에 대한 믿음이 80년 동안 성경공부와 기도 교육을 많이 받았던 아론보다 더 강할 수 있었나?

이에 대한 답변은 저자의 박사학위 연구 논문에서 찾을 수 있다. 저자는 종교심리학적으로 수직문화가 강하면 강할수록 '내재적 종교성'(intrinsic religiosity)이 더 강하고 '영적 만족감'(spiritual well-being)이 더 강하다는 것을 과학적으로 증명한 바 있다(Hyun, Biola University Talbot School of Theology, Ph.D. Dissertation, 1990). (저자 주: 본 논문은 '문화와 종교교육'(1993, 2007)이란 제목으로 한국어로 번역이 되었다.)

이것은 무엇을 뜻하나? 수직문화가 더 강하면 강할수록 더 강한 의지를 가진 인물이 되고, 더 강한 의지를 가진 인물이 하나님을 믿으면 더 강한 믿음을 소유할 수 있다는 것이다. 따라서 모세는 그의 의지가 강한 것만큼 상대적으로 하나님에 대한 믿음도 아론보다 더 컸다.

성경을 보자. 모세는 큰 믿음을 가졌기 때문에 장성하여 바로의 공주 아들이라 칭함을 거절하고, 도리어 하나님의 백성과 함께 고난 받기를 잠시 죄악의 낙을 누리는 것보다 더 좋아했다(히 11:24-25). 그리고 애굽을 떠나 임금의 노함을 무서워 아니하고, 곧 보이지 아니하는 자를 보는 것같이 하여 참았다(히 11:27).

> 믿음으로 모세는 장성하여 바로의 공주의 아들이라 칭함을 거절하고, 도리어 하나님의 백성과 함께 고난 받기를 잠시 죄악의 낙을 누리는 것보다 더 좋아하고, 그리스도를 위하여 받는 능욕을 애굽의 모든 보화보다 더 큰 재물로 여겼으니, 이는 상

주심을 바라봄이라. 믿음으로 애굽을 떠나 임금의 노함을 무서워 아니하고, 곧 보이지 아니하는 자를 보는 것같이 하여 참았으며…. (히 11:24-27)

만약 모세가 큰 믿음을 가진 큰 인물이 아니었더라면 하나님께서 아무리 그에게 너와 함께 하신다고 약속을 하셨더라도 무서운 권력자인 바로에게 가지 않았을 것이다. 그리고 설사 모세가 바로에게 갔었다고 하더라도 거대한 권세를 가졌던 바로 앞에서 그의 노함을 보고는 기겁을 하고 도망쳤을 수도 있었을 것이다.

그러나 모세는 바로의 노함을 무서워하지 않고 끝까지 참았다. 그만큼 그는 대인(大人)이었다.

믿음은 들음에서 성장하는데, 성경공부를 전혀 하지 않았던 모세가 어떻게 하나님에 대한 믿음이 80년 동안 성경공부를 했던 아론보다 더 강할 수 있었나?

셋째, 애굽의 수직문화로부터 그들의 지혜를 배우게 하기 위함이었다.

어느 나라의 수직문화이건 그 수직문화에는 세상을 살아가는 데 필요한 지혜가 배어 있다. 다만 그 수직문화의 질과 양에 따라 지혜의 깊이와 양이 다를 수 있다. 애굽의 수직문화는 당시 세계 최고의 지혜를 지니고 있었을 것이다.

〈저자 주: '수직문화와 지혜'에 관한 주제는 저자의 저서 '현용수의 인성교육 노하우' 제1-3권과 '하브루타식 4차원 영재교육의 비밀' 제3부 제6장 '한국의 수직문화와 지혜교육' 참조〉

넷째, 애굽의 현대화된 지식을 배우게 하기 위함이었다.

앞에서 설명한 대로 하나님은 모세에게 애굽의 학술, 즉 세상 학문을 배우게 하셨다(행 7:22).

다섯째, 애굽의 전략과 전술을 익히게 하기 위함이었다.

흔히 전쟁에 이기는 법을 논할 때 손자병법 중 '지피지기면 백전불태(知彼知己 百戰不殆)'라는 고사성어를 빼놓을 수 없다. "미리 적을 알고 나를 알면 백 번 싸워도 위태롭지 않다"는 뜻이다. 다시 말하면 적을 모르면 백 번 싸워도 백 번 모두 승산이 없어 위험하다는 뜻이다.

하나님은 후일 모세가 애굽의 바로와 대결하게 될 것을 예견하시고 그를 적의 최고 심장부에 유학을 보내신 것이다.

> 하나님의 미련한 것이 사람보다 지혜 있고, 하나님의 약한 것이 사람보다 강하니라. (고전 1:25)

어찌 감히 하나님의 지략을 인간이 짐작이나 했겠는가!

하나님이 모세에게 성경공부 대신에
바로의 왕궁 교육을 시키신 이유는 무엇인가?

III
하나님의 모세 교육2:
미디안 광야학교 교육

1. 하나님이 모세를 광야학교로 전학 보낸 방법: 애굽 관헌을 죽임

하나님이 택하셨던 모세의 첫 번째 교육 현장은 애굽의 바로 왕궁학교였다. 교육 기간은 40년이었다. 그리고 두 번째 교육 현장은 미디안의 광야학교였다. 교장은 이드로였다. 그 기간도 40년이었다. 여기에서는 모세가 애굽의 왕궁학교를 어떻게 졸업하고 광야학교로 전학을 갔는지 그 과정에 대하여 살펴보자.

A. 모세가 애굽을 탈출한 이유: 살인죄보다는 역모죄

모세는 애굽에서 나이가 40세가 되었을 때 자기 민족에 대해 돌아보기 시작했다. 왜 하나님은 모세의 나이 40세에 자기 민족을 돌아보게 하셨는가? 하나님께서는 모세가 애굽 왕궁에서 배울 것은 모두 다 배워 졸업할 때가 되었다고 판단하셨기 때문이었다(행 7:22). 즉 그 때가 하나님의 예정된 시기였다.

그래서 모세는 갑자기 자기 동족의 상황을 살피러 나갔다. 그리고 동족을 핍박하는 애굽의 관헌을 때려죽이는 사고를 일으켰다(출 2:11-14; 행 7:23-24).

> 나이 사십이 되매 그 형제 이스라엘 자손을 돌아볼 생각이 나더니, 한 사람의 원통한 일 당함을 보고 보호하여 압제받는 자를 위하여 원수를 갚아 애굽 사람을 쳐 죽이니라. (행 7:23-24)

이것이 모세의 애굽 왕궁학교의 마지막 졸업식 광경이었다. 모세의 동족 사랑, 이것이 모세의 직접적인 살인의 원인이었다.

여기에서 이런 질문을 할 수 있다. 모세가 애굽 관헌 한 명을 죽인 것이 그 나라를 탈출할 만큼 큰 죄인가? 저자는 그렇게 보지 않는다. 당시는 현대처럼 자유 민주주의 시대가 아니었다. 따라서 애굽 왕자의 입장에서 애굽 관헌 한 명을 죽인 것은 문제의 소지가 있다고 하더라도 그 나라를 급히 탈출해야 할 정도는 아니었을 것이다. 더구나 당시에는 애굽에 소문이 나지 않았을 때였다. 그런데 왜 황급히 쫓기는 신세가 되었는가?

그 이유는 당시 모세에 대항했던 동족 유대인들의 태도에서 찾을 수 있다. 그들은 자신들을 압제했던 애굽의 관헌을 죽였던 모세를 환영하고 숨겨줄 생각을 하지 않고, 오히려 내쳤던 것이다(출 2:14).

> 이튿날 다시 나가니 두 히브리 사람이 서로 싸우는지라. 그 그른 자에게 이르되 네가 어찌하여 동포를 치느냐 하매, 그가 가로되 누가 너로 우리의 주재와 법관을 삼았느냐. 네가 애굽 사람을 죽임같이 나도 죽이려느냐. 모세가 두려워하여 가로되 일이 탄로되었도다. (출 2:13-14)

"모세가 두려워하여 가로되 일이 탄로되었도다"(Moses was frightened and he thought, "Indeed, the matter is known")(출 2:14). 무엇이 탄로났다는 것인가? 문자적으로는 애굽 관헌을 살해한 것이 탄로났다는 것이었다. 그러나 모세의 입장에서 애굽 관헌을 살해한 것이 탄로난 것도 두려웠지만, 더 두려웠던 것은 자신이 40년 동안 숨겨 왔던 민족의 정체성, 즉 자신이 유대인이라는 사실이 탄로났다는 것이 더 두려웠을 것이다. 왜냐하면 노예 집단에서 모세가 애굽인이 아니라 유대인이라는 사실을 폭로했기 때문이다.

이것은 자신이 애굽 왕실에 스며든 노예 출신 유대인 간첩이었다는 것이 증명이 된 것이었다. 애굽의 바로 왕 입장에서는 장차 모세가 왕위에 오르면 유대인들이 애굽 정부를 통째로 정복할 수 있다는 것이 드러난 것이다.

따라서 당시 이 사건은 애굽의 주요 일간지마다 제1면에 대서특필됐을 대사건이었다. 이것이 모세가 어쩔 수 없이 애굽을 떠날 수밖에 없었던 이유였다. 결론적으로 모세가 애굽을 떠나야 했던 근본 이유는 애굽 관헌을 죽였기 때문이라기보다는 모세의 신분이 탄로가 났기 때문이다. 그의 가장 큰 죄명은 애굽 왕실을 뒤엎을 대역죄이었을 것이다.

B. 왜 하나님은 모세를 광야학교로 전학 보내기 위해 살인 사건을 택하셨나

생각해보라. 애굽의 왕궁학교는 최고 호화 교육환경이었다. 그런데 모세라고 가장 고통스러운 고난대학으로 전학 가는 것을 좋아했겠는가? 그러나 하나님은 이미 그렇게 예정해 놓으셨다. 하나님 입장에서는 모세가 애굽의 왕궁학교를 졸업하고 미디안 광야학교로 전학을 시키시는 것이 최선의 교육방법이라고 생각하셨을 것이다.

이것은 모세가 혹시 미디안 광야학교 생활이 너무 힘들었을 경우 다시 애굽으로 돌아가는 길을 막는 최상의 방법이기도 했을 것이다. 전지전능하신 하나님은 이런 것도 염두에 두시고 모세가 애굽 왕실에 침투한 간첩 사건으로 만드셨을 것이다.

그래서 하나님은 모세를 전국에 애굽의 역모자(간첩) 수배 리스트에 올리셨을 것이다. 물론 그 증거로 애굽 관헌을 살해했다는 사실도 올렸을 것이다. 민간인을 살해한 것도 큰 죄인데 관헌을 살해한 죄는 더 크다. 살해한 이유도 애굽이 가장 대적시하는 유대인 노예의 인권을 위함이었다(행 7:23-24).

이것은 무엇을 뜻하나? 애굽인이 애굽의 관헌을 살해해도 큰 범죄인데 노예 신분인 유대인이 애굽의 관헌을 죽였으니 얼마나 큰 죄가 되겠는가! 더구나 애굽의 바로 왕 입장에서 그는 가짜 왕자, 즉 애굽의 간첩이었으며 반역자라는 사실이 탄로난 것이다. 애굽의 왕실에서는 배신자라는 감정에 치를 떨었을 것이다.

그러니 모세가 아무리 미디안 광야 생활이 힘들다고 해도 애굽으로 돌아갈 생각을 어찌 할 수 있겠는가! 여기에서 하나님의 오묘하신 놀라운 전략을 발견할 수 있다.

본서에서 저자가 이 점을 설명하는 또 다른 이유가 있다. 모세의 입장에서 그가 그런 큰 사건에 주범으로 연루되었다는 사실은 분명히 그에게 불행한 일이다. 그러나 그 사건 배후에 전지전능하신 하나님의 예정된 계획이 있었다는 것을 상기시키고 싶은 것이다.

하나님은 인류의 역사와 인간의 생사화복을 주관하시는 분이다(신 32:39; 삼상 2:6-8; 눅 12:20). 따라서 모세의 살인 사건은 하나님 입장에서 그분 스스로 모세를 그분이 원하시는 큰 인물로 만드시기 위한 교육의 과정이라고 보아야 한다.

2. 모세가 미디안 광야학교에서 받은 교육 커리큘럼(4가지)

하나님이 모세를 미디안 광야학교로 전학 시키신 목적은 무엇인가? 대략 네 가지가 있다. 첫 번째는 모세에게 고난교육을 시키시기 위함이었다. 따라서 광야학교는 그에게 고난대학이다. 두 번째는 미디안 광야의 수직문화를 통한 지혜를 배우게 함이었다. 세 번째는 미디안 광야에서 양을 치는 목자 수업이다. 네 번째는 모세가 가정을 가지게 하심이다.

A. 모세는 광야에서 고난 교육을 받았다

먼저 첫 번째 목적부터 알아보자. 하나님은 왜 모세를 광야 고난 대학에 입학을 시키셨는가? 그가 교만했기 때문이다. 왜 교만했나? 애굽의 왕궁교육, 특히 그 중에 세상 학문(IQ교육)은 모세를 교만하게 만들었다.

현대의 세상 학문도 사람을 교만하게 만든다. 현대에도 많이 배운 사람들이 대체로 교만한 이유가 여기에 있다. 모세가 애굽의 관헌을 쳐 죽인 사건도 그가 교만했기 때문이다.

인성교육학적인 입장에서 모세의 가장 큰 약점은 무엇인가? 그가 고난을 모르고 자랐다는 것이다. 그래서 그는 교만하기 쉬웠을 것이다. '고난'은 수직문화의 가장 중요한 핵심 요소 중 하나다. 하나님은 이스라엘 백성을 구원하신 이후에도 처음으로 시키신 교육이 고난교육, 즉 주리게 하시고 광야를 걷게 하셨다(신 8:1-4, 15).

〈저자 주: 자세한 것은 현용수의 고난의 역사교육 시리즈 제1권 '*하나님의 독수리 자녀교육*', 제1부 제2장 '모세오경에 나타난 하나님의 고난교육과 전인교육' 참조〉

고난의 가장 큰 유익은 교만한 자아를 낮추는 것이다. 따라서 하나님은 모세를 다시 광야학교, 즉 고난대학으로 유학을 보내셨다. 사람은 '고난'이란 어둠의 터널을 지나야 제대로 된 인간이 되는 법이다. 다윗도 이스라엘의 왕이 되기 위해 10년이나 최악의 어둠의 터널을 지나게 하셨다. 가장 밑바닥 생활을 하지 못한 자는 하나님 나라의 큰 지도자가 되기에 부족하다.

따라서 하나님은 때가 차매 모세로 하여금 40년 동안 광야에서 고난을 체험하게 하셨다. 일단 처음에는 생명의 위협을 느끼는, 애굽 군대에게 쫓기는 생활을 하게 하셨다. 그것도 쫓기는 자의 절박한 심정을 이해하게 되는 대단히 중요한 체험이었다.

그 후 하나님은 모세를 가장 높은 왕궁의 왕자 신분에서 가장 천한 양치기(목자)의 신분으로 발령을 내리셨다. 갑의 입장에서 을의 입장으로 그의 신분을 바꾸셨다. 더구나 거기에서 남자의 입장에서 가장 자존심을 상하는 처가살이까지 하게 하셨다. 모세는 고난대학을 통하여 비로소 하나님과 사람 앞에서 겸손해질 수 있었다. 실로 하나님은 인간을 창조하신 분이시기에 인간 교육도 최고의 대가이시다.

요약하면 모세가 애굽에서 받았던 세상 학문은 높아지게 하는 교육이고, 광야교육은 낮아지게 하는 교육이다. 그래서 하나님은 모세가 40년 동안 애굽 왕궁 교육을 통해 높아졌던 것만큼, 40년간 광야 교육(고난 교육)을 시키셨다. 높아진 것만큼 낮아지게 하기 위함이다. 더 많이 높아진 사람은 상대적으로 낮아지기도 그만큼 힘들기 때문이다.

> 하나님은 왜 모세를 광야 고난대학에 입학을 시키셨는가?
> 인성교육학적인 입장에서 모세의 가장 큰 약점은 무엇인가?
> 애굽 왕궁 교육과 광야 교육의 가장 큰 차이는 무엇인가?

B. 모세는 미디안의 수직문화 교육을 받았다
〈애굽의 생존법과 광야 생존법의 차이〉

하나님이 모세를 광야학교로 전학시키신 두 번째 목적은 무엇인가? 장인 이드로를 만나 40년 동안 미디안 지역의 격조 높은 수직문화를 배우게 하기 위함이었다(출 18장 참조). 하나님께서 모세를 이드로의 집에서 처가살이를 하게 하셨던 이유가 여기에 있다.

이드로는 지혜가 많은 미디안의 제사장이었다(출 3:1). 그 지역의 명문 가문이었다. 일반 서민이 아니었다. 따라서 모세는 이드로에게 미디안 광야의 지혜와 그 지역의 전통적인 양반 교육을 받게 되었다.

저자가 늘 강조하는 것이 있다. 어느 민족이나 그 민족의 수직문화 속에는 그 민족만의 지혜가 쌓여있다는 것이다. 다만 상대적으로 그 지혜가 얼마나 더 많으냐 적으냐 하는 것은 그 민족의 수준에 따라 다르다.

〈자세한 것은 '현용수의 *인성교육 노하우*' 제2권 제2부 제4장 Ⅲ. '인성교육 원리 적용Ⅰ- 현실 적용' 참조〉

기독교 리더십에서 거론되는 1000부장 100부장 50부장 등의 중간 간부를 세우는 것도 사실은 모세의 아이디어가 아니라 이방인 이드로의 지혜였다(출 18:13-27).

이드로는 모세가 백성들의 다툼을 해결해 주는 재판 과정을 지켜보았다. 사위 혼자 모든 것들을 처리하느라 너무 분주하여 매우 지친 것을 보았다. 그래서 모세에게 이스라엘 무리 중에서 능력 있는 사람들을 택하여 그들을 백성의 우두머리, 곧 천부장과 백부장과 오십 부장과 십부장을 세우라고 권고했다(출 18:25).

> 이에 모세가 자기 장인의 말을 듣고 그 모든 말대로 하여, 이스라엘 무리 중에서 재덕이 겸전한 자를 빼서 그들로 백성의 두목, 곧 천부장과 백부장과 오십부장과 십부장을 삼으매, 그들이 때를 따라 백성을 재판하되 어려운 일은 모세에게 베풀고 쉬운 일은 자단하더라. (출 18:24-26)

이것은 이스라엘의 사법제도를 세우는 데 매우 중요한 역할을 했다. 뿐만 아니라 하나님은 모세가 미디안 광야에서 그곳의 고급 수직 문화에서 오는 지혜, 즉 광야의 생존법을 배우게 하셨다. 광야의 생존법은 애굽의 생존법과 다르다. 하나님은 왜 모세에게 광야의 생존법을 배우게 하셨는가?

하나님은 장차 이스라엘 백성이 애굽에서 탈출한 후 40년 동안 시내광야에서 생활할 것을 예견하셨다. 그래서 먼저 모세를 그곳에 보내시어 그곳의 생존법을 40년 동안 터득하게 하셨다. 연극에 비유하면 모세에게 미리 광야 생활 리허설을 시키신 것이다. 하나님의 치밀하신 교육 전략이 얼마나 놀라운가!

(저자 주: 한국에서도 1970년대 이전에 시골에서 농사지으며 자랐던 이들이 서울에서 학교교육(IQ 교육)만 받고 자랐던 이들보다 지혜가 더 많은 이유가 여기에 있다.)

> 하나님은 모세에게 미리 광야 생활 리허설을 시키셨다.
> 그리고 모세가 100부장 50부장의 중간 간부를 세운 것은
> 이방인 이드로의 지혜였다.

C. 모세는 양치기 목자 수업을 받았다

하나님이 모세를 광야학교로 전학시키신 세 번째 목적은 무엇인가? 목자의 소양(자질)을 배우고 그 정신으로 양치기 기술을 익히게 하기 위함이었다. 성경에서는 목회(牧會)를 양을 키우는 일〈목양(牧羊)〉로 비유한다. 성경은 하나님과 예수님도 선한 목자로 비유했다(시 23편, 요 10:11-18). 다윗도 목자였다. 이 커리큘럼은 하나님의 종이 되는 데 필수 과목이다.

하나님은 모세가 후일 약 300만 명이나 되는 이스라엘 백성을 목회할 것을 예견하셨다. 그래서 하나님은 모세에게 이드로에게서 양 치는 법을 배우게 하셨다. 이것이 하나님이 모세를 미디안 광야로 보내신 중요한 이유다.

모세는 양을 치면서 양의 속성을 알고, 양에게 꼴과 물을 먹이는 법과, 양을 위험으로부터 보호하는 법을 익혔다. 양이 병들면 정성껏 치료도 해주었다. 하나님은 모세에게 양 한 마리가 목자에게 얼마나 귀중한지를 알게 하셨다.

이 목양 정신과 기술은 후일 모세가 시내광야에서 40년 동안 이스라엘 백성들을 목회하는 데 큰 도움이 되었을 것이다. 더구나 모세가 목양하는 양들은 모두 하나님의 백성을 뜻하지 않는가!

D. 모세는 가정 사역을 배웠다

하나님이 모세를 광야학교로 전학시키신 네 번째 목적은 무엇인가? 모세가 독신에서 벗어나 가정을 갖게 하시기 위함이었다. 모세는 그의 나이 40세에 이드로의 딸 십보라와 결혼을 했다(출 2:21). 그리고 두 아들들을 낳았다(출 18:2-4). 이것은 모세가 가정을 이해하게 하기 위함이었다. 이것은 쉐마교육의 터전을 마련했다는 점에서 매우 중요하다.

⟨저자 주: 가정신학에 대해서는 저자의 저서 *신앙명가 이렇게 세워라*, 제1-2권, 쉐마, 2011, 참조⟩

하나님은 구약의 지상명령(창 18:19; 신 6:4-9)을 가정을 통하여 성취하시기를 원하신다. 즉 가정에서 부모가 자녀들에게 하나님의 말씀을 세대차이 없이 전수하기를 원하신다. 그래서 하나님은 가정을 창조하셨다.

모세는 앞으로 시내산에서 하나님의 율법을 받은 후 하나님이 원하시는 가정의 원형을 세워 나가야 할 것이다. 가정사역은 애굽이나 미디안에서 배우지 못했던 새로운 사역이다. 그것이 바로 '구약의 지상명령 쉐마'이다. 그런데 모세가 가정을 가지지 않았으면 쉐마교육의 자격이 없었을 것이다. 그래서 하나님은 늦은 나이의 모세를 결혼시키셨다.

⟨'구약의 지상명령 쉐마'에 대해서는 저자의 저서 *잃어버린 구약의 지상명령 쉐마*, 제1-3권, 2009, 참조⟩

그렇다면 하나님은 왜 모세가 애굽의 왕자 시절인 40세 이전에 애굽 여인과 결혼을 하게 하시지 않고 미디안 여자와 하게 하셨는가? 이것 역시 하나님의 세심한 배려였다고 생각된다. 유대인과 애굽인은 영적이나 육적으로 서로 대적 관계에 있었다. 따라서 하나님은 애굽 여인을 모세의 아내로 취하지 못하게 하셨을 것이다.

반면 이드로는 유대인의 혈통은 아니더라도 유대인이 믿는 그 하나님과 친밀했었다. 그 증거는 출애굽기 18장에 자세히 나온다. 모세가 애굽에 돌아가 이스라엘 백성을 구원하여 출애굽을 한 후 광야에 나와서 진을 치고 있을 때였다. 장인어른 이드로가 모세의 아내 십보라와 두 아들들을 데리고 모세에게 찾아갔다(출 18:5-6).

모세는 반가이 장인을 맞이했다. 그리고 그는 "여호와께서 이스라엘을 위하여 바로와 애굽 사람에게 행하신 모든 일과 길에서 그들의 당한 모든 고난과 여호와께서 그들을 구원하신 일을 다 그 장인에게 고했다"(출 18:7-8).

모세와 함께 하셨던 하나님에 대한 이드로의 반응은 어떠했는가? 의외로 유대인처럼 매우 기뻐했다.

> 이드로가 여호와께서 이스라엘에게 모든 은혜를 베푸사 애굽 사람의 손에서 구원하심을 기뻐하여 가로되, 여호와를 찬송하리로다. 너희를 애굽 사람의 손에서와 바로의 손에서 건져내시고 백성을 애굽 사람의 손 밑에서 건지셨도다. 이제 내가 알았도다. 여호와는 모든 신보다 크시므로 이스라엘에게 교만히 행하는 그들을 이기셨도다. (출 18:9-11)

"이제 내가 알았도다. 여호와는 모든 신보다 크시므로 이스라엘에게 교만히 행하는 그들을 이기셨도다"(출 18:11). 얼마나 확신에 찬 하나님에 대한 이드로의 믿음인가! 그 뿐만이 아니다. "모세의 장인 이드로가 번제물과 희생제물을 하나님께 가져오매 아론과 이스라엘 모든 장로가 와서 모세의 장인과 함께 하나님 앞에서 떡을 먹었다"(출 18:12).

그만큼 이드로는 하나님과 하나님의 백성들에게 호의적이었다.

3. 결론

앞에서 하나님이 모세를 애굽의 왕궁학교에서 미디안 광야학교로 전학시키셨던 과정과 모세가 광야학교에서 받았던 4가지 교육의 내용들을 살펴보았다. 하나님이 만드신 미디안 광야학교의 커리큘럼에 포함된 교과 과목들은 하나하나가 모두 모세가 장차 40년 동안 이스라엘 백성들을 목회하는 데 반드시 필요한 필수 과목들이었다.

여기에서 하나님이 모세를 전무후무한 큰 지도자로 키우시기 위하여 얼마나 세심한 배려를 하셨는지 그분의 마음을 알 수 있다. 놀라운 것은 하나님은 자신이 만드신 커리큘럼에 모세가 거부할 수 없는 환경들을 하나하나 단계적으로 만들어 가고 계셨다는 것이다.

또한 모세는 자신이 하나님을 직접 만나기 이전(출 3:2-4)에는 하나님의 이런 교육의 목적들을 전혀 눈치를 채지 못했다. 나중에 알고 보니 하나님께서 그렇게 섭리하셨다.

아론은 노예 생활을 하면서 성경공부와 고난교육을 철저하게 잘 받은 사람이다. 그런데 왜 모세와 같은 큰 그릇과 큰 능력의 사람이 되지 못했는가? 그 이유는 그가 애굽 왕궁의 수직문화와 리더십 교육을 받지 못했기 때문이다. 또한 미디안 광야에서 모세가 배웠던 미디안 광야의 4가지 교육을 배우지 못했기 때문이다. 따라서 그는 모세의 대변인으로 만족했어야 했다.

> 하나님의 미디안 광야학교 커리큘럼은
> 모세가 광야에서 이스라엘 백성을 목회하는 데 필수 과목이었다.

IV
모세의 회심 과정과 열매

1. 80세에 하나님을 만난 모세: 낮아짐과 회심

하나님은 모세에게 80년 동안 두 학교를 다니게 하셨다. 애굽의 왕궁학교와 미디안의 광야학교다. 이 두 학교의 커리큘럼은 모세가 약 300만이나 되는 이스라엘 백성을 40년 동안 시내광야에서 목회하는 데 꼭 필요한 필수과목이었다.

기억할 것이 있다. 이 두 학교의 커리큘럼에는 성경공부와 기도생활이 모두 빠져 있다는 것이다. 무려 80년 동안이나 이방의 수직문화 교육으로 채워져 있다. 즉 복음을 믿기 이전의 마음의 토양교육(Pre-Evangelism)이다.

하나님은 모세가 두 학교를 졸업하게 하신 이후에 직접 모세를 부르시고 만나주셨다. 장소는 시내산 떨기나무 불꽃 가운데였다(출 3:2-4). 모세가 하나님을 찾은 것이 아니라 하나님이 모세가 있는 곳을 찾아가신 것이다. 모세가 떨기나무 앞에서 하나님과 대면했던 사건은 모세의 회심(Convert, Evangelism)을 뜻한다.

하나님은 왜 그때를 기다리셨는가? 그 당시 모세의 심령 상태가 가장 좋았기 때문이다. 어떤 심령 상태였나? 그는 자신의 모든 자존심을 다 죽이고 최하로 낮아져 있었다. 얼마만큼 낮아졌는가?

하나님이 모세에게 이스라엘 백성을 구원하러 애굽으로 돌아가라고 하셨을 때 그는 네 번이나 거절하였다(출 3-4장). 여러 가지 핑계를 대었다. 그리고 자신은 과거 왕궁의 모세가 아니니 "주여 보낼만 한 자를 보내소서"(출 4:13)라고 했다.

이것은 하나님이 원하셨던 정답이었다. 왜냐하면 "저는 과거에는 'somebody'였으나 현재는 'nobody'입니다."란 뜻이기 때문이다.

사실 모세는 자신의 동족 이스라엘 민족을 너무나 사랑했다. 그래서 그는 자신이 애굽의 왕이 된 후에 자신의 세상 권력으로 자기 백성들을 해방시키고자 했을 것이다. 그러나 현재는 그만한 힘이 하나도 없다는 뜻이다. 그래서 모세는 하나님의 간곡한 요구에 네 번이나 거절했던 것이다.

여기에서 주목할 것은 하나님의 채용 평가 기준은 자기 스스로 무엇인가 할 수 있다는 사람은 제외시키시고 자신은 아무것도 할 수 없는, 즉 'nobody'라고 고백하는 겸손한 자를 들어 쓰신다는 것이다. 이것은 자신이 낮아진 것만큼 하나님과 가까워졌다는 것을 뜻한다.

이제는 하나님이 원하셨던 모세가 되었다. 드디어 모세는 왕궁교육 40년, 광야교육 40년, 도합 80년 만에 지도자 졸업 시험에 합격한 것이다. 그리고 하나님의 온 집의 사환으로 취직이 되었다. 그리고 그 집에서 40년 동안 죽도록 충성하였다(히 3:5).

왜 하나님은 모세를 낮추셨는가? 자신의 무능을 자각하게 하기 위함이었다. 하나님을 만난 이후에는 그분의 일을 할 때 자신의 능력을 의지하지 않고, 전능하신 하나님만 의지하게 하기 위함이었다.

그래서 바울은 자신의 약함을 자랑한다고 했다. 주님께서 그렇게 가르쳐주셨다고 했다.

> "내 능력이 약한 데서 온전하여짐이라 하신지라. 이러므로 도리어 크게 기뻐함으로 나의 여러 약한 것들에 대하여 자랑하리니, 이는 그리스도의 능력으로 내게 머물게 하려 함이라.
> (고후 12:9)

저자가 과거 하나님의 은혜를 받은 후 새벽예배 시간에 가장 많이 불렀던 찬송가 가사가 이것이다.

> 천부여 의지 없어서 손들고 옵니다.
> 주 나를 외면하시면 나 어디 가리까…. (찬 280장)

지금도 이 노래를 부르면 눈물이 난다. 하나님은 왜 모세가 세상 권력을 잡았을 때 그의 강한 힘으로 자기 민족을 구원하라고 하시지 않으시고, 그에게 아무런 힘이 없었을 때 그를 통하여 자기 백성을 구원하라고 하셨는가? 전자의 경우에는 모세의 의가 나타나지만 후자의 경우에는 하나님의 의가 나타나기 때문이다. 전자는 인간 모세의 계획이었고, 후자는 하나님의 계획이었다. "[하나님의] 생각은 너희의 생각과 다르며 [하나님의] 길은 너희의 길과 다르다"(사 55:8).

마지막으로 하나님의 일을 하기 위하여 모세는 하나님에게 한 가지 더 묻는다. 제가 가기는 가는데, "이스라엘 자손에게 가서 이르기를 너희의 조상의 하나님이 나를 너희에게 보내셨다 하면 그들이 내게 묻기를 그의 이름이 무엇이냐 하리니 내가 무엇이라고 그들에게 말하리이까?"(출 3:13).

하나님은 자신의 이름, 즉 정체성을 최초로 이렇게 말씀하셨다.

> "나는 스스로 있는 자이니라"
>
> "너희 조상의 하나님 여호와, 곧 아브라함의 하나님, 이삭의 하나님, 야곱의 하나님께서 나를 너희에게 보내셨다 하라. 이는 나의 영원한 이름이요, 대대로 기억할 나의 칭호니라." (출 3:14-15)

이에 모세는 더 이상 거절을 하지 못하고 하나님의 명령에 순종했다. 이후 모세는 자신의 유익을 구하여 살지 않고 하나님의 유익을 위하여 충성되게 살았다.

하나님은 왜 모세의 나이 80세까지 기다리셨는가?
큰 그릇을 준비하시기 위함이다.

2. 모세의 회심 이전과 이후의 차이

앞의 글을 요약해 보자. 하나님은 모세를 애굽 왕궁에 유학을 보내셨다. 그리고 40년 동안 제2의 바로를 만드는 교육을 시키셨다. 그 결과 모세를 세계를 호령할 만한 큰 인물로 키우는 데 성공하셨다.

그것은 애굽의 '고품격 수직문화'(high-quality vertical culture) 교육의 작품이다. 그러나 그는 교만했다. 세상 권세로 애굽의 관헌을 죽였다(행 7:23-24). 따라서 하나님은 그를 낮아지게(겸손) 하기 위하여 40년 동안 광야교육을 시키셨다. 즉 왕궁학교에서 고난대학으로 전학을 시키셨다. 하나님은 모세가 최고로 낮아졌을 때 떨기나무 불꽃 가운데서 그를 만나셨다(출 3:2-4). 이것이 모세의 회심 사건이었다.

그러나 모세에게 문제가 있었다. 그는 그 동안 철저하게 애굽의 수직문화 사상에 물들어 있었다. 그 상태로는 하나님의 사역을 할 수가 없었다. 애굽의 바로는 영적으로 사탄에 비유될 수 있기 때문이다.

하나님은 모세를 어떻게 그분의 사람으로 만드셨을까? 하나님께서 그를 쓰실 때에는 애굽(이방인)의 수직문화에 의해 준비된 그릇 자체는 사용하시되, 그 그릇 속에 담겨 있었던, 40년간 배웠던 사탄 문화와 교만은 버리게 하셨다. 즉 삶의 목적을 애굽의 신을 섬기던 것에서 자기 조상들, 즉 아브라함과 이삭과 야곱이 섬기던 여호와 하나님을 섬기게 하셨다.

떨기나무에서 하나님을 만났던 모세는 하나님의 영으로 충만해졌다. 그리고 하나님의 말씀을 받고 이전의 세속적인 죄악과 습관들은 모두 버리고 새 사람이 되었다. 신약적인 표현을 빌리면 이렇다.

> 그런즉 누구든지 그리스도[하나님] 안에 있으면 새로운 피조물이라. 이전 것은 지나갔으니 보라, 새 것이 되었도다. (고후 5:17)

하나님께서는 이때부터 모세의 이름을 높이시기 시작하셨다. 그의 나이 80세부터였다. 나머지 40년 동안 하나님의 장중에 붙잡혀 전무후무한 역사적인 위대한 지도자가 되었다.

> 그러므로 하나님의 능하신 손아래서 겸손하라. 때가 되면 너희를 높이시리라. (벧전 5:6)

히브리서 기자는 이렇게 그의 결단을 이렇게 적었다.

> 모세는 믿음으로 장성하여 바로의 공주의 아들이라 칭함을 거절하고, 도리어 하나님의 백성과 함께 고난 받기를 잠시 죄악의 낙을 누리는 것보다 더 좋아하고, 그리스도를 위하여 받는 능욕을 애굽의 모든 보화보다 더 큰 재물로 여겼으니 이는 상주심을 바라봄이라. (히 11:24-26)

모세는 마침내 하나님의 명령에 순종했다. 그리고 하나님의 지팡이 하나만 지니고 미디안 광야에서 애굽 왕궁으로 바로를 만나기 위해 떠났다(출 4:2-20).

그 후 약 300만 명의 이스라엘 백성을 이끌고 홍해를 건너 시내 반도에 도착했다. 그는 시내산에서 하나님의 율법을 받았다. 그리고 40

년 동안 하나님의 율례와 법도대로 이스라엘 백성을 훈련시켰다. 그리고 120세에 가나안 입국을 앞두고 느보산에서 하나님의 부름을 받았다(신 34:7).

3. 모세가 아론보다 큰 그릇이란 4가지 증거

저자는 서론의 문제 제기에서 이런 질문을 했다. "왜 하나님은 하나님 나라의 지도자를 교인들 중에서 고르지 않으시고, 적그리스도로 낙인찍힌 바로의 왕자 교육을 받았던 모세를 택하셨나?" 앞에서 답한 대로 애굽의 사탄 교육은 모세를 큰 그릇의 지도자로 만들었다.

애굽의 사탄 교육을 받은 모세와 받지 못한 아론의 차이는 무엇인가? 인성교육학적 입장에서 모세는 큰 그릇이 되었고, 아론은 작은 그릇이 되었다. 모세가 아론보다 큰 그릇이란 것을 어떻게 증명할 수 있는가?

첫째, 모세는 큰 믿음을 가진 큰 그릇이었다.

모세가 큰 믿음을 가졌는지 작은 믿음을 가졌는지 어떻게 알 수 있을까? 큰 믿음을 가진 지도자는 우선 당시 애굽 왕 같은 최대 권력자인 최악의 원수를 만났을 때라도 그 앞에서 떨지 않고 담대했다(히 11:27). 모세는 수많은 호위병들을 거느린 바로의 권세와 권위에 전혀 위축되지 않았다. 〈앞에서 설명한 제1장 II. 3. C. '하나님이 모세에게 애굽 왕실 수직문화 교육을 시키신 5가지 이유' 참조〉

둘째, 모세는 하나님께서 극찬하신 최고의 지도자였다.

하나님께서는 "이 사람 모세는 온유함이 지면의 모든 사람보다 승하더라."(민 12:3)고 말씀하셨다. 그리고 "내 종 모세와는 그렇지 아니하니 [다른 선지자들과 다르게] 그는 나의 온 집에 충성됨이라"(민 12:7)고 평가하셨다.

셋째, 모세는 아론과 미리암의 반역에 관용을 베풀었다.

모세는 형 아론과 누나 미리암이 자신에게 반역을 했을 때에도 그들을 용서했다. 모세가 이방 여자 구스 여자를 취했을 때 미리암과 아론이 모세를 비방했었다. 그리고 모세의 사역도 비방했다(민 12:1-2).

하나님께서는 그들의 말을 들으시고 벌로 미리암에게 나병이 걸리게 하셨다. 그러나 모세는 형과 누이를 책망하거나 보복하지 않고 용서했다. 그리고 하나님께 기도하여 미리암의 문둥병을 낳게 해 주었다(민 12:1-10). 모세가 큰 인물이기에 가능한 것이다.

넷째, 모세는 반역한 민족의 멸망 앞에서 자신의 목숨을 걸고 구했다.

모세가 십계명을 받기 위해 시내산에 올라가 40일 금식을 했을 때였다. 산 아래에서는 아론과 백성들이 모세를 기다리다가 지쳐서 하나님께서 가장 싫어하시는 금송아지 우상을 만들었다. 아론은 모세에게 주변 백성들이 충동질하여 자기는 어쩔 수 없이 협조했다고 변명했다. 그만큼 아론은 그릇이 종지처럼 작았다.

그 때 하나님께서는 아론에게 진노하사 그를 멸하려 하셨다. 그 때에도 모세는 아론을 위하여 기도해 주어 그를 살렸다(신 9:20). 그뿐만이 아니다. 하나님은 금송아지를 만들었던 이스라엘 백성들에게 "내가 그들에게 진노하여 그들을 진멸하고 너로 큰 나라가 되게 하리라" (출 32:10)고 말씀하셨다.

그 때에도 모세는 하나님에게 이렇게 기도했다.

> 그러나 합의하시면 이제 그들의 죄를 사하시옵소서. 그렇지 않사오면 원컨대 주의 기록하신 책에서 내 이름을 지워 버려 주옵소서. (출 32:32)

모세는 하나님과 자신에게 그처럼 목이 곧은 자기 민족을 위해 생명까지 내놓을 만큼 투철한 민족주의자였다. 이것은 동족 유대인을 위하여 중보 기도를 했던 바울의 기도와 유사하다(롬 9:3).

> 나의 형제 곧 골육의 친척[유대인]을 위하여 내 자신이 저주를 받아 그리스도에게서 끊어질지라도 원하는 바로라. (롬 9:3)

구약의 모세나 신약의 바울 모두 그릇이 큰 인물임에 틀림없다.

4. 하나님은 왜 고집 센 사람을 더 크게 사용하시나

하나님께서 크게 사용하셨던 대표적인 인물은 구약의 모세와 신약의 바울이다. 두 사람의 특징은 많이 있지만 인성교육학적인 입장에서 보면 모두 살인자란 공통점이 있다. 모세는 애굽 관헌을 죽였고, 바울은 스데반을 죽였다.

둘 다 자신의 판단이 옳다고 생각하여 자행한 것이다. 옳다고 하더라도 살인을 한다는 것은 보통 사람이 할 수 있는 일은 아니다. 마음이 보통 강직하지 않으면 할 수 없다. 이렇게 마음이 강한 사람은 종교성과 어떤 상관관계가 있을까?

종교심리학의 아버지라고 불리는 엘포트(Allport)는 로스(Ross)와 함께 신앙이 깊은 사람의 특징을 연구한 바 있다. 연구 결과 고집불통(bigot)인 사람이 신앙이 좋다는 것이 밝혀졌다(Allport & Ross, 1967). '고집불통'은 "고집이 너무 세어 조금도 융통성이 없는 것"(다음사전)을 말한다.

실제로 역사적으로 예수님을 믿는다는 이유로 순교를 당했던 사람들은 모두 고집이 센 사람들이었다. 보통 세지 않으면 그런 환란 속에서 신앙을 지킬 수 없었을 것이다. 성격이 순하고 우유부단한 이들은 조그마한 압박에도 비겁하게 입을 닫거나 악과 쉽게 타협하기 쉽다.

결혼 생활에서도 고집이 센 아내들이 정조를 잘 지킬 수 있다. 외간 남자의 웬만한 꼬임에 넘어가지를 않는다. 예수님은 우리의 신랑으로 비유된다(마 25:1-10). 예수님을 신랑으로 모시고 사는 기독교인들은 고집이 세야 환란 시대에 신앙의 정조를 지킬 수 있다. 고집이 세다는 뜻은 자신의 개성이 강하다는 뜻과 일맥상통한다.

애굽의 왕궁 수직문화에 깊이 물든 모세는 아론이나 미리암보다 훨씬 더 고집이 센 사람이었다. 바울도 유대교라는 견고한 수직문화에 매우 익숙해 있던 인물이었기에 기독교로 개종을 한 이후에도 그만큼 예수님을 위해 순교를 할 수 있었다.

저자가 모 교단의 초청으로 목사고시를 보기 전에 치르는 강도사 수련회 강사로 간 적이 있었다. 그 때 저자는 인성교육학에 나오는 수직문화와 수평문화에 대하여 강의했다. 강의 후 30대 초반의 강도사가 질문을 했다.

"저는 수평문화에 찌든 사람입니다. 그렇다면 목사가 될 자격이 없다는 말입니까?"

저자는 이렇게 답변했다.

"맞는 말입니다. 그러나 한 가지 다른 희망도 있습니다. 본인의 개성이 완고하여 결단력이 강하면 자격이 있습니다."

"예를 들면 신라의 김유신 장군이 왕이 되고자 마음을 먹었을 때, 다시는 술집 여인을 찾지 않겠다고 다짐을 합니다. 그런데 다음날 자신의 말이 습관적으로 그 술집으로 방향을 틀었을 때 칼로 말의 목을 베어 버렸습니다. 그의 결단력이 그만큼 컸다는 증거입니다. 이렇게 결단력이 강하면 재미 위주의 수평문화를 끊고 하나님의 일에 전념할 수 있을 겁니다."

마지막으로 한 마디 더했다.

"그러나 수평문화에 절어 있는 사람은 대부분 마음이 약하여 그만한 결단력이 없는 경우가 많습니다."

하나님께서는 고집이 세고 개성이 강한 사람을 크게 사용하시지만 그대로 사용하시지는 않는다. 몇 바퀴 사선을 넘나드는 고난의 터널을 지나게 한 후에 사용하신다. 고집이 더 센 사람에게는 더 큰 고난을 더 오래 주신다. 인간의 자아가 그만큼 깨지기 힘들다는 뜻이다.

하나님은 모세의 강한 자아를 깨뜨리기 위하여 그에게 40년 동안 광야 생활을 하게 하셨다. 바울에게는 그의 자아가 너무 강하기 때문에 자고하지 않게 하기 위하여 눈(육체)에 가시를 주셨다. 가장 예민한 부분에 가시를 주셨으니 얼마나 불편했겠는가! 그래서 그는 하나님께 세 번이나 그것을 거두어 달라고 간구했다(고후 12:7-8).

그러나 하나님의 답변은 "내 은혜가 네게 족하도다. 이는 내 능력이 약한 데서 온전하여짐이라"(고후 12:9)이었다. 저자는 하나님께서 바울에게 주신 여러 복에는 눈에 가시를 준 것도 포함된다고 생각한다. 그가 교만하여 후에 넘어지는 것보다 끝까지 주님을 높이고 본인은 겸손해질 수가 있었기 때문이다.

IV
요약, 토론 및 결론

본 논문 서문에서 연구를 위해 다음 질문을 했다.

Q1. 왜 하나님은 하나님 나라의 큰 지도자를 택하실 때 성경공부를 많이 했던 아론 대신에 사탄의 상징인 바로의 왕자 교육을 40년 동안 받았던 모세를 택하셨나?

Q2. 애굽의 사탄 교육은 모세에게 어떤 유익을 주었나?

Q3. 애굽의 사탄 교육을 받은 모세와 받지 못한 아론의 차이는 무엇인가?

Q4. 하나님은 모세를 왜 왕궁학교에서 광야학교로 전학을 시키셨나?

Q5. 광야 교육은 모세에게 어떤 유익을 주었나?

Q6. 교회에서 자녀들에게 성경공부와 기도를 많이 시키면 큰 인물이 된다는 말이 꼭 맞는가?

Q7. 틀린다면 자녀들에게 어떤 교육을 시켜야 하나?

이 질문들에 대한 답은 앞에서 대부분 설명했다. 이제 전체 내용을 요약하고 결론 부분에서 나머지 질문들에 대한 답변을 해보자.

1. 아론과 모세가 받은 교육의 차이1: 노예 공동체와 왕궁의 차이

하나님은 아브라함을 믿음의 조상으로 선택하셨다. 그리고 창세기 15장의 횃불 언약을 통하여 그의 후손 이스라엘 백성이 애굽에서 400년 동안 고난당할 것을 예고하셨다. 그리고 때가 차면 이스라엘 백성을 애굽에서 구원하시어 가나안으로 인도하겠다고 언약하셨다.

본 논문은 이스라엘 백성을 애굽의 무서운 바로 왕으로부터 구원할 지도자를 하나님은 어떤 방법으로 양육하시느냐 하는, 하나님의 교육 방법을 논한다. 따라서 하나님의 주권 하에서 모세의 출생과 하나님이 그를 애굽의 왕궁으로 유학을 보내셨던 과정, 그리고 그를 애굽 왕궁에서 40년과 미디안 광야에서 40년, 도합 이방에서 80년을 교육시키시는 과정과 그 결과를 설명했다.

여기에서 하나님의 주도면밀한 계획과 그 계획을 실천하시는 방법을 보면서 실로 감탄하지 않을 수 없다. 이런 대하드라마의 시나리오는 하나님만이 쓰실 수 있을 것이다.

요약하면 다음과 같다. 아론은 모세의 형이다. 그런데 둘은 유아기부터 80년 동안 이산가족으로 살았다. 첫 40년 동안 아론은 애굽의 최 빈민촌인 노예 집단에서 살았고, 모세는 최상위 그룹인 애굽의 왕궁에서 자랐다.

기독교교육학적으로 아론은 하나님의 거룩한 백성 공동체에서 성경공부를 많이 받았으나, 모세는 애굽의 왕궁 교육만 받았다. 영적으로 전자는 하나님의 거룩한 백성 교육을 받았으나, 후자는 바로의 교육, 즉 사탄 교육만을 받았다. 영적으로 애굽은 사탄을 상징하기 때문에 바로 왕은 사탄에 비유될 수 있다(행 7:38; 롬 6:18; 고전 10:1-4). 〈저자 주: 자세한 것은 현용수의 고난의 역사 교육 시리즈 제1권 '*하나님의 독수리 자녀교육*', 제1부 제1장 II. 1. '애굽, 홍해, 광야, 요단강 및 가나안의 신약적 예표' 참조.〉

아론과 모세가 교육을 받은 환경은 너무 다르다. 아론은 고급 엘리트 교육이 전혀 없었던 노예 공동체 출신이다. 따라서 논리적이고 조직적인, 그리고 깊이 있는 고품격 수직문화 교육을 받을 수 없었다. 반면 모세는 당시 세계적으로 가장 최고급 엘리트 교육을 받았던 왕자였다. 그는 논리적이고 조직적인 그리고 깊이 있는 고품격 수직문화 교육을 받았다.

따라서 지도자 리더십의 양과 질적인 면에서 아론은 이스라엘 백성을 인도할 능력이 매우 부족했지만, 모세는 충분했다. 지도자의 그릇 면에서도 아론은 매우 작았지만, 모세는 매우 컸다. 따라서 하나님은 모세를 이스라엘의 지도자로, 아론은 그의 대변인으로 택하셨다.

결론적으로 하나님은 왜 모세를 아론처럼 이스라엘 민족 속에서 키우지 않으시고 애굽의 왕궁에서 키우셨는가? 후일 이스라엘 민족의 큰 지도자로 쓰시기 위하여 갓난아기 때에 애굽의 바로 왕 수하로 들어가게 하셨다.

즉 유대인 노예 공동체에서 애굽의 바로 왕궁으로 유학을 보내신

아론과 모세의 차이점

인물 교육	아론	모세
교육의 차이	하나님의 선민교육을 받은 사람	이집트의 궁중교육을 받은 사람
영적교육	하나님의 거룩한 교육	사탄의 교육(바로는 사탄을 상징함)
교육의 환경	- 노예 집단 출신 - 고급 엘리트 교육의 부재 - 조직적이고 깊이 있는 수직 문화 교육을 받을 수 없었음	- 왕자 출신 - 이집트의 고급 엘리트 교육 　(왕자교육) - 조직적이고 깊이 있는 최고의 수직문화 교육을 받음
리더십의 차이	이스라엘 백성을 인도할 왕의 리더십 부족	이스라엘 백성을 인도할 왕의 리더십 교육
그릇의 차이	작은 그릇	큰 왕의 그릇
하나님의 계획	모세의 보조 대변인 역할로 사용 하심	이집트의 궁중에서 왕의 그릇으로 만드신 뒤 하나님의 종으로 부르심

것이다. 왜냐하면 당시 유대인 노예 공동체에서는 큰 인물을 만들 수 없었기 때문이었다.

따라서 하나님은 세계에서 최고급 수직문화를 가졌던 애굽의 바로 왕궁으로 유학을 보내신 것이다. 그리고 때가 차매 그에게 이스라엘 민족의 출애굽을 인도하는 역사적인 사건의 주인공이 되게 하셨다(출 3:10; 행 7:34).

2. 아론과 모세가 받은 교육의 차이2: 노예 공동체와 미디안 광야의 차이

하나님은 모세를 이스라엘 백성의 큰 지도자로 키우시기 위해 80년 동안 두 학교에 유학 보내셨다. 첫 번째 40년 동안은 애굽의 왕궁학교였고, 두 번째 40년 동안은 미디안 광야학교(고난대학)였다. 두 학교 커리큘럼의 목적이 달랐다. 교육의 환경 역시 극과 극이었다.

첫 번째 학교는 앞에서 설명했다. 이제 두 번째 학교에 대해 설명해 보자. 그리고 결론을 내려 보자. 하나님은 모세를 왜 왕궁학교에서 미디안 광야학교로 전학을 시키셨는가?

모세는 애굽의 왕궁학교 교육으로 큰 그릇은 될 수 있었으나 너무 교만해졌다. 자신의 권력과 지식으로 동족을 노예에서 해방시키려 했을 정도다. 왜냐하면 세상 교육은 높아지게 하는 교육이기 때문이다.

따라서 하나님은 그를 고난의 광야학교로 전학을 시키셨다. 하나님의 인성교육 커리큘럼에는 '고난 교육'이 필수과목이기 때문이다 (저자의 저서 '고난의 역사교육' 시리즈 전5권 참조).

거기서 모세는 자기 스스로는 아무것도 할 수 없다는 겸손을 배웠다. 그리고 하나님과 사람 앞에서 겸손해졌다. 모세가 이것을 이수하지 못했으면 졸업 자체가 불가능했다.

하나님께서는 왜 모세로 하여금 낮아지게 하셨는가? 낮아져야 자신의 무능을 깨닫고 전능하신 하나님만을 의지할 수 있기 때문이다. 오직 그분에게만 순종할 수 있기 때문이다.

아론과 모세의 교육 차이2: 노예 공동체 vs 미디안 광야

구분	아론의 교육	모세의 교육
교육의 장소	노예 공동체	미디안 광야 교육 커리큘럼
교육의 내용	모세가 받은 4가지 미디안 광야교육 중 1항(고난교육)만 받았음	1. 모세의 약점: 고난을 모르고 자람 　왕궁교육에서 40년간 키워진 교만이 광야의 　고난대학에 입학하여 40년간 낮아짐 　→ 하나님만 의지하게 함. 　Cf. 힘든 처가살이 * 고난대학의 유익: 　하나님과 이웃에게 겸손하게 함 2. 장인(교장) 이드로(제사장)로부터 미디안 　광야의 수직문화를 배워 그들의 지혜를 배움. 　〈천부장 백부장 중간 간부 세움〉 * 광야 생존법 vs 왕궁 생존법 * 〈하나님이 모세에게 이스라엘 백성이 앞으로 　40년 간 머물 시내광야에 미리 와서 40년 동안 　광야 생존법을 터득케 하셨음, 리허설〉 3. 양치는 법과 목자의 소양을 배움 – 목자 수업 4. 십보라와 결혼하여 두 아들을 낳음 → 　쉐마교육의 터전마련. 왜 하나님은 모세가 　애굽 대신에 미디안에서 결혼하게 하셨나
유익	거의 없음 〈오직 성경공부〉	- 이 4가지 교육의 내용은 모세가 시내광야에서 40년 동안 이스라엘 백성을 목회하는데 필수과목
결과	하나님이 성경공부를 많이 한 아론 대신에 이방 교육을 많이 한 모세를 택하신 이유다.	

또한 하나님은 모세에게 장인 이드로를 통하여 미디안 광야의 수직문화, 즉 광야의 지혜를 배우게 하셨다. 이것은 광야의 생존법이다. 그리고 미디안의 양반 교육과 양치는 직업을 통하여 목자의 자질을 배우게 하셨다.

하나님은 장차 이스라엘 백성이 애굽에서 출애굽을 한 후 40년 동안 머무를 곳(시내광야)에 모세를 먼저 보내시어 그곳에서 40년 동안을 살게 하셨다. 후일 자기 동족을 살리기 위해 광야 생존법을 터득하게 하기 위함이었다. 즉 미리 리허설을 시키신 것이다. 이것이 하나님의 탁월한 모세 리더십 교육 원리다.

이것들은 후일 모세가 시내광야에서 이스라엘 백성들을 40년 동안 목양하는 데 꼭 필요한 커리큘럼이었다. 반면 아론은 미디안 광야 교육의 유익을 전혀 받지 못했다.

모세는 왕궁의 왕자 교육에서 수직문화를 통한 애굽의 지혜와 학술 그리고 천하를 호령할 수 있는 카리스마와 위엄, 즉 호연지기를 배웠다면, 광야학교에서는 하나님의 양들을 목양하는 데 필요한 섬기는 방법과 광야 생존법까지 배웠을 것이다.

하나님은 애굽의 왕궁학교와 광야학교를 통하여 하나님이 원하셨던, 차후 이스라엘을 인도할 위대한 지도자로 키우는 데 성공하셨다.

본 논문에서 인간이 예측할 수 없는 하나님의 놀라운 경륜을 발견할 수 있다. 하나님이 모세를 큰 인물로 키우신 교육철학과 그것을 성취하시는 커리큘럼에 감탄하지 않을 수 없다. 불가항력적인 하나님의 예정에 의한 한편의 대하드라마다.

3. 결론 및 적용

A. 모세가 다녔던 왕궁학교와 미디안 광야학교 비교 (인성교육 측면)

앞의 설명들을 인성교육학적인 측면에서 설명해보자. 신앙인의 입장에서 인간의 일생을 세 부분으로 나눌 수 있다.

1) 복음을 접하기 이전에 복음적 토양 교육, 즉 인성교육 시기(Pre-Evangelism),

2) 예수님을 인격적으로 만나는, 즉 복음을 영접하는 시기(Evangelism),

3) 복음을 영접한 후 하나님의 형상을 닮아 가는 제자화 시기(Post-Evangelism)다.

예수님은 복음을 접하기 이전에 종교적 토양 교육을 통하여 마음 밭이 옥토가 되기를 원하신다(Pre-Evangelism). 그래야 복음을 접했을 때 복음을 영접하기도 쉽고(Evangelism), 복음을 영접한 후 말씀 맡은 자(롬 3:2)로 제자화(Post-Evangelism)되기도 쉽다.

본서는 모세의 첫 번째 인성교육 시기를 다룬다. 하나님은 모세를 택하시고 먼저 세상에서 인성교육, 즉 복음적 토양 교육을 80년 동안 시키신(Pre-Evangelism) 후 그를 떨기나무 불꽃 가운데서 만나셨다(Evangelism). 그리고 나머지 40년 동안 하나님의 일을 맡기셨다(Post-Evangelism). 이것은 모세는 80년 동안 비기독교인으로 살면서 이방인의 수직문화 교육을 받았다는 것을 뜻한다. 이것이 하나님의 모세 리더십 교육 원리다.

다시 말하면 모세는 애굽의 왕궁학교와 미디안 광야학교를 졸업한 후에, 즉 독수리 같은 큰 그릇 마음을 준비하고 겸손해진 마음까지 준비한 이후에 시내산 떨기나무 불꽃 가운데에서 하나님을 만났다. 그리고 하나님의 영으로 충만함을 받았다. 물론 하나님의 영으로 충만해질 때는 애굽의 사탄 문화는 모두 토해냈을 것이다.

여기에서 주목할 것이 있다. 그가 80년 동안 준비했던 큰 그릇은 그대로 유지하고 있었다는 것이다. 즉 하나님은 준비된 큰 그릇에 성령을 부으시고 하나님의 큰일을 맡기셨다는 것이다.

이것은 무엇을 뜻하는가? 이방의 강한 독수리 수직문화 교육을 받은 독수리는 하나님의 백성이 된 후에도 하나님을 위한 독수리로 사용될 수 있다는 것을 뜻한다.

그러나 이방의 참새는 하나님의 백성이 된 후에도 참새로 사용될 가능성이 많다. 독수리나 참새는 세상과 하나님 사이에서 누구를 위한 삶을 사느냐는 방향만 바뀌었을 뿐 독수리가 참새가 되고 참새가 독수리가 될 확률은 거의 없다.

여기에서 이런 질문을 할 수 있다. 왜 하나님은 모세를 먼저 고난대학에 입학시키지 않으시고 애굽의 왕궁 대학에 먼저 입학시키셨는가?

인간의 인성은 대부분 13세 이전에 거의 모두 이루어지기 때문이다. 특히 인성교육의 핵심인 수직문화 교육은 어릴 때부터, 즉 유아기부터 시킬수록 더 효과적이다. 따라서 하나님은 모세를 일단 큰 그릇을 만드신 후 더 고통스러운 고난대학에 입학을 시키셨다.

아론은 모세에 비하여 어떤 부분이 약한가? 그는 노예 생활을 하면서 고난교육은 철저하게 잘 받은 사람이다. 그런데 큰 틀에서 애굽의 왕궁학교에 유학을 못 갔기 때문에 천하를 호령할 수 있는 큰 그릇은 되지 못했다. 그리고 애굽 왕궁의 지혜와 학술도 배우지 못했다. 또한 미디안 광야대학에서 모세가 배웠던 이드로의 광야 지혜와

독수리(상)와 참새떼(하)는 확연히 다르다. 개체 그릇의 크기면에서 전자는 큰 그릇이고 후자는 매우 작다. 모세는 애굽 궁중에서 어려서부터 독수리 교육을 받아 독수리가 되었다. 애굽에서 날던 독수리가 이스라엘에 간다고 참새가 되지는 않는다.

따라서 자녀는 어려서부터 참새가 아닌, 독수리로 키워야 한다.

하나님의 모세 교육 커리큘럼

구분	모세가 다녔던 두 학교		두 학교 졸업 후
교육 장소	1) 애굽 왕궁학교 〈최고 로열패밀리 아카데미〉	2) 미디안 광야학교 〈광야 고난대학〉	회심
교육 목표	하나님이 이스라엘 민족을 애굽에서 구원할 지도자 양성		모세는 1) 애굽의 왕궁학교와 2) 미디안 광야학교를 졸업한 후 하나님을 시내산 떨기나무에서 만남(회심) 회심 후 큰 그릇은 유지하되 사탄 문화는 토해냈다. 그리고 시내산에서 토라를 받고 유대인에게 성경공부를 시킴
교육 목적	천하를 호령할 왕자 교육	최하로 낮아지는 양치기 목자	
교육 기간	40년	40년	
교육의 내용	〈하나님의 리더십 개발 원리〉 1. 바로의 최고 수직문화 (지혜)와 양반교육 2. 영적으로 사탄 교육 3. 최고의 학술교육(세상학문) 4. 왕의 리더십 5. 군사, 외교, 교육, 경제 등	1. 육체적 고난 체험 2. 미디안 광야의 수직문화 (지혜)와 양반 교육 - 이방 문화 3. 광야 생존법 4. 양치는 법 - 목자 수업 5. 결혼 생활(처가살이)	
교육의 결과	1. 독수리 같은 큰 그릇이 됨 2. 큰 믿음 3. 바로 앞에서 두려움 없음 4. 장차 바로와 담판을 하고 시내광야에서 유대민족 목회에 필수과목 5. 높아짐(교만)	1. 교만이 낮아짐 2. 자신의 무능을 자각 3. 장차 시내광야에서 40년 동안 유대민족을 목회하는 데 필수과목	
교육 영역	인성교육학: 80년 동안 이방에서 복음적 토양교육 (Pre-Evangelism) - 성경공부와 기도생활은 전무함 -		회심 후 성경공부 (Evangelism+ Post Evangelism)
결론	1. 모세가 시내광야에서 40년간 이스라엘 백성을 목회하는데 필요한 최상의 두 학교 커리큘럼 2. 하나님은 왜 모세에게 80년간 성경공부와 기도훈련은 시키시지 않았나? 회심 이전에 인성교육, 즉 수직문화 교육이 그만큼 중요하다는 증거다. 모세를 큰 그릇(독수리)으로 만든 후 낮아지게 한 후 하나님과 대면(회심) 3. 이방 독수리 수직문화 교육을 받은 독수리도 하나님의 백성이 된 후에는 그분을 위한 독수리로 사용될 수 있다. 독수리는 참새가 될 수 없다.		

광야 생존법도 배우지 못했다. 양을 치는 목자의 경험도 없었다.

이것이 하나님이 성경공부를 많이 한 아론 대신에 이방 교육을 많이 받은 모세를 택하신 이유다. 따라서 기독교인도 자기 민족의 정체성, 즉 수직문화 교육을 먼저 시켜야한다.

다음 도표는 하나님이 모세를 80년 동안 왕궁학교와 미디안 광야 학교에서 가르치신 교육커리큘럼을 요약한 것이다.

〈저자 주: 하나님이 모세를 리더로 키우시기 위한 교육은 이러한데, 현재 유대인은 왜 이방 교육을 시키지 않아도 큰 지도자들이 많이 나오는가? 이에 대해서는 제2장에서 다룬다.〉

이방의 강한 독수리 수직문화 교육을 받은 이방 독수리도
하나님의 백성이 된 후에는 하나님을 위한 독수리로 사용될 수 있다.
독수리가 참새가 될 수는 없다.

B. 하나님의 모세 교육 원리를 한국 교회에 적용 및 대안 제시

인성교육학적 측면에서 20세기 말부터 현재 한국 교회는 두 가지 문제가 있다. 이 문제를 제기하고 간단하게 답을 해보자.

첫째, 왜 현대에는 1970년대 이전처럼 전도가 잘 되지 않는가?

답변: 인성교육학적 측면에서 복음을 접하기 이전에 복음적 토양 교육을 통하여 마음 밭이 옥토가 되어야 하는데 현대인들은 수평문

화에 물들어 마음 밭이 자갈밭이 되어 있기 때문이다. 즉 인성교육(Pre-Evangelism)이 잘 안 되어 있기 때문이다.

그렇다면 현대인은 왜 수평문화에 많이 물들어 있는가? 그것은 가정의 부모들이나 학교의 교사들이 자녀들에게 한국인의 전통적인 수직문화 교육은 시키지 않고 수평문화에 그대로 노출시켰기 때문이다.

모세가 하나님을 잘 받아들일 수 있었던 것은 그가 애굽 왕국의 수직문화 교육(인성교육)을 철저히 받은 이후 미디안 광야교육인 고난교육을 잘 받아 그의 마음의 복음적 토양이 옥토가 되었기 때문이다.

〈저자 주: '수평문화'란 물질, 권력, 명예, 유행, 현대 학문과 현대 과학 등 인간의 육에 속하는 형이하학적 가치를 말한다.〉

둘째, 왜 현대에는 교회학교 출신들 가운데 예전처럼 큰 인물이 많이 나오지 않는가?

답변: 복음을 접하기 이전에 자녀들에게 한국인의 수직문화 교육으로 먼저 큰 그릇을 만들어야 하는데 가정과 교회에서 수직문화를 가르치지 않기 때문이다. 교회에서는 주로 성경공부와 기도만 가르친다.

모세는 애굽 왕국의 수직문화 교육을 철저히 받아 먼저 큰 그릇이 되었다. 그런데 현대 한국인은 한국의 전통적인 수직문화 교육은 전혀 시키지 않고 수평문화에 방치하고 있기 때문이다. 이에 더하여 교회도 세속의 수평문화를 본받고 있기 때문이다. 이것은 "너희는 이 세대를 본받지 말라"(롬 12:2a)는 바울의 교훈을 정면으로 어기는 것이다.

이것은 무엇을 뜻하나? 큰 인물이 되는 데에는 기도나 성경공부보다는 강한 독수리 수직문화의 영향이 크다는 것을 증명한다. 즉 신앙교육은 개인의 신앙 성장에는 도움을 주지만 큰 그릇을 만드는 데는 크게 영향을 미치지 못한다는 것을 뜻한다.

요약하면 신앙교육은 신앙 발달에 유효하고, 수직문화는 큰 인물을 만드는 데 유효하다. 모세 시대에 이스라엘 민족 가운데 큰 인물이 나오기 힘들었던 것이 애굽의 저급한 노예 문화에 기인했다면, 현대 교회학교 출신들 가운데 큰 인물이 나오기 힘든 것은 저급한 육을 자극하는 수평문화에 기인한다.

그렇다고 교인들이 자녀들에게 어려서부터 성경공부나 기도하는 것을 강조하지 말라는 것은 결코 아니다. 저자는 다만 신앙 성장과 큰 그릇 만들기는 서로 다른 주제라는 것을 강조하고 싶을 뿐이다.

다시 말하면 성경공부와 기도의 목적과 수직문화 교육의 목적은 다르다. 전자의 목적은 신앙 성장이고, 후자의 목적은 큰 그릇 만들기이다. 전자는 신학적인 주제이고 후자는 인성교육학적 주제다. 성령을 받아도 자신의 그릇만큼 채워지듯이 하나님을 위한 사역도 자신의 그릇만큼 헌신할 수 있다.

〈후에 신앙 성장과 큰 그릇을 동시에 만드는 법을 소개함〉

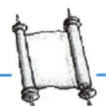

신앙교육은 신앙발달에 유효하고,
수직문화는 큰 인물을 만드는 데 유효하다.
모세 시대에 이스라엘 민족 가운데 큰 인물이 나오기 힘들었던 것이
애굽의 저급한 노예 문화에 기인했다면,
현대 교회학교 출신들 가운데 큰 인물이 나오기 힘든 것은
저급한 육을 자극하는 수평문화에 기인한다.

성경공부와 기도의 목적은 신앙 성장이고,
수직문화 교육의 목적은 큰 그릇 만들기이다.
전자는 신학적인 주제이고 후자는 인성교육학적 주제다.

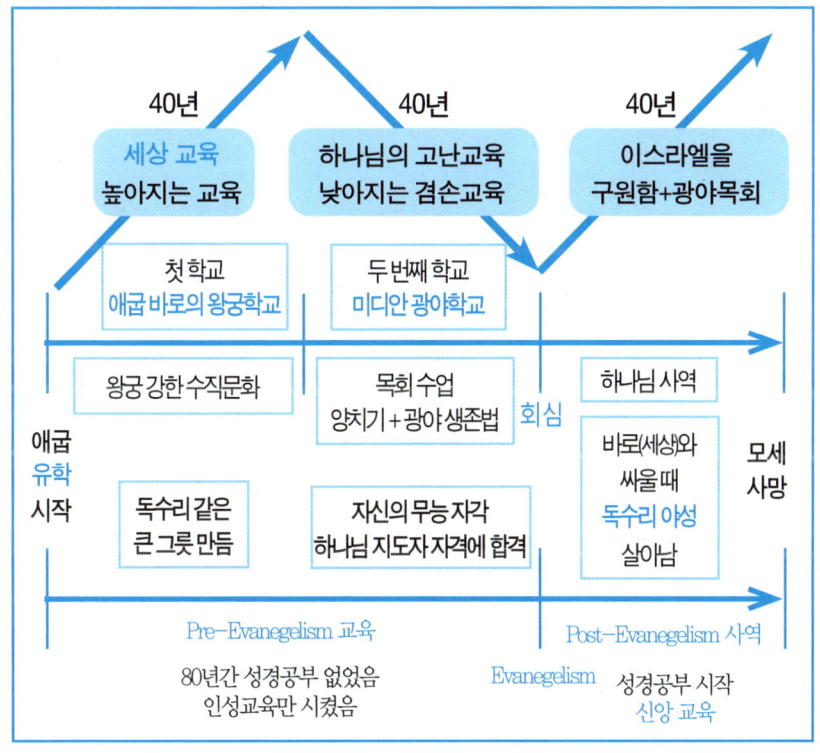

모세가 큰 그릇이 된 것은 성경공부 때문이 아니라
애굽의 강한 수직문화 교육 때문이다.
〈한국 초대교회에 큰 인물들이 많았던 이유와 유사함〉

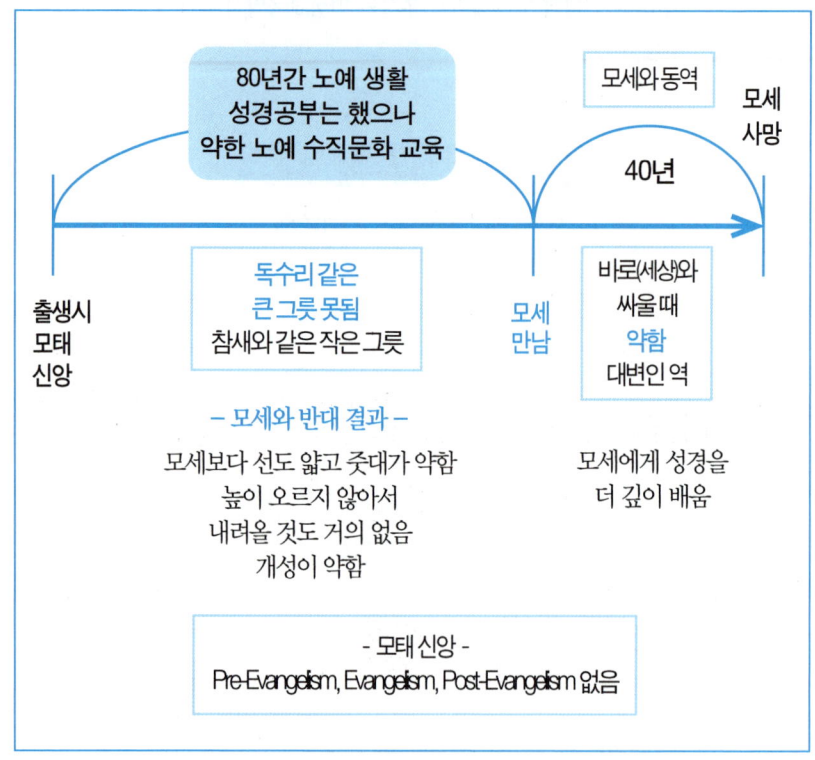

- 아론은 모태 신앙 -
어려서부터 성경공부는 많이 했으나
노예의 약한 수직문화 때문에 작은 그릇이 되었다.
현재 약한 수직문화를 가진 교회학교 자녀들과 유사함

C. 개인에게 적용: 모세를 키우신 하나님 vs 나를 키우신 하나님

1) 하나님의 목적을 위해 모세를 키우셨던 하나님

앞에서 인성교육학적인 입장에서 하나님이 모세를 어떻게 큰 인물로 키우셨는지에 대해서 자세히 설명했다.

이제 하나님의 모세 교육을 통하여 어떤 사건을 대할 때 개인의 입장에서보다는 하나님의 입장에서 그것을 해석하고 하나님의 뜻을 찾으려고 노력하는 것이 필요하다는 것을 말하고 싶다. 그렇게 할 때 개인은 설사 당시에는 억울하게, 이해가 되지 않는 고난을 당했더라도 무조건 하나님에게 감사하고 순종할 수 있을 것이다.

모세의 예를 들어 설명해 보자. 하나님은 모세를 큰 인물로 만드시기 위해 크게 두 번의 교육의 장(場)을 택하셨다. 첫 번째 교육의 장은 애굽의 바로 왕궁학교였고, 두 번째 교육의 장은 미디안의 광야학교다. 저자는 모세가 애굽의 왕궁학교를 어떻게 졸업하고 광야학교로 전학을 갔는지 그 과정을 자세히 설명했다(III. 1. '모세를 광야학교로 전학 보낸 방법: 모세가 애굽 관원을 죽임' 참조).

당시 모세의 입장에서는 동족을 사랑한 나머지 순간의 울분을 참지 못하고 애굽의 관헌을 쳐 죽였다(행 7:23-24). 그는 자신이 중범죄자로 몰려 쫓기는 입장에서 그것을 매우 후회했을지도 모른다. 그것은 분명히 그에게 가장 큰 불행한 사건이었다.

뿐만 아니라 왕궁에서 수많은 신하들을 부리며 호화롭게 살았던 그가 40년 동안 미디안 광야에서 중노동하는 일은 결코 쉽지 않았을 것이다. 이것은 모세의 입장에서 그렇다는 것이다.

그러나 하나님의 입장에서는 다르다. 비유로 말하면 하나님은 교사(아버지)이셨고 모세는 하나님에게 훈련을 받는 학생(아들)이었다. 누가 모세에게 그런 고난을 주셨나? 전지전능하신 하나님이 그 시간에 모세가 그렇게 행동하도록 그런 각본을 짜셨다는 것이다. 모세는 단지 하나님의 각본대로 행동했을 뿐이다.

왜 그런 각본을 짜셨는가? 하나님이 모세를 자신이 원하시는 지도자를 만드시기 위함이었다. 하나님에게 왜 그런 지도자가 필요했나? 하나님이 아브라함에게 주셨던 언약(창 15:13-16)을 성취하시기 위함이었다.

여기에서 우리는 하나님은 인간의 생사화복을 주관하시는 분이시라는 것을 강조할 필요가 있다(신 32:39; 삼상 2:6-8; 눅 12:20).

> 여호와는 죽이기도 하시고 살리기도 하시며 음부에 내리게도 하시고 올리기도 하신다. 여호와는 가난하게도 하시고 부하게도 하시며 낮추기도 하시고 높이기도 하신다. 가난한 자를 진토에서 일으키시며 빈핍한 자를 거름더미에서 드사 귀족들과 함께 앉게 하시며 영광의 위를 차지하게 하신다. 땅의 기둥들은 여호와의 것이라. 여호와께서 세계를 그 위에 세우셨도다. (삼상 2:6-8)

이 말씀의 증거들 중 하나가 바로 모세의 인생이다. 모세는 가장 천한 노예의 아들이었다. 하나님은 그를 자유인으로 해방시키시고 애굽의 왕자로 높이셨다. 그 후 중범죄자로 쫓기는 도망자로 만드셨다. 그리고 광야에서 양치기로 낮추셨다. 모세는 그 과정에서 자신이 배워야 할 모든 교과목들은 다 배웠다. 그 이후에 하나님은 그를 이스라엘의 가장 큰 지도자로 사용하셨다.

여기에서 주목해야 할 점이 있다. 모세는 하나님을 만나기 이전까지는 자신의 파란만장한 인생에 눈에 보이지 않는 하나님이 관여하셨다는 사실을 전혀 눈치채지 못했다는 것이다. 그래서 하나님이 모세에게 애굽에 가서 나의 백성을 구원하라고 하셨을 때(출 3:10) 그는 이렇게 대답했다.

> 모세가 하나님께 고하되 내가 누구관대 바로에게 가며 이스라엘 자손을 애굽에서 인도하여 내리이까? (출 3:11)

2) 하나님의 목적을 위해 저자를 키우셨던 하나님

앞에서 하나님이 그분의 목적을 위해 모세를 키우셨던 하나님을 설명했다. 이 원리는 우리 개개인에게도 그대로 적용된다. 우리 개개인은 자신의 의지대로 삶을 살고 있다고 생각할지 모르지만 그 배후에 하나님의 간섭이 있다는 것을 알아야 한다. 이런 하나님의 교육원리는 모든 "하나님을 사랑하는 자, 곧 그 뜻대로 부르심을 입은 자들에게"(롬 8:28) 적용된다.

> 우리가 알거니와 하나님을 사랑하는 자, 곧 그 뜻대로 부르심을 입은 자들에게는 모든 것이 합력하여 선을 이루느니라. (롬 8:28)

저자도 1950년 6.25 전쟁을 겪으며 3살 때 부친과 큰 형님 두 분을 동시대에 잃었다. 그리고 홀어머니 밑에서 많은 고난을 겪으며 살았다. 군대시절에는 당시 사지(死地)라고 불렸던 월남전에도 참전했다. 거의 무일푼으로 미국에 이민을 가 막노동도 했다. 〈현용수, *쉐마교육 개척기*, 2012, 참조〉

당시에는 저자에게 닥쳤던 고난들 때문에 하나님을 원망하기도 했다. 하나님이 부족한 종을 키우고 계셨다는 것을 몰랐기 때문이다. 그러나 현재에는 모든 고난을 주셨던 하나님에게 너무나 감사하고 있다. 그 고난이 저자를 겸손하게 하고 감사의 사람으로 만드셨다. 이만한 지혜를 가진 의지의 사람으로 만드셨다. 고난이 내게 유익이었다(시 119:71).

따라서 인간은 어떤 사건을 당할 때 자신의 입장에서 사건을 이해하려고 하지 말고 하나님의 입장에서 이해할 줄 알아야 한다. 그리고 그분의 뜻이 무엇인지를 찾아 그 뜻대로 살려고 노력해야 한다. 그래야 범사에 감사할 수 있는 인간이 될 수 있다.

> 범사에 감사하라. 이는 그리스도 예수 안에서 너희를 향하신 하나님의 뜻이니라. (살전 5:18)

모세와 같은 경험을 했던 바울이 "나의 나 된 것은 하나님의 은혜로다"(고전 15:10)라고 했던 고백은 바로 부족한 저자에게도 그대로 적용된다. 저자가 하나님의 많은 교육의 비밀, 즉 새로운 '인성교육 학설'과 유대인을 모델로 한 '쉐마교육론'에 관한 많은 저서들을 남긴 것은 저자가 남보다 뛰어나서 한 것이 아니라 모두 하나님께서 주신 지혜와 능력으로 한 것이기 때문이다. 더구나 저자는 바울보다 모든 면에서 훨씬 더 부족하지 않은가! 독자들의 삶은 어떠한가.

3) 큰 그릇 고(故) 정필도 목사님이 더욱 그리워지는 이유

〈저자 주: 이 글은 수영로교회 원로목사이신 정필도 목사님이 돌아가신 직후에 저자가 SNS에 올린 글이다.〉

저는 미국에서 47년째 살고 있는 재미동포입니다. 제가 초대형교회 중 하나인 부산의 수영로교회 정필도 목사님을 처음 만났던 것은 1997년 부산 합동측 노회 여름 교사 강습회 강사로 갔었을 때였고, 두 번째는 극동방송 부산지부 개국 기념 세미나를 수영로교회(신 건물)에서 개최했을 때였습니다.

당시 저는 제가 지은 유대인 자녀교육서 *'IQ는 아버지 EQ는 어머니 몫이다'* 책이 베스트셀러가 되면서 한국에 알려지게 되었습니다. 그러나 두 번 모두 그분은 저의 강의를 듣지 않으셨고 당회장실에서 인사만 드렸습니다.

그런데 그분이 은퇴를 하신 후 2020년 2월 3~6일, 4일 동안 수영로교회 선교관 엘레브에서 쉐마지도자클리닉 인성교육 편 강의를 할 때 사모님과 함께 참석하셨습니다. 당시 그분이 장소와 여러 가지 편의를 제공해 주셨습니다.

그분은 셋째와 넷째 날은 오전에 코피를 쏟게 되었습니다. 이틀 동안 온종일 강의를 듣느라 그리고 지난주에 외국에서 계속 강의를 하셨던 관계로, 피곤이 누적되었기 때문입니다.

그러면 강의 시간에는 솜으로 코를 막고 계시다가 점심시간에 병원에 들러 치료를 받으시고 오후 강의 시간에는 정확하게 참석하셨습니다. 사모님과 함께 두 분이 온종일 강의를 단 1분도 빠지지 않고 들으셨습니다.

저는 물론, 참석하셨던 모든 목사님들이 그분의 경건한 인품에 놀랐습니다. 강한 수직문화를 가지신 독수리 인성교육의 모델이셨습니다. 그리고 모든 참석자들에게 4일 동안 식사를 무료로 제공해 주셨습니다.

그분은 애국자이셨습니다. 제가 대한민국의 정체성과 국가관에 관한 강의를 마쳤을 때에는 제 손을 꼭 잡으시며 나라가 공산화될까를 걱정하셨습니다. 그분은 6.25 전쟁을 체험한 세대라고 하시면서 공산당의 위험을 말씀하셨습니다.

그리고 그분은 기도의 사람이었습니다. 연세가 당시도 80이신데도 새벽 2시 반에 일어나셔서 밤새도록 한국교회와 대한민국의 안보를 위해 기도하시고 금식도 자주하신다고 들었습니다.

"내가 현용수 박사님을 40년 전에 알았으면 내 목회가 달라졌을 텐데…."

"교회가 앞장서서 가정을 파괴했다는 것을 알게 되니 너무 가슴이 아픕니다."

그분이 강의 마지막 날 세미나에 참석했던 몇몇 지도자들과 저녁을 나누며 하셨던 말씀입니다.

그리고 졸업생들의 사례 발표 시간에는 모든 참석자들 앞에서 이렇게 말씀하셨습니다.

"현 박사가 왜 마지막 때에 나타났는지 모르겠네요. 100년 전에 나타났으면 한국 교회가 많이 달라졌을 텐데…. 이번에 나의 목회에 중요한 것이 빠졌다는 것을 깨달았습니다."

정 목사님은 당대의 최고 명문 경기고와 서울대 출신입니다. 그런데도 그분은 너무 겸손하시고 솔직하셨습니다. 그렇게 큰 교회 목회자가 그렇게 솔직하기가 쉽지 않았을 텐데도, 부모가 자녀를 제자화시켜야 한다는 구약의 지상명령을 몰랐기 때문에 신약의 지상명령,

정필도 목사님은 쉐마지도자클리닉에서 코피를 흘리시면서도 온종일 강의를 단 1분도 빠지지 않고 들으셔서 모든 이들의 귀감이 되셨다.

사진(상), 오전 강의를 마치고 점심 시간에 정필도 목사님과 저자가 대담하는 모습(상)과 저자의 강의를 노트 필기를 하시며 경청하시는 정 목사님 내외 분. 맨뒤 좌편(중). 그리고 쉐마지도자클리닉에 참석한 모든 분들의 단체 사진(하)에서 맨 아래 줄 중간이 정필도 목사님 내외분과 저자.

즉 교회 성장과 세계선교 사역에만 올인하셨다고 했습니다.

그 결과 교회성장과 세계선교는 성공했지만 성도들의 가정이 파괴되는 줄은 몰랐다는 겁니다. 때문에 다음세대에 희망이 없다는 겁니다. 대형교회 목사님으로서 이것을 이렇게 솔직히 시인하셨다는 것은 보통 겸손하지 않으면 할 수 없었을 겁니다. 정녕 그분은 이 시대의 신앙의 본이 되시는 영웅이셨습니다.

그분은 제1차 학기(인성교육편)와 제2차 학기(쉐마편)를 모두 마치신 후 한국교회가 쇠락하는 이유와 다음세대의 대안을 발견하셨다고 하시며 매우 심각하게 고민하시었습니다. 그리고 쉐마교육 전도사가 되시어 가시는 곳마다 쉐마교육을 전하셨습니다. 최홍준 목사님(부산 호산나교회 원로목사)에게도 소개하여 참석하게 하셨습니다.

그러면서 만약 내가 은퇴 전에 이것을 배웠다면 1년 내내 현 교수를 데려다가 교인들에게 쉐마를 가르쳤을 테인데 너무 안타깝다고 하셨습니다.

코로나19로 인하여 엘레브에서 더 이상 쉐마목회자클리닉을 개최하지 못하게 되자 그분은 손수 손현보 목사님(세계로교회)에게 전화를 하시어 그곳에서 개최할 수 있도록 도와주셨습니다.

마지막 몇 년이지만 부족한 종의 사역에 진정한 쉐마 동역자가 되어 주셨습니다. 이제 한국교회의 큰 별은 천국으로 가셨습니다. 슬픔으로 가슴이 미어집니다. 그 빈자리는 저 뿐만 아니라 한국교회가 한동안 허전할 것입니다.

천국에서 주님과 영원히 기쁨을 누리소서! 그리고 그곳에서도 한국교회 다음세대를 위해서도 기도하여 주소서!

부족한 현용수 드림

4) 예화2: 아들이 미법무부 차관보에 지명된 후 한 말

〈저자 주: 이 글은 저자의 아들이 미국 연방정부 법무부 차관보에 임명된 후 지인들로부터 받은 질문에 답한 글이다. 여기에 넣는 이유가 있다. 하나님께서 먼저 부족한 종을 택하셔서 유대인을 모델로 한 '인성교육'과 쉐마교육'이란 학문의 영역을 성취하게 하셨다. 이것은 하나님의 전권적인 예정이며 은혜다. 그리고 저자의 이런 교육을 받고 자란 아들들을 높이신 이유는 하나님께서 저자를 통하여 이룩하신 교육 이론들이 옳다는 것을 증명해 주는 것이라고 확신하기 때문이다. 따라서 모든 영광을 오직 주님에게만 돌려드린다.〉

현재 미국 교포 자녀들 중 많은 이들이 아이비리그 대학을 졸업한다. 그러나 통계에 의하면 그들이 미 주류 사회에 들어가면 3년을 버티지 못하고 약 70%가 탈락된다고 한다.

가장 큰 이유는 한인 부모들이 자녀들의 IQ교육에만 열심이고 인성교육에 소홀했기 때문이다. 좋은 교육 후에는 선한 열매가 나타나야 한다.

작년 말에 필자의 3남(피터 상진 현)이 미연방정부 법무부 차관보(법제처장)에 임명되었다. 이 뉴스가 언론에 보도된 후(2021.12.28) 많은 분들이 축하와 함께 필자의 자녀교육 비밀을 듣고 싶어 했다.

어떤 분들은 필자가 유대인 교육 전문가이기에 유대인 교육의 열매로 그렇게 되었을 것이라고 단정했다. 물론 맞는 말이다. 하나님께서는 부족한 저의 쉐마교육 사역을 돕기 위하여 이런 귀한 열매를 주셨다고 믿는다. 따라서 모든 영광을 하나님께만 돌린다.

필자는 아들들에게 어떤 인성교육을 시켰는가? 가장 중요한 것은 자신이 누구인지를 아는 정체성 교육이다. 저자는 유대인 부모가 자녀들에게 유대인의 정체성을 가지게 하는 것처럼, 아들들이 미국에서 태어났지만 한국인의 정체성을 갖게 했다. 한국인 가족의 가치관과 전통적인 한국 수직문화(뿌리교육)를 가르쳤다. (물론 기독교인으로 성경교육과 유대인의 쉐마교육도 많이 시켰다.)

출처: 미연방정부 법무부 공식 홈페이지(www.justice.gov/ola)

저자의 3남이 미국 연방정부 법무부 차관보(법제처장)에 임명되는 영광을 얻었다(중앙일보, 2021.12.28). 이것은 하나님께서 유대인을 모델로 한 '인성교육론'과 '쉐마교육론'이 옳다는 것을 증명해주신 것이다. 교육은 그 열매로 선과 악을 구별할 수 있기 때문이다.

LA출신 한인 법무부 차관보 내정

현용수 교수 3남 피터 현 검사

연방법무부 차관보에 한인 피터 현(한국명 현상진·42·사진) 검사가 내정됐다.

현 내정자는 워싱턴DC 지역 로펌인 '와일리 레인'에서 변호사를 거쳐 연방상원 법사위원회의 다이앤 파인스타인 의원의 수석 법률 자문으로도 활동했다. 또, 연방법무부 버지니아주 동부 지검, 일리노이주 북부 지검, 뉴욕주 지검 등에서 검사로 근무하고 법무차관 수석보좌관을 역임했다. 현 내정자는 상원에서 인준 절차를 마치면 정식 차관보가 된다. 인준 절차가 마무리 될 때까지는 대행으로 근무한다.

LA출신의 현 내정자는 UC버클리와 뉴욕대학(NYU)을 졸업했다.

현 내정자는 쉐마교육연구원 원장인 현용수 교수의 4남 중 셋째다.

현가(玄家)네 족보를 가르치고, 한국의 예절과 효(孝) 그리고 한국의 고난의 역사를 많이 가르쳤다. 아들들을 자주 한국에 데리고 나와 필자 고향인 충청북도 보은군 수한면에 가 과부 모친이 광주리 행상을 했던 현장도 보여주었다.

인간은 고난을 겪어야 철이 일찍 들기 때문에 가난하게 키웠다. 자립심을 키우기 위해 어릴 때부터 알바를 시켰다. 신문 배달도 시켰다.
약자를 배려하고 돕는 교육을 시켰다. 필자와 함께 미국의 불쌍한 홈리스들을 돕게 했다. 상진이는 법대 대학원에 다닐 때 1년을 쉬면서 한국에 나가 서울대학교에서 한글을 배우며 탈북자 선교회에서 북한의 인권 운동을 돕는 자원 봉사를 했다.
그리고 전국의 고난의 역사 현장을 탐방했다. 천안 독립기념관과 서대문 형무소에 가서 일제 식민지 시대의 일본의 만행도 보여주었다. 부산 유엔군 묘지와 거제도 포로수용소에 데리고 가서 북한 공산주의자 김일성의 잔혹함도 보여주었다. 물론 그 당시 미국의 도움이 얼마나 컸는지 미국에 대한 고마움도 가르쳤다. 미국에 이민 와서는 가난한 나를 받아준 미국에 대한 애국심 교육도 시켰다. 미국은 누구에게나 평등한 기회의 나라다. 얼마나 고마운 나라인가!

반면 학교교육에는 별로 신경을 쓰지 않았다. 1등을 권하거나 일류대학에 들어가라는 말은 거의 하지 않았다. 학원에도 보내지 않았다. 공립학교를 보냈다. 그곳에서 기독교 동아리 리더로 활략했다. 그리고 강한 의지력(PQ)을 키우기 위해 운동(풋볼 선수)을 많이 시켰다. 그런데도 학교성적은 늘 최 상위권이었다. 학교공부는 누가 시켜서 하는 것이 아니라 인성이 잘 된 사람이면 당연히 잘 하는 것이라고 생각했다.

필자는 아들들에게 이렇게 말했다.

"아버지는 6.25 전쟁 후 충북 보은에 사셨던 과부 어머니가 아버지 없이 5남매를 키우시느라고 가난하여 먹고 사는 것도 힘들었다. 그래서 할머니는 아버지에게 늘 학교가지 말고 시골에서 함께 농사나 짓자고 하셨다. 그런데도 미국까지 와서 박사학위를 취득하고 대학교수가 되었다. 그런데 너희들은 의식주와 학비 걱정을 하지 않아도 되는데, 아버지보다 못해서 되겠는가!"

결론적으로 필자는 학부모들에게 IQ교육보다는 인성교육에 치중하라고 조언하고 싶다. 필자가 말하는 인성교육은 어떤 인성교육인가? 그냥 착한 아이로만 키워서는 안 된다는 것이다. 독수리 인성교육을 시켜야 한다는 것이다. 그것을 요약하면 1) 한국인으로서 자신의 정체성 교육, 2) 성경적인 가치관과 EQ 교육, 3) 효도교육 그리고 4) 높은 PQ(의지력 지수) 등이다.

필자는 유대인들이 성공하는 가장 중요한 이유들 중 하나는 하나님이 그들을 광야의 고난현장으로 내몰았기 때문이라고 말한다. 이것은 PQ 교육에 절대적인 영향을 준다. 고난은 축복의 전주곡이다. 반면 풍요는 저주가 될 수 있다.

아들들은 저자에게 이렇게 말했다. "아버지, 저희들을 독수리로 키워주어 고맙습니다." 자녀교육에 대하여 전혀 모른다는 이들에게 필자는 이렇게 권한다. "자녀들을 가난하게 키우세요. 그리고 효를 가르치세요. 그러면 60%는 성공합니다."

상진이는 이렇게 말했다.

"아버지, 미국에 똑똑한 사람들이 너무 많아요. 그 중에 누구를 선택해야 하는 데는 인성교육에서 결정이 납니다."

미국 교포 자녀들 중 많은 이들이 아이비리그 대학을 졸업한다.
그러나 미 주류 사회에 들어가면 3년을 버티지 못하고
약 70%가 탈락된다.
가장 큰 이유는?

⟨저자 주 : 이 글은 '대한민국 건국정신 회복운동 발대식'에서 한 설교입니다⟩

대한민국 건국정신의 뿌리와 회복운동의 대안

현용수 목사(쉐마교육연구원 원장, 전 서울교대 초빙교수)

2022/02/6

- 차례 -

1. 이스라엘이 건국되는 과정:
   이방 나라들은 땅을, 이스라엘은 사람을 중심으로 건국되었다
2. 미국도 건국 목적과 과정이 이스라엘과 유사하다
3. 한국도 건국 목적과 과정이 이스라엘이나 미국과 유사하다
   A. 하나님께서 이승만을 미국에 유학 보내신 이유
   B. 유대인, 미국, 조선 기독교인이 주도한 필라델피아 대한민국 건국운동
4. 대한민국 건국정신, 왜 회복해야 하는가
5. 후기: 왜 이스라엘은 건국정신이 건강한데
   미국이나 한국은 쇠퇴했나, 대안은 쉐마다

⟨성경 본문⟩

창 18:18
아브라함은 강대한 나라가 되고 천하 만민은 그를 인하여 복을 받게 될 것이 아니냐.

사랑하고 존경하는 애국 국민 여러분!

2022년 현재 자유 우파 엘리트들이 나서서 대한민국 건국 정신을 회복해야 한다고 주장하고 있습니다. 대한민국의 적화통일이 눈앞에 다가오고 있기 때문입니다.

대한민국 건국 정신을 회복하면 살 길이 열리는가? 그렇습니다. 대한민국 건국정신은 하나님이 원하시는 신본주의 나라를 건국하는 데 목적이 있었기 때문입니다.

그 근거를 찾기 위해서는 대한민국 건국 정신이 어디에 기초했는지, 그 뿌리를 추적해야 합니다. 그래야 바른 길을 갈 수 있습니다. 그 뿌리를 찾기 위하여 이스라엘과 미국, 그리고 대한민국의 건국 과정을 살펴보겠습니다.

1. 이스라엘이 건국되는 과정: 이방 나라들은 땅을, 이스라엘은 사람을 중심으로 건국되었다

신본주의 나라는 하나님이 왕이 되어 그 나라를 통치하시는 나라입니다. 그 대표적인 나라가 이스라엘입니다.

이스라엘은 하나의 국가로 건국되는 과정이 다른 이방 나라와 다릅니다. 보통 이방 나라들은 이미 어떤 민족이 역사적으로 거주하고 있는 땅(land)을 영토로 삼고 건국되었습니다. 즉 국가를 이루는 3대 요소인 국민, 영토, 주권 중에 국민과 영토를 기초로 건국되었습니다.

예를 들면, 중국은 대부분 한족이 거주하는 나라(영토)이며, 일본은

이스라엘의 국기는 기도복 가운데 다윗의 별을 넣은 모양이다. 사진은 이스라엘 국기

일본인이 거주하는 나라(영토)이고, 한국은 한국인이 거주하는 나라(영토)입니다.

그러나 이스라엘은 하나님이 선택하신 사람들(persons)을 중심으로 건국되었습니다. 유대 민족에게는 그들이 거주할 영토가 처음 아브라함 때부터 약 650년 동안 없었습니다. 영토가 없으니 행사할 주권도 없었습니다.

이스라엘이라는 나라는 B.C. 2091년에 하나님이 갈대아 우르에 거하는 자연인 아브람을 선택하시어 그를 가나안으로 이민을 가라고 명령하시는 데서부터 시작되었습니다(창 12:1-3). 그리고 하나님은 장차 그와 그의 후손들에게 그가 거주하는 가나안을 기업으로 주시겠다고 약속하셨습니다(창 15장, 횃불 언약 참조).

그 약속은 유대인이 애굽에서 400년 동안 노예 생활을 할 것이고, 하나님은 모세를 통하여 그들을 노예에서 구원해 주시겠다는 겁니다. 그 약속은 성취되었고, 하나님은 시내광야에서 그들에게 율법을 주셨습니다. 그리고 광야생활 40년 후에 하나님은 모세의 후계자 여호수아를 통하여 B.C. 1406년 요단강을 건너가게 하시고, 가나안을 정복하게 하셨습니다.

　이처럼 이스라엘의 건국은 하나님의 예정에 의한 시나리오에 하나님께서 주연과 조연 그리고 엑스트라를 지명하시고 하나님이 직접 연출과 감독을 겸하여 이루어진 인류 최대의 대하드라마였습니다.

　결론적으로 이방 나라가 자신들이 거주하던 나라에서 자신들의 힘으로 세운 국가라면, 이스라엘은 영토 없이 떠돌던 나그네, 하나님의 백성들(유대인)이 하나님의 힘으로 가나안에 거주하던 원주민을 강제로 멸하고 얻은 땅(가나안)에서 건국한 나라입니다.

2. 미국도 건국 목적과 과정이 이스라엘과 유사하다

　1620년 9월 16일 존 카버, 윌리엄 브래드퍼드를 비롯한 영국의 청교도 102명이 잉글랜드 남서부 플리머스에서 《메이플라워호》를 타고 종교의 자유를 찾아서 신대륙(북아메리카)의 플리머스로 떠났습니다. 그들은 영국 국교의 핍박을 받았던 개신교 보수파 교인들, 즉 청교도들이었습니다. 그들은 오직 종교의 자유를 찾아 생명의 위험을 무릅쓰고 신대륙 미국으로 떠났습니다.

　그 후 미국은 대서양 해안을 따라 늘어선 13개 식민지에서 청교도들을 중심으로 건국되었습니다. 13개 주 국가는 1775년 5월에 식민 본국인 영국과 전쟁을 벌였고(미국 독립 전쟁), 1776년 7월 4일에는 독립선언서를 발표하면서 민족 자결의 권리를 바탕으로 한 연맹체 국가의 성립을 선포하였습니다.

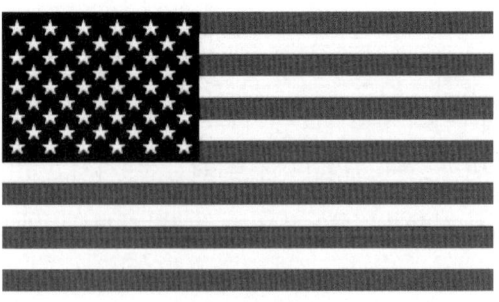

미국의 국기는 건국 당시 13개 주(줄)로 시작하여 50개 주(별)로 완성된 합중국을 표시한다.

상대적이긴 하지만 미국의 건국은 이스라엘의 건국과 매우 유사합니다. 아마도 예수님이 오신 후 2000년 동안 이런 국가는 미국이 최초일 것입니다.

이스라엘과 미국의 건국 조상들은 모두 하나님의 백성들입니다. 전자는 구약시대 아브라함의 육적 후손인 유대인들이었고, 후자는 신약시대 아브라함의 영적 후손인 기독교인들이었습니다(갈 3:6-9).

미국은 이스라엘처럼 영토를 중심으로 건국된 나라가 아니라, 하나님의 백성들, 즉 유럽의 청교도들이 중심이 되어 건국한 나라입니다. 이스라엘 백성 유대인이 가나안 이외에 전 세계 어디에도 갈 곳이 없었던 세상에서 버려진 나그네들이었던 것처럼, 당시 청교도들도 미국 이외에 전 세계 어디에도 갈 곳이 없었던 세상에서 버려진 나그네들이었습니다.

유대인들이나 청교도들이나 국토를 취득하는 과정 역시 매우 유사합니다. 이스라엘 백성이 가나안의 원주민 7족속과 싸워 이기어 이스라엘을 건국한 것처럼, 청교도들도 북미주 원주민인 인디언들과 싸워 이기어 미국을 건국했습니다.

〈저자 주: 물론 앞에서 언급한 것처럼 미국의 건국 과정은 미국에 이주했던 청교도들이 초창기 영국 왕의 통치에서 자유를 얻기 위하여 영국군과 싸워 이기어 세운 것이 사실입니다. 다만 여기에서는 북미주 원주민의 측면에서는 영국군이나 청교도 군이나 모두 외부에서 온 침입자였다는 사실을 설명한 것입니다. 즉 북미주는 청교도들의 땅이 아니었다는 것입니다.〉

두 나라의 건국 목적도 자신들이 점령한 땅에서 하나님의 나라를 건설해 보겠다는 것이었습니다. 그리고 자신들이 거주하는 땅을 근거지로 삼아 모든 족속들에게 하나님의 복음을 전파하겠다는 것이었습니다.

때문에 두 나라 모두 하나님이 주권을 가지시고 그 분이 통치하시기를 바랐던 신본주의 국가이었고, 두 나라의 건국 이념도 상대적이긴 하지만 하나님을 믿는 성경의 가치를 기본으로 했습니다. 즉 성경의 율법을 기초로 헌법을 만들었습니다. 이것이 두 나라 주권의 근거가 되었습니다. 그래서 미국에서는 새로운 대통령이 취임을 할 때 목사 앞에서 성경에 손을 얹고 선서를 합니다.

따라서 국가의 정체성은 자유, 평등, 박애를 표방하는 신본주의 국가입니다. 이것은 국민을 억압하는 전체주의나 공산주의가 아닌, 자유 민주주의와 자유 시장경제의 초석을 놓았습니다. 하나님의 나라는 세상을 이기는 강대한 나라를 지향합니다.

강대한 나라를 지향하는 이스라엘과 미국의 건국 목적은 미국의 1달러 지폐에도 나타나 있습니다. 지폐에 새겨진 대머리 독수리는 미국의 상징인 국새(國璽, The Great Seal of the United States)입니다. 이것은 미국이 이스라엘처럼 독수리(신 32:11)와 같이 강하고 담대한 나라라는 것을 상징합니다. 또한 독수리의 양 발톱은 가장 강력하고 중요한

강대한 나라를 지향하는 이스라엘과 미국의 건국 목적은 미국의 1달러 지폐에도 나타나 있다. 독수리, 올리브 나무 잎 그리고 화살은 하나님의 백성이 건국해야 할 건국정신을 잘 나타내준다.
이것은 미국의 상징인 국새(國璽, The Great Seal of the United States)다(아래 참조).

국가관을 표현하고, 올리브 잎은 평화를 뜻하며 화살은 전쟁의 무력을 뜻합니다.

미국은 전쟁을 원하는 나라인가요? 이것은 미국이 독립전쟁과 남북전쟁에서 보여 주었듯이 "평화를 강력하게 추구하지만(A strong desire for peace: 올리브 잎), 언제라도 싸울 준비가 되어 있다(but will always ready for war: 화살)"는 것을 뜻합니다. (이상 자료: 미국 국무부 공보처)

이것은 무엇을 뜻합니까? 이스라엘과 미국의 건국과 국가관은 모두 구약성경에 기초했다는 것을 뜻합니다.

우리는 평화는 공짜가 아니라는 사실을 알아야 합니다. 반드시 강건한 화살이 있어야 평화를 얻을 수도 그리고 지킬 수도 있다는 사실을 알아야 합니다. 따라서 종북 좌파 측에서 북한이 핵을 만드는 데도 그것을 저지할 생각은 하지 않고 그들의 비위를 맞추며 앵무새처럼 '대화를 통한 평화'만 외치는 것을 보면 저들이 바보라서 그런 것이 아니고 북한의 간첩일 수 있다는 심증을 더욱 가지게 합니다.

〈이스라엘과 미국의 건국 목적과 과정에 대해서는 현용수의 고난의 역사교육 시리즈 제2권 '*유대인의 고난의 역사교육*' 참조 바람〉

3. 한국도 건국 목적과 과정이 이스라엘이나 미국과 유사하다

A. 미국에서 훈련받은 건국의 아버지 이승만

대한민국의 건국 정신이 다른 나라의 것과 다른 점은 건국의 아버

태극기의 흰색은 한민족의 순결을 뜻하고 태극과 4괘는 음양과 우주만물의 원리를 표현한 것이다.

지 이승만 대통령이 미국의 건국정신을 그대로 모방했다는 데 있습니다. 미국을 모델로 한 자유민주주의, 자유 시장경제, 한미동맹 그리고 기독교 입국론이 그것입니다. 이것이 대한민국 정부와 정치가 지켜야 할 이념의 정체성입니다.

이스라엘이나 미국 그리고 대한민국의 공통점은 모두 자유 민주주의를 표방하는 신생국가라는 점입니다. 1945년 8월 15일 조선이 해방되기 이전에는 일본에 국토와 주권을 빼앗겨 헐벗고 굶주린 가련한 백성들만 있었습니다. 그런데 하나님의 나라 미국이 세계 제2차 전쟁에서 승리하면서 조선을 일제 치하에서 해방시켜 주었습니다.

이것은 하나님이 이스라엘이나 미국이 새로운 공간, 즉 가나안이나 북미주 대륙에 나라를 건국하게 하셨던 것처럼, 대한민국도 한반도에 새로운 하나님의 신본주의 국가를 건국할 수 있는 기회를 주셨던 겁니다. 이 얼마나 한국민족을 향하신 하나님의 크신 축복이었나요!

그래서 하나님은 이스라엘을 건국하시기 위하여 모세를 택하시어 그를 세계에서 가장 강대한 나라 애굽의 궁중에 보내시어 애굽을 대적할 수 있는 큰 리더로 키우셨던 것처럼, 대한민국을 건국하기 위하여 이승만을 택하시고 그를 가장 큰 나라 미국에 보내시어 공산권 세력을 대적할 수 있는 큰 리더로 키우셨습니다. 그리고 미국에서 미국의 건국정신을 배우게 하시고, 세계의 중심에서 세계정세를 옳게, 즉 공산주의 이념이 악이라는 것을 파악하게 하셨습니다.

이것은 동일한 시대에 김일성이 공산주의 나라 구 소련에 유학을 갔던 것과 극명하게 대조됩니다. 하나님은 김일성이 의도했던 사탄의 계략을 미리 아시고 이승만을 선택하셔서 사탄에 대적하도록 준비하셨습니다. 하나님의 주권적인 간섭에 너무나 감사할 따름입니다.

하나님은 이스라엘을 건국하기 위하여 모세에게 시내산에서 율법(헌법과 모든 다른 법들)을 주셨던 것처럼 대한민국을 건국하시기 위하여 이승만에게 미국의 신본주의 헌법과 제도를 연구하게 하셨습니다. 그리고 그것을 모델로 1948년 8월 15일에 대한민국을 건국하게 하셨습니다.

대한민국 건국의 이념도 보편적 기독교 정신과 자유민주주의였습니다(국민일보, *음악극으로 만나는 '1919 필라델피아' 한인대회*, 2022년 2월 28일). 이것은 이스라엘과 미국의 건국 목적과 동일합니다.

물론 질과 양적인 면에서 대한민국은 이스라엘이나 미국에 비해 상대적으로 하나님이 통치하시는 신본주의 국가를 표방하는 데는 한계가 있었을 겁니다. 미국 역시 이스라엘에 비하면 상대적으로 낮았을 겁니다.

그러나 기독교 인구가 1950년대에 불과 3% 미만이고, 공산주의자들이 많은 상황에서 이승만 초대 대통령이 그 정도로 하나님을 섬기려고 노력했던 것은 대단한 것일 겁니다.

〈출처: 미 군정청이 1946년 8월 남한 사회의 이념 성향을 조사한 바에 의하면 사회주의 지지 70%, 공산주의 7%, 자본주의 14%; 김진호, https://story.kakao.com/_KUnFo6/HUiE1thxGxA〉

새로운 헌법을 만들고 국회에서 통과한 최초 제헌절에는 기독교 목사를 불러 하나님께 감사기도를 드렸습니다. 미국의 군종제도를 그대로 도입했습니다. 불교의 승려나 무당은 제하고 오직 목사들만 군종 목사가 되게 했습니다.

하나님은 계속 대한민국을 도우셨습니다. 북한의 김일성이 6.25 전쟁을 일으켜 남침을 했을 때 하나님은 하나님이 세우셨던 미국이 나서서 자유 대한민국을 지켜주게 하셨습니다. 그 결과 한국교회는 초고속으로 성장하여 전 인구의 25%가 기독교인이 되었습니다. 한국 민족이 여호와 하나님의 이름을 마음껏 찬양하며 풍요를 누리게 하셨습니다.

하나님은 아브라함의 후손 유대인을 중심으로 건국하신 이스라엘 (가나안) 땅에서 2000년 후에 메시아이신 예수님을 탄생하게 하시어 모든 족속에게 복음을 전파하게 하신 것처럼, 유럽의 청교도들을 중심으로 건국하신 미국을 통하여 모든 민족에게 복음을 전파하는 역사적으로 전무후무한 세계선교를 이루게 하셨습니다.

이스라엘의 유대인은 구약의 지상명령을 실천한 결과이고, 미국은 신약의 지상명령을 실천한 결과입니다. 전자는 예수님의 초림을 성취하게 했고, 후자는 예수님의 재림을 준비하기 위함입니다. 그리고 20세기 후반부터는 작은 나라 한국이 미국 다음의 선교사 파송국

이스라엘과 미국의 건국 유사점

구분	이스라엘	미국
건국의 목적	하나님이 통치하시는 신본주의 국가 건국	
건국의 주체	하나님	
국민	구약시대 하나님의 백성, 유대인	신약시대 하나님의 백성, 청교도
국민의 특징	- 아브라함 이삭 야곱의 후손으로 애굽에서 탈출한 민족 - 세상에서 오갈 때 없는 버려진 나그네 민족	- 보수 기독교인으로 유럽 자국(自國)의 핍박으로 탈출한 청교도들 - 세상에서 오갈 때 없는 버려진 나그네 신앙인들
국토 〈국토 취득 방법〉	- 남의 땅(가나안)을 빼앗아 건국 - 가나안 7족속 원주민과 싸워 이기어 건국	- 남의 땅(북미주)을 빼앗아 건국 - 북미주 원주민(인디언)과 싸워 이기어 건국
국가 정체성	- 자유, 평등, 박애를 표방하는 신본주의 국가 - 자유 민주주의, 자유 시장경제 추구	
주권 〈헌법 및 기타 법〉	구약성경의 율법에 기초함	신구약성경의 율법에 기초함
국가의 방위	- 독수리 같은 강한 나라 - 평화를 사랑하나 전쟁도 할 수 있는 나라 건설	
하나님의 구속사에 공헌	- 구원자 예수님을 배출함 (예수님의 초림 성취) - 구약의 지상명령을 실천한 결과	- 전 세계에 복음을 가장 많이 전파한 국가 (예수님의 재림 준비) - 신약의 지상명령을 실천한 결과

● 참고: 미국은 이스라엘과 건국 과정이 유사하나 상대적으로 많이 부족하다.
한국은 미국과 유사하나 상대적으로 많이 부족하다.

가가 되어 예수님의 재림을 준비하고 있습니다.

　이스라엘과 미국이 하나님의 건국 정신을 잘 지키며 신본주의 국가가 되었을 때 두 나라들이 모두 강대한 나라가 되었고 세상에서도 풍요를 누렸던 것처럼, 대한민국도 상대적이긴 하지만 성경에 기초한 건국 정신을 잘 지키며 신본주의 국가가 되려고 노력했을 때 세상에서도 강대한 나라가 되었고 반만년 역사 중에 가장 풍요를 누렸습니다. 참으로 꿈을 꾸는 듯했습니다.

　이것은 무엇을 뜻합니까? 하나님이 "아브라함은 강대한 나라가 되고 천하 만민은 그를 인하여 복을 받게 될 것이라"(창 18:18)는, 하나님의 약속이 성취된 겁니다.

B. 유대인, 미국, 조선 기독교인이 주도한 필라델피아 대한민국 건국운동
〈저자 주: 이 부분은 '대한민국 건국정신 회복운동 발대식' 이후에 첨가한 것임〉

　2022년 3월 5일 성수아트홀에서 개최된 '1919년 필라델피아 제1차 건국 의회 음악극' 대본(이혜경 극본)을 읽었다. 이어서 대본의 기초가 된 '최초의 한국 의회'(First Korean Congress, 원성옥 번역) 원본을 읽었다. 영한문으로 된 회의록 원본이다. 그리고 이와 관련된 다른 자료들과 인터넷 자료들을 찾아보았다. 저자는 여기에서 하나님이 대한민국 건국을 주도하셨다는 또 다른 증거를 발견했다.

　1919년 4월 14일–16일(월–수), 3일 동안 대한민국 정부 건국을 위한 첫 의회(congress)가 미국 필라델피아 리틀 씨어터에서 열렸다. 당시 이 의회를 주도했던 주요 인물들은 이승만(44세), 서재필(55세), 유일한(24세), 노디 도라 킴(여, 21세, 한국명 김혜숙), 정한경(29세), 민찬호(42세), 윤병구(23세) 뮤리엘 제이슨(여, 21) 등이다.

의회가 끝난 후 이승만과 서재필을 필두로 모든 참여자들은 손에 태극기와 미국기를 들고 미국 독립기념관을 향해 시가행진을 했다. 말을 탄 군대와 악대가 선두에서 그들의 행렬을 이끌고 있었다.

미국 건국의 아버지들이 독립선언문을 작성하고 읽었던, 그리고 죠지 워싱턴의 관장 하에 미국의 헌법이 작성되고 선포되었던, 바로 그 장소(미국 독립기념관)의 그 의자에 조선인 이승만 박사가 앉아서 1919년 3월 1일 대한민국 임시정부에 의해 만들어진 조선(대한민국)의 기미 독립선언문을 모든 참석자들 앞에서 낭독했다. 이어서 모두 대한민국을 위한 만세삼창과 미국을 위한 만세삼창이 있었다.

〈이것은 문재인 좌파 정권 타도를 위해 전광훈 목사가 주도했던 광화문 집회(2020-2022년)에서 교인들이 모일 적마다 태극기와 성조기를 함께 들고 만세삼창을 부른 것과 매우 닮았다.〉

그리고 미국 건국의 아버지들이 독립선언문을 낭독하고 그 역사적인 일을 알리기 위해 울렸던 자유의 종을 모두가 만지며 퇴장했다 (*First Korean Congress*, 원성옥 번역, pp. 197-198).

미국의 자유 독립을 상징했던 그 자유의 종소리는 그 후 세계로 퍼져서 오늘의 미국의 번영을 이루었던 것처럼, 대한민국도 그 후 미국과 같은 자유 국가가 되어 오늘의 번영을 이루었다. 이 얼마나 감격적인 역사적인 사건인가!

저자는 '최초의 조선(한국) 의회'를 읽고 가장 크게 놀란 것 몇 가지가 있다.

1) 100여 년 전에 모였던 조선인들이 세계정세를 어떻게 그토록 정확하게 꿰뚫고 있었느냐는 것이다.

2) 당시 세계는 조선이라는 나라가 지구상에 있는지 조차도 거의 몰랐다. 더구나 당시에는 일본에 나라를 빼앗겨 지도에서 나라 이름이 사라졌었다. 그런 조선인들이 독립을 세계만방에 알리기 위해 제1차 의회를 개최했는데, 외부 귀빈(두 명의 목사, 교수, 천주교 신부, 두 명의 유대교 랍비)은 물론 기자들까지 초청하여 손색없는 국제회의를 치렀다는 것이 놀라웠다.

3) 2022년 기준으로 약 103년 전인데도 어떻게 1세대 조선인 모두가 영어로 발언하고 영어로 된 서류를 남겼는가? 이것은 현재 미국에 살고 있는 1세대 교포들에게도 쉽지 않은 일이다.

4) 건국의 선각자들이 어떻게 그처럼 세련되게 의회를 민주적으로 잘 진행할 수 있었느냐는 것이다.

5) 건국의 선각자들은 어떻게 모두 기독교인들이었는가. 그리고 건국 의회 방식을 미국 목사님의 예배로 시작했다. 그리고 매일 시작은 하나님의 성직자들 기도와 예배로, 즉 기독교식으로 진행할 수 있었느냐는 것이다. 당시 조선인의 기독교인 인구는 불과 1.5%를 넘지 못했던 시기였다.

6) 당시 건국이념은 어떻게 성격적이며 자유 민주주의를 지향했

는가? 서재필 박사(당시 의장)는 "우리에게는 두 가지 소명이 있다. 첫째는 동양에 복음을 전하는 것이고, 둘째는 민주주의를 전하는 것"이라고 말했다. 그리고 이승만 박사는 "우리의 목적은 아시아의 민주주의이며, 우리의 희망은 보편적 기독교 정신이다"라고 말했다.

이에 대한 답은 하나님께서 이스라엘의 건국(1948년)을 관여하셨듯이, 대한민국의 건국(1948년)도 직접 관여하셨기 때문이라는 것이다. 그 증거는 대한민국의 건국에 이스라엘의 건국(1948년)을 관여했던 유대인이 배후에서 도와주었다는 것이 밝혀졌다. 그 주된 인물이 바로 '제1차 조선인 의회' 회의록에 나오는 조지 베네딕트(Rabbi George Benedict, 31세)라는 유대인 랍비이며 기자 및 작가였다.

조지 베네딕트는 어떻게 대한민국의 건국에 참여할 수 있었나? 그는 필기도구를 사기 위하여 우연히 서재필이 운영했던 필라델피아 체스트넛 거리의 문방구점에 들렸다. 그때 동양인 서재필과 이승만이 서울에서 온 전보와 사진을 보고 울분을 토하며 우는 모습을 목격했다. 조선에서 일어났던 1919년 3.1 독립만세 사건에 대한 뉴스였다. 수많은 조선인들이 일본 경찰과 헌병에 의해 처참하게 죽어가는 모습을 보았던 것이다.

그는 두 조선인으로부터 일본의 침략으로 나라를 잃고 자유를 박탈당한 작은 나라 '조선'이 있었다는 사실을 알게 되었다. 그는 두 조선인에게 물었다.

"왜 이런 억울한 사실을 언론에 알리지 않습니까?"
"우리는 돈도 없고 알릴만한 방법과 힘도 없습니다."

당시 일본은 막강한 돈으로 조선에 대한 가짜 뉴스를 많이 퍼뜨리고 있었을 시기였다. 베네딕트는 억울한 압제를 당하고도 세계에 알릴 수 없는, 힘없는 조선인들에게 연민의 정을 느꼈다.

그는 1903년 49명이 사망한 우크라이나 키쉬네프(몰도바) 유대인 박해사건을 떠올렸다. 조선인의 처지가 나라를 잃은 자신들의 처지와 너무 닮았다는 것을 알고 조선인의 독립운동을 돕기로 결심했다. 조선인과 유대인 랍비와의 만남, 이것은 하나님이 이렇게 주선하셨던 것이다.

그가 누구이기에 조선인들에게 도움을 줄 수 있었는가? 당시 이스라엘이란 나라를 잃고 세계를 떠돌던 유대인 디아스포라는 가나안 회복 운동, 즉 시오니즘 운동을 하던 시기였다. 그리고 1897년 제1차 시오니즘 의회를 시작으로 1901년까지 5차에 이르는 의회를 개최했었다.

그 당시 베네딕트는 제3차 공회의에 참여할 정도로 유대인에 대한 동족의식이 강했었다. 따라서 그는 대한민국 건국을 위한 의회 방법을 몰라 고민했던 조선인들에게 유대인의 시오니스트 의회 형식을 알려주었다⟨이상 베네딕트, 한국의 비극(Korean Tragedy) 참조⟩. 그리고 의회 내용은 미국 독립을 위한 미국 의회 내용을 모델로 했다.

따라서 대한민국 제1차 조선인 건국 의회(First Korean Congress)는 형식적인 면에서는 유대인의 시오니스트 의회를 모델로, 내용적인 면에서는 미국 합중국 건국 의회 모델을 따랐다고 할 수 있다. 당시 의회에서 다루었던 내용들은 1948년 만들어진 대한민국 헌법의 모체가 되었다(제1차 한인 의회(First Korean Congress)의 내용 중 특히 '한국인의 목표와 열망' pp. 145-146 참조).

자유 대한민국의 최초 의회는 미국 필라델피아에서 서재필 박사와 이승만 박사가 주도한 1919년 제1차 조선인 의회였다.

당시 나라를 잃었던 조선인들이 이렇게 성대한 의회를 개최하고 미국 독립기념관까지 퍼레이드를 벌렸던 것은 베네딕트라는 한 유대인의 도움이 있었기에 가능했다. 당시 이승만 박사는 미국의 초대 대통령 윌슨이 미국의 독립선언서를 낭독한 그 의자에서 한국의 독립선언서를 낭독했다.

사진은 제1차 조선인 의회를 마치고 미국 독립기념관까지 행진하는 모습(상)과 최초의 조선 의회 진행 회의록(우).
출처: 2022년 홀리웨이브에서 주최한 다큐음악극 표지

베네딕트는 제1차 의회의 진행뿐만 아니라 그 의회를 위한 주요 외부 인사들 섭외는 물론, 의회를 마친 후 그 의회에 참석했던 조선인들이 미국 독립기념관까지 거리 퍼레이드, 그리고 이승만 박사가 역사적인 미국 독립기념관에서 독립선언서를 낭독했던 것도 그의 아이디어였다. 그리고 이 행사를 언론과 미 의회에도 알려 조선인들의 억울함을 세계에 알린 것도 그였다〈베네딕트, *한국의 비극(Korean Tragedy)* 참조〉.

하나님께서 준비하셨던, 이 얼마나 완벽한 건국 의회였던가! 생각해보라. 지금부터 100여년 전 세계 최강의 미국에서 조선인들은 어찌할 바를 몰랐던 완전 촌사람들이었을 것이다. 그리고 그들은 나라마저 잃어버렸던 고아들이 아닌가! 그들에게 베네딕트는 하나님께서 보내주셨던 천사처럼 여겨졌을 것이다.

하나님의 계획은 이것이 끝이 아니다. 그 후 랍비 조지 베네딕트의 일생에 가장 큰 변화가 일어났다. 수많은 유대인이 유대교를 지키기 위해 기독교로 개종을 하지 않고 순교를 택했는데, 그는 조선인 기독교인들과의 교제를 통해 기독교인으로 개종하는 기적이 일어났다.

이것은 조선인 기독교인이 유대인 평신도도 아닌, 성직자 랍비에게 복음을 전하여 열매를 맺게 했던 첫 번째 사례가 될 것이다. 그래서 그는 개종 후 메시아닉 유대인으로서 예수님에 대한 많은 저서를 남겼다(www.messianicgoodnews.org/rabbi-george-benedict, www.rabbiswhobelieve.com/george-benedict).

그가 유대교 랍비에서 기독교로 개종했던 간증에는 반드시 조선인과의 관계가 소개된다. 그가 지은 'Christ finds a rabbi'(*그리스도가 한 랍비를 찾으시다*. 1945)라는 저서에는 그와 관계된 여러 주제들을 다루었다. 그 중에 1/3은 다음과 같은 조선인과의 주제들로 채워졌다.

서재필(Philip Jaisohn), 이승만(Syngman Rhee), 조선인 친우회(League of the Friends of Korea), 프로이드 톰킨스(Floyd Tomkins), 그리고 노디 도라 킴(Nodie Dora Kim) 등이 있다(https://archive.org/details/christ-finds-a-rabbi-george-benedict).

이 어찌 하나님이 한국인을 마지막 시대에 사용하시기 위한 제2의 이스라엘 민족이라고 말하지 않을 수 있는가!

〈출처:
- 1919 필라델피아, 다큐 음악극 대본(극본 이혜경). 2022년 3월 5일.
- *제1차 한인 의회(First Korean Congress)*, 1919. 원성옥 역. 서울: 범한서적주식회사.
- Benedict, George. (1945). *Christ finds a rabbi(그리스도가 한 랍비를 찾으시다. 베네딕트의 자서전)*. Westbrook Publisher.
- '나는 왜 이 책을 썼는가'와 '한국의 비극(Korean Tragedy)'은 베네딕트 자서전(상게서)에 나오는 주제들임.
- https://www.messianicgoodnews.org/rabbi-george-benedict/
- https://archive.org/details/christ-finds-a-rabbi-george-benedict
- https://www.rabbiswhobelieve.com/george-benedict〉

4. 대한민국 건국정신, 왜 회복해야 하는가

대한민국 건국정신을 왜 회복해야 합니까? 세계가 부러워했던 대한민국이 약 70여년 만에 종북좌파에 의해 사탄의 세력 북한에 넘어가 적화통일 일보 전에 와 있기 때문입니다. 대한민국 정부가 지켜야 할 통치 혹은 정치 이념의 정체성이 무너지고 있기 때문입니다. 대한민국이 스스로 자살하고 있습니다. 남한의 교회가 사라지고 김일성,

김정일, 김정은을 하나님처럼 모셔야 할 시대가 도래하고 있습니다. 그토록 소망했던 복음 통일이 수포로 돌아갈 위기에 있습니다.

대한민국 교회가 이승만 초대 대통령의 건국정신을 잃어버렸기 때문입니다. 다음세대에 꼭 시켜야 할 '멸공' 교육을 시키지 못했기 때문입니다. 이제 무엇을 어떻게 해야 합니까? 유대인이 자신들의 정체성을 자손대대로 지키기 위해 성경적인 쉐마교육을 가르치는 것처럼, 한국인도 그것을 가르쳐 지켜야 합니다.

그래야 하나님이 창조하신 '가정의 원형'과 '교회의 원형' 그리고 '대한민국의 원형'을 회복할 수 있습니다.

대한민국의 원형 회복, 이것이 대한민국 건국정신을 다시 회복해야 할 이유입니다. 따라서 대한민국 건국정신 회복운동은 하나님의 명령입니다. 이 운동본부의 발대식을 주관하는 리더들과 참여하는 모든 분들에게 하나님의 인도하심이 세세토록 충만하기를 예수님의 이름으로 축원합니다.

현용수

5. 후기: 왜 이스라엘은 건국정신이 건강한데 미국이나 한국은 약해졌나, 대안은 쉐마다

앞에서 이스라엘과 미국 그리고 한국의 건국정신의 유사점을 살펴보았다. 결론은 하나님께서 특별한 뜻이 있어서 그분께서 직접 성경에 기초해 세 나라를 세우셨다는 것이다.

이제 이런 질문을 할 수 있다. 이스라엘은 그 나라가 건국 초기(모세시대)부터 현재까지 무려 3000년이 지났는 데도 건국 정신에 세대

차이가 없이 강건한데, 왜 미국과 한국은 건국 정신에 세대차이가 많아 매우 약해졌는가? 그 원인을 알아야 대안을 찾을 수 있다.

미국은 건국 200년을, 한국은 70년을 넘기면서 교회들이 건국의 초심을 잃어버리고 진보가 득세하고 있다. 교세가 약화되면서 두 나라 모두 성경에 기초했던 도덕과 윤리가 무너져 내리고 있다.

이런 현상은 미국과 한국에만 해당하지 않는다. 신약성경 계시록에 나타난 초대교회 일곱 교회나 유럽교회들도 처음에는 성령이 충만하여 성경을 기초로 한 보수로 시작했으나 몇 백 년 후에는 진보로 변하여 교회가 역사에서 거의 사라졌다. 현재는 그곳들 대부분이 교회의 흔적만 남아 관광지화 되었다.

그런데 유대인은 어떻게 모세 때부터 현재까지 3000년 이상 건국이념을 자손대대로 전수하는 데 성공했는가? 그 답은 유대교와 신약의 기독교의 중심주제의 차이에서 찾을 수 있다.

유대교는 쉐마만 있다. 기독교의 복음이 없다. 반면 신약교회는 복음만 있다. 유대교의 쉐마가 없다. 복음의 목적은 영혼구원이고, 쉐마의 목적은 선민교육이다. 전자는 신약의 지상명령이고, 후자는 구약의 지상명령이다. 전자는 복음을 만방에 전파하라(막 16:15-18)는 수평선교이고, 후자는 자손대대로 하나님의 말씀을 다음세대에 전수하라는 수직선교(창 18:19; 신 6:4-9)이다.

⟨저자 주: 유대인의 '복음과 쉐마의 차이'에 대해서는 저자의 저서 '잃어버린 구약의 지상명령 쉐마' (전3권, 2009)와 '실패한 다음세대 교육, 왜 유대인 교육이 답인가' (제1권, 2021) 참조⟩

따라서 미국 교회나 한국 교회는 건국 초기 건국의 아버지들은 사도행전 2장에 나타난 것처럼 성령이 충만하여 모든 교회들이 보수 기독교를 유지할 수 있었다. 그러나 세월이 흐르면서 다음세대에 신앙을 전수하는데 실패하여 초심을 잃어버리고 진보로 변했다(계 2:1-7).

반면 유대인은 자손대대로 쉐마교육을 실천하여 다음세대에 자신들의 건국 정신을 잊지 않고 전수할 수 있었다.

이것은 무엇을 뜻하는가? 기독교는 영원히 생존하기 위하여 유대인의 쉐마교육이 필요하고, 유대인은 구원을 받기 위해 기독교의 복음이 필요하다는 것이다.

〈참조: 신약시대에는 유대인이나 이방인이나 모두 예수님을 믿어야 구원을 받을 수 있다. 그런데 현재에도 대부분 유대인은 아직도 복음(예수님)을 거부하기 때문에 구원을 받을 수가 없어서 천국에 들어갈 수가 없다.〉

따라서 기독교는 유대인에게 복음을 전해야 하고, 유대인은 기독교에 쉐마교육을 전해야 한다.

고로 기독교인과 유대인은 2000년 동안의 원수지간을 청산하고 예수님의 재림을 성취하기 위한 긴밀한 파트너가 되어야 한다.

결론적으로 대한민국의 건국정신을 회복하기 위하여 유대인의 쉐마교육을 도입하여 자손대대로 가르쳐야 한다는 것이다. 쉐마교육을 가르치면 한국의 건국정신만 회복하는 것이 아니라 하나님이 창조하신 '가정의 원형'과 '교회의 원형'도 함께 회복할 수 있다. 이것이 저자가 쉐마교육연구원을 설립한 이유다.

〈모세 이후〉

하나님의 유대인 수직문화 개발과 한국인에게 적용

Ⅰ. 모세 이후 하나님이 유대인을 큰 지도자로 만드신 방법
Ⅱ. 유대인 교육을 한국인에게 적용

I
모세 이후 하나님이 유대인을 큰 지도자로 만드신 방법
〈유대인을 독수리 민족으로 만든 방법〉

질문 1: 모세 이후에 하나님은 유대인을 어떻게 큰 인물로 키우셨나

저자는 앞에서 모세와 아론이 받은 교육을 대조했다. 그렇다면 이런 질문을 할 수 있다. 모세 이후에 유대인 중에 다윗이나 솔로몬, 다니엘, 그리고 에스라 같은 큰 인물들은 애굽의 왕궁교육을 받지 않았는데도 어떻게 큰 인물로 키워졌는가? 모세와 아론의 때와 무엇이 다른가?

답 1: 모세 이전과 이후의 차이

한 마디로 유대인의 큰 인물 배출은 모세 이전과 이후가 다르다. 즉 출애굽 이전의 노예시대와 출애굽을 한 이후 자유인 시대는 다르다. 노예 시대에는 큰 인물 배출이 거의 없었을 것이고, 출애굽을 한 이후에는 많았다. 그 이유를 설명해 보자.

앞에서 큰 인물은 강한 독수리 수직문화 교육을 받았을 때 배출 될 수 있다고 했다. 수직문화 형성의 근거는 율법(율례와 법도)이다. 따라서 그 율례와 법도가 얼마나 더 논리적이며 조직적이냐에 따라 상대적으로 더 강한 독수리 수직문화를 개발할 수 있다.

반면 그 율례와 법도가 얼마나 더 비논리적이며 조직적이지 않느냐에 따라 상대적으로 더 약한 수직문화가 개발된다.

출애굽 이전, 즉 모세가 노예로 태어났을 때에는 그들의 율례와 법도가 애굽, 특히 애굽의 왕궁에 비하여 매우 약했었다. 왜냐하면 당시는 모세가 시내산에서 613개의 율법(그 중 3개는 창세기에 있음)을 받기 이전이었기 때문이다.

고로 유대인의 수직문화가 논리적이고 조직적으로 강하게 개발될 수 없었다. 더구나 당시 그들에게는 자신들의 나라 '이스라엘'이라는 국가가 탄생하기 이전이었다. 물론 주권도 없는 노예 시절이었다. 따라서 국가의 정체성이 없었던, 하나님이 유대인에게 주신 가나안으로 가기 이전의 나그네 시절이었다.

그러나 출애굽 이후 모세가 시내산에서 하나님과 시내산 언약(출 19-24장)을 맺은 이후 613개의 율법을 받았다. 그 율법은 매우 논리적이고 조직적이며 합리적이었다. 그 이후에는 유대인 스스로 율법에 기초한 수직문화가 강하게 개발될 수 있었다. 하나님이 지구상에 최초로 유대인에게 하나님의 선민다운 삶을 살게 하는, 독특한 신본주의에 입각한 수직문화를 개발하도록 주도하셨다.

이것은 이방의 수직문화와 근본적으로 다르다. 이방의 수직문화는 이방신들을 섬기는 것들이라면 유대인의 수직문화는 여호와 하나님만 섬기는 것들이었다. 물론 이방의 수직문화 속에도 기독교인에게 필요한 하나님의 일반계시도 있다(시 19:1-6; 롬 1:20; 행 14:16-17). 그러나 대체적으로 그렇다는 것이다.

더구나 그들에게는 수직문화의 내용(율법) 역시 이방에 비하여 매우 많다. 그들에게는 '쓰인 토라'(The Written Law, 구약성경)와 함께 매우 까다로운 '장로의 유전'(탈무드의 전신, Oral Law)이 있었다. 이 두 가지 토라(The Written Torah and the Oral Torah)는 타의 추종을 불허하는 논리적이고 조직적인 율례와 법도들이다(Oral Torah vs. Written Torah, https://torah.org/learning/basics-primer-torah-oral torah/).

따라서 유대인의 강한 독수리 수직문화는 시내광야 시대부터 형성되기 시작했다. 하나님이 그렇게 인도하셨다. 하나님이 명하신 대로 성막을 짓고 제사를 드렸다(출 26장 이후). 그 후 가나안에 입성한 후 하나님이 명령하셨던 여호와의 절기들(레 23장)을 생명처럼 철저하게 지켰다. 이 외에도 하나님의 거룩한 백성들이 행해야 할 까다로운 많은 행동지침들을 모두 지켜 행했다. 그것이 바로 유대인의 쉐마교육이었다.

그 이후에는 그들의 강한 독수리 수직문화 교육, 즉 쉐마교육으로 큰 인물들을 많이 배출할 수 있었다. 그런 전통은 3200년이 지난 현재에도 이어지고 있다. 유대인은 구약의 지상명령 쉐마를 지켜 행하여 그들의 토라와 역사 그리고 전통들이 세대차이 없이 자손대대로 전수할 수 있었기 때문이다.

수직문화의 가장 중요한 핵심 요소 중 하나는 전통이다. 전통 중 가장 중요한 요소는 절기다. 그런데 유대인은 여호와의 절기를 오늘날까지 철저하게 지키고 있다. 절기라는 교육의 형식 안에 토라 말씀을 담아 지키고 있다. 이것은 성경공부와 기도를 겸하는 매우 중요한 유대인의 독특한 교육 방식이다.

이것은 한국 기독교인이 본받아야 할 대단히 중요한 성경적인 하나님의 교육 방법이다.

〈저자 주: 더 자세한 유대인이 수직문화 만드는 과정은 제2장 II. 2. A. '유대인이 모세가 율법 받은 후 수직문화 개발의 3단계'에서 이어짐. 그리고 절기 교육에 대해서는 저자의 저서 고난의 역사교육 시리즈 제4권 '*고난을 기억하는 유대인의 절기교육의 파워*', 참조〉

요약하면 유대인에게 큰 인물 배출은 모세 이전, 즉 노예시대 이전과 이후, 즉 출애굽을 한 이후로 나뉜다. 이전에는 거의 없었고, 이후에는 많았다. 이것은 시내산에서 613개의 율법을 받기 이전과 이후의 차이다. 전자는 수직문화의 근간이 되는 율법이 거의 없었을 때이고, 이후에는 대단히 많아졌기 때문이다.

질문 2: 모세 이전 아브라함이나 요셉이 큰 인물이 될 수 있었던 이유

답 2: 족장시대와 노예시대의 차이

아브라함이 큰 인물이 되었던 것은 그가 모세처럼 성경공부나 기도를 많이 해서 된 것이 아니었다. 인성교육학적인 입장에서 하나님의 부름을 받기 이전에 갈대아 우르 지방의 강한 독수리 수직문화 교육의 영향을 받아 큰 인물이 된 것이었다(Pre-Evangelism).

아브라함이 하나님의 부르심을 받았을 때 그의 나이 75세였다(창 12:1-4, 회심, Evangelism). 이것은 무엇을 뜻하나? 75년 동안 그는 그가 살고 있었던 중동지역의 강한 수직문화 교육을 모범적으로 잘 받았다는 것을 뜻한다. 즉 그는 하나님의 부름을 받기 이전에 큰 인물이 될 수 있는 마음의 토양 교육을 이미 받았다(Pre-Evangelism).

당시 그 지역, 유프라테스 강과 티그리스 강 지역은 인류의 3대 인류 문명 발생지로 그 지방의 수직문화는 매우 발달되었을 것이다. 그는 그 지역의 강한 독수리 수직문화를 가졌던 것만큼 하나님을 믿은 이후에 하나님을 믿는 믿음도 큰 믿음을 가졌을 것이다. 그래서 그는 모든 믿는 자들의 믿음의 조상이 되었다(롬 4:11-12; 갈 3:6-9).

이것은 한국의 초대교회 교인들이 예수님을 믿기 이전에 한국의 강한 수직문화 교육을 많이 받았기 때문에 그들 중 기독교와 조선에 공헌한 큰 인물들이 많았던 것과 동일한 논리다.

아브라함뿐만 아니라 족장 시대, 즉 이삭과 야곱 및 요셉까지 그들은 그 지방의 강한 독수리 수직문화 교육을 받아 왔다. 물론 이삭과 야곱은 아버지 아브라함으로부터, 요셉은 야곱으로부터 유일신 하나님에 대한 신앙을 전수받았을 것이다.

그러나 신앙이 있다고 하여 큰 인물이 된 것은 아니고 그 지방의 강한 독수리 수직문화 교육에 의해 큰 인물이 되었을 것이다. 가장 중요한 것은 당시 그들은 애굽의 노예 시기 이전의 사람들이었다는 것이다.

언제부터 유대인의 수직문화가 약해졌을까? 애굽에서 노예 생활

족장 시대, 노예 시대 및 출애굽 이후 큰 인물 배출 보기

족장시대	노예시대 〈400년〉	출애굽 이후 〈현재까지〉
중동 메소포타미아 지방에 거주	애굽의 집단 노예 촌	시내광야와 가나안
인류 3대문명 발생지 강한 수직문화	약한 수직문화	613개의 율법을 받은 후 강한 신본주의 수직문화를 개발하여 지킴
큰 인물 나옴 아브라함과 요셉	큰 인물 안 나옴	큰 인물이 점차 나옴 다윗, 솔로몬, 느헤미야, 에스라 등

을 하면서부터 일 것이다. 노예 기간이 무려 400년이었다. 노예 기간이 길어지면서 그들의 수직문화는 점점 약해졌을 것이다. 그런 환경에서는 큰 인물이 나타날 수 없었을 것이다.

여기에서 주목할 점이 있다. 그러함에도 불구하고 당시 유대인들은 하나님에 대한 신앙교육과 말씀 교육은 400년 동안 자손대대로 잘 이루어졌다는 것이다. 그 결과 모세는 창세기의 말씀을 그들로부터 전수 받아 모세오경의 첫 번째 책 창세기를 쓸 수 있었다.

이것은 무엇을 뜻하나? 큰 인물이 될 수 있는 요소는 기도나 성경 공부보다는 강한 독수리 수직문화의 영향이 크다는 것을 증명한다. 즉 신앙교육은 개인의 신앙성장에는 도움을 주지만 큰 그릇을 만드는 데는 크게 영향을 미치지 못한다는 것을 뜻한다.

물론 강한 독수리 수직문화 시대에는 상대적으로 약한 수직문화

시대보다 큰 인물들이 많을 수 있다. 그들 중 누구를 하나님의 종으로 선택하느냐 하는 것은 전적으로 하나님의 주권에 속한다. 따라서 하나님의 종들은 자신이 평생 이룬 모든 것들은 자신의 능력이 특출해서가 아니라 하나님의 은혜로 된 것임을 바울처럼 고백해야 한다 (고전 15:10).

그렇다면 유대인이 자신들의 강한 독수리 수직문화 개발을 언제부터 시작했나? 앞에서 언급한 대로 그들이 출애굽을 한 이후, 노예에서 해방되어 자유인이 된 이후였다. 더 정확하게는 모세가 시내산에서 613개의 율법을 받으면서부터다. 〈제2장 I. 답 1: 모세 이전과 이후의 차이 참조〉

> 유대인은 자신들의 강한 독수리 수직문화 개발을
> 언제부터 시작했나?

II
유대인 교육을 한국인에게 적용
〈한국인을 독수리 민족으로 만드는 방법〉

1. 문제점: 한국의 초대교회에는 큰 인물들이 많았는데 왜 현대에는 거의 없는가

A. 한국 초대교회에 큰 인물이 많았던 이유

한국교회도 역사가 130년이 넘었다(21세기 초 기준). 한국의 초대교회 시기(1885년 - 1960년)에는 세계적인 큰 인물들이 매우 많았다. 주기철 목사, 손양원 목사, 길선주 목사, 이승만 전 대통령, 조만식 장로, 도산 안창호 선생, 한경직 목사, 한상동 목사, 박윤선 박사, 박형룡 박사, 조용기 목사, 최복규 목사, 신현균 목사, 정필도 목사 등이다.

이외도 수많은 순교자들과 목회자 및 선교사들을 배출했다. 천주교의 김대건 신부와 최양업 신부 등을 합치면 훨씬 더 많다. 결코 서양 교회사에 나타난 영웅들과 비교하여 그 양이나 질에서 떨어지지 않는다. 이런 업적들은 초기 한국에 파송된 서양 선교사들에 의해 잘 기록되어 있다(R.A. Hardie's Reports, 1902, 1904; Lee, 1907; Swallen, 1907 등).

교회성장 면에서도 1990년대에 세계에서 가장 큰 교회들이 거의 한국에 있었다. 신자수로 본 세계 50대 교회 중 한국 교회가 1, 2위를 포함, 모두 23개를 차지한 것으로 나타났다. 미국 종교전문 잡지인 크리스천 월드가 최근 발표한 '세계 50대 교회'를 보면 신자수가 10만 명이 넘는 교회는 세계에서 두 곳으로 조용기 목사 형제가 시무하는 여의도순복음교회(60만, 1위)와 안양남부순복음교회(10만5천, 2위)로 밝혀졌다. 출석 교인을 기준으로 본 교회 순위에 따르면 서울 금란감리교회(김홍도 목사, 5만6천)가 7위, 인천 숭의감리교회(이호문 목사, 4만8천) 9위, 인천 주안장로교회(나겸일 목사, 4만2천) 10위로, 10위권 내에 한국 교회가 5개나 올랐다(한경 뉴스, *세계 50대 교회에 한국 23개… 여의도순복음 신도60만명 1위*, 1993년 2월 8일).

큰 인물들의 공통점 하나는 그들 모두 거의 1세대 신앙인이라는 점이다. 그리고 대부분이 10대나 20대 어린 청년의 시기에 큰일을 시작했다. 2세대나 3세대 혹은 4세대 신앙인, 즉 모태신앙인이 아니었다. 이것은 무엇을 뜻하나? 인성교육학적 입장에서 그들은 해방 전후에 수평문화가 거의 없었던, 한국인의 수직문화가 매우 강했을 시대에 태어나 강한 독수리 수직문화 환경에서 성장했다는 것이다. 저자가 1947년도에 태어났을 때에도 충청북도 보은에는 수직문화가 매우 강했었다.

따라서 한국교회 신앙의 큰 거인들은 예수님을 믿기 이전에 강한 독수리 수직문화 교육을 받아 큰 그릇(인물)이 된(Pre-Evangelism) 이후에 하나님의 부름을 받고 예수님을 믿었다(회심, Evangelism)는 것이다. 이것은 모세가 애굽의 왕궁 독수리 수직문화 교육을 받아 큰 그릇이 된(Pre-Evangelism) 이후에 하나님의 부름을 받은 것(회심, Evangelism)과 비교된다.

이것은 무엇을 뜻하나? 한국의 신앙의 큰 거인들은 예수님을 믿은 이후에 기도나 성경공부를 열심히 해서 큰 거인들이 된 것이 아니라, 먼저 어려서부터 한국인의 강한 독수리 수직문화 교육을 많이 받아 큰 그릇이 되었고, 큰 그릇이 된 이후에 예수님을 믿어 한국 교회를 세우는 큰 기둥들이 되었다는 것이다.

유가(儒家)에 뿌리를 둔 한국인의 수직문화 교육, 우리는 그것을 결코 가볍게 보아서는 안 된다. 세계 많은 나라에 비하면 상대적으로 매우 우수한 편에 속한다. 물론 상대적이지만 한국인의 수직문화가 유대인의 수직문화처럼 우수하다는 것이다.

유대인 교육의 특징 중 하나는 수직문화의 근간을 이루는 율례와 법도가 매우 까다롭고 엄격하다는 것이다. 이것은 한국인의 양반 교육도 마찬가지였다. 인성교육학적인 입장에서 보수와 진보를 측정하는 기준은 무엇인가? 그 중 하나가 율례와 법도가 더 까다롭고 더 엄격할수록 더 보수다. 반면 덜 까다롭고 더 느슨할수록 더 진보다. 아예 율례와 법도를 허물려고 한다면 그것은 급진적 진보다.

〈저자 주: 유대인과 한국인이 중요하게 여기는 수직문화의 가치들은 얼마나 닮았나? 자세한 것은 저자가 저술한 '제2의 이스라엘 민족 한국인'(부제: *한국인과 유대인의 유사점 107가지*)을 참조하기 바란다.〉

기억해야 할 것이 있다. 수직문화가 강한 시대에는 기독교 영역뿐만 아니라 비기독교인 영역에도 큰 인물들이 많이 나타났다. 박정희 전 대통령, 정주영 전 현대그룹 회장, 이병철과 이건희 전 삼성 회장, 박태준 전 포항제철 회장, 김좌진 장군, 백선엽 장군, 김관진 국방장관, 과학자 이태규 박사, 과학자 유일한 박사, 이휘소 박사, 아동 문학가 방정환 선생, 가수 현인, 의사 장기려 박사 등 수많은 이들이 대한민국을 최빈국에서 세계 10위권으로 올려놓았다.

B. 현재 한국 교회에 큰 인물이 적은 이유

1) 한국의 수직문화 얼마나 파괴되었나

왜 현대에는 교회에나 사회에서 큰 인물들이 거의 나타나지 않는가? 그 원인은 인성교육학적인 입장에서 교회나 사회에 한국의 강했던 수직문화가 거의 사라졌기 때문이다.

왜 거의 사라졌는가? 서양의 기독교가 한국에 들어오면서부터 교회에서는 한국의 모든 수직문화를 우상으로 여겼다. 그리고 서양문화는 우월한 것처럼 여기고 한국의 수직문화는 낡은 것처럼 여겼다. 따라서 교회 지도자들이 한국의 수직문화를 없애는 데 앞장을 섰었다.

서구의 기독교문화는 세련된 것으로 선호하고 한국 문화는 후진국 문화처럼 멸시했다. 특히 미국에서 공부했던 목사들이 영어와 서구 문화를 무조건적으로 도입하는 데 앞장섰다. 그래야 시대를 앞서 가는 것처럼 여겼다.

그래서 유교 집안에서 한국의 전통문화 교육을 받고 자랐던 자녀들도 교회학교를 몇 년 다니고 나면 거의 서양 사람들처럼 행동했다. 한국의 미풍양속을 거의 버렸다. 복장도 한복 대신 서양식 양복이나 양장을 선호했다. 노래도 국악 대신 서구 음악을 선호했다. 음식도 한식보다는 서양식을 선호했다. 선호했다기보다는 서양식에 매료되어 한국의 수직문화는 아예 멸시하고 거부하는 이들도 많았다.

특히 영국의 역사철학자 토인비가 그렇게도 부러워했던 한국의 효 문화도 구식이라 여겨 거의 버렸다. 설날에 조부모님이나 부모님에게 큰 절로 세배도 하지 않는 이들이 많아졌다. 한국식 예절도 간편한 것으로 바꾸거나 생략했다.

이것이 비기독교인들이 교회를 배척하는 이유 중 하나이기도 했다. 자녀들을 교회에 보내면 조상도 모르고 버릇이 없어진다는 것이었다.

주일날 대예배에 참석했던 어른들은 예배 후에 교회에서 국밥을 먹는데 교회학교 자녀들은 밖에 나가 인스턴트 음식을 사서 먹는다. 그리고 교회학교에서 서양식 다리를 벌리고 추는 야한 춤을 율동이라고 가르쳤다. 더구나 유교 집안에서 남녀칠세부동석(男女七歲不同席)을 배웠던 자녀들에게 남녀 간에 잦은 스킨십도 많이 허락한다.

그뿐만이 아니다. 한국의 설날이나 추석에도 온 가족이 모여 예를 갖추어 하나님께 예배를 드릴 생각을 하지 않는 경우가 많다. 미국에서 저자가 쉐마교육을 강의했을 때였다. 강의를 들은 이후 토론 시간에 어느 젊은 목사님 며느리가 저자에게 질문을 했다.

자기는 유교 집안에서 자라 성장한 후 서울에 와 대학 시절에 예수님을 믿었다고 했다. 그리고 같은 학교에 다녔던 목사님 아들과 결혼을 했다고 했다. 그녀가 설날이 다가 오기에 시어머님에게 전화를 했다고 했다.

"어머님, 설날 하루 전에 가서 음식 만드는 것을 도와드리려고 하는데요."

목사 사모인 시어머니는 이렇게 답변했다.

"얘야, 올 필요 없다. 우리는 기독교 집안이라 제사를 지내지 않기 때문에 가족끼리 모임은 없다. 그냥 집에서 쉬거라."

그녀는 저자에게 물었다.

"현 교수님, 제가 옳은 겁니까, 아니면 시어머님이 옳은 겁니까? 저는 암만 생각해도 제가 옳은 것 같습니다. 기독교는 너무 무례한 것 같아요."

물론이다. 며느리가 옳았다. 유대인의 절기 지키는 것과 반대다(차후 설명함).

초대교회 한국의 유명한 한○○ 목사는 많은 목사들을 모아놓고 이렇게 외쳤다고 한다.

"우리에게 예수님 족보면 충분하지, 왜 우상을 섬겼던 이전 세대 조상들의 족보가 필요합니까?"

그리고는 그는 여러 목사들이 보는 앞에서 자신 가문의 족보를 불태웠다고 한다. 그 이후 많은 기독교인들이 그를 따라 자신의 족보를 불태우는 운동에 참가했다고 한다. 따라서 현재 기독교인들 중에 자기 가문의 족보를 가지고 있는 분들은 거의 없다. 대부분 자녀들이 자신의 뿌리를 모르는 이유다.

⟨왜 기독교인에게 족보가 필요한지에 대해서는 '*현용수의 인성교육 노하우*' 시리즈 제2권 제3장 III. '왜 부모는 자녀에게 족보를 가르쳐야 하는가' 참조⟩

저자의 강의를 들었던 고용남 목사(전 침례교회 총회장)는 이렇게 말했다.

"몇 달 전 고 씨 종단에서 족보가 새로 나왔으니 족보를 구입하라고 했는데, 우리는 예수님을 믿는 가정이라 족보가 필요 없다고 했습니다. 그런데 이제 다시 주문을 해야겠네요."

저자에게 인성교육 강의를 들었던 어느 장로교 합동측 목사는 이렇게 말했다.

"한국에 교회가 들어온 이후 100년 동안 한국의 전통적인 수직문화를 없애느라고 열심이었는데, 이제 와서 현 교수가 그것을 다시 세우라고 하니 참 난감합니다."

그렇다. 앞에서 언급했듯이 정필도 목사(부산 수영로교회 원로목사)는 저자의 강의를 들은 후 이렇게 말했다.

"현 교수의 강의를 100년 전에 한국 교회가 모두 들었어야 하는데, 너무 아쉽습니다."

2) 한국의 수직문화가 파괴된 참혹한 결과

인성교육학적인 입장에서 한국교회의 가장 큰 문제는 무엇인가? 앞에서 교회가 앞장서서 한국의 전통 뿌리 문화, 즉 수직문화를 제거 했다고 설명했다. 그렇다면 한국 교회가 기존의 한국의 수직문화를 대체할 만한 한국인 기독교인의 새로운 수직문화를 만들었어야 했다. 그러나 불행하게도 그것을 만들 생각을 하지 못했다.

그 대신 새로운 것은 모두가 좋은 것으로 여겨 육을 자극하는 서양의 수평문화를 교회교육의 도구로 사용했다.

그 결과 한국의 기독교인 자녀들을 한국인 기독교인다운 기독교인으로 양육하는 데 실패했다. 즉 한국인다운 인성교육이 실종된 것이다. 즉 복음만 가르쳐 기독교인은 되게 했는데 한국인의 정체성이 실종된 것이다. 대부분이 서구화 되었다. 서양의 수평문화에 물들었다.

따라서 마땅히 가져야 할 한국인이라는 민족의 자긍심이나 대한민국 국민이 가져야 할 애국심도 약화되었다. 교회학교 출신들 중에서 1세대처럼 큰 인물들이 거의 나오지 못하는 이유다.

수직문화의 약화로 현대에는 복음을 담는 마음의 토양이 옥토에서 자갈밭으로 변했다. 따라서 이웃에게 전도가 잘 안 된다. 교회의 원동력도 약화되어 교세는 점점 쇠락해지고 있다. 자녀들이 대학을 졸업하면 95%가 교회를 떠난다. 불과 5%만이 교회에 남는다. 그들조차도 1세대 교인들에 비하면 신앙의 열심이 턱없이 부족하다.

현대에 큰 인물이 나오지 않는 것은 교회뿐만이 아니다. 정치, 경제, 사회, 교육, 사법 등 모든 분야에 큰 인물이 거의 나오지 않는다. 자녀들에게 자신의 그릇을 크게 키우는 수직문화 교육은 시키지 않

과거 한국 교회의 오류

● 초대교회부터 현재까지

- 한국의 모든 수직문화를 우상으로 여겨 철저히 배격했음
- 서구화된 교회의 수평문화 -〉 교회학교 자녀들을 서양 사람들로 만들었음
  〈예; 한국식 예절 없어짐, 서양식 음식, 다리 벌리고 추는 율동, 잦은 남여 스킨십 등〉
- 한국의 수직문화 없는 신앙교육과 학교교육에만 열심
- 한국 교회는 기존의 한국 수직문화를 대체할 만한 한국인 기독교인의 수직문화를 만들었어야 했는데 만들지 못했음
- 대신 육을 자극하는 서양의 수평문화를 교회교육에 도입했음
- 그 결과 한국인다운 인성교육이 실종됨
- 교회학교 출신들 중에서 1세대처럼 큰 인물이 거의 안 나옴
  〈일류 학교 들어가는 것과 큰 인물은 다르다. 전자는 소프트웨어이고, 후자는 하드웨어다〉
- 현대에는 전도가 잘 안 된다. 복음을 담는 마음의 토양이 옥토에서 자갈밭으로 변했기 때문이다.
- 교회의 원동력 약화 -〉 교회의 쇠락
- 강한 독수리 수직문화가 사라지면서 보수 대신 진보 세력이 세상과 교회를 주도
- 청소년 범죄나 성범죄 및 동성애자 증가 등 사회 병리 현상이 증가하고 있다.

고 학교에서 IQ교육만 시켰기 때문이다.

어떤 이들은 요즘도 똑똑한 이들이 많다고 한다. 그러나 머리가 좋은 것과 큰 인물은 다르다. 전자는 수평문화들 중 IQ에 속하고, 후자는 수직문화에 속한다. 컴퓨터에 비유하면 전자는 소프트웨어이고, 후자는 하드웨어다.

강한 독수리 수직문화를 가졌을 시기에는 도덕과 윤리의 근간이 되는 율례와 법도를 잘 지키는 보수 세력이 다수였다. 그러나 현대에는 강한 독수리 수직문화가 사라지면서 진보세력이 세상과 교회를 주도하고 있다. 이에 따른 청소년 범죄나 성범죄 및 동성애자 증가 등 사회 병리 현상이 증가하고 있다.

그렇다면 이제 무엇을 해야 하는가? 이어서 한국 교회에 대안을 제시해 보자.

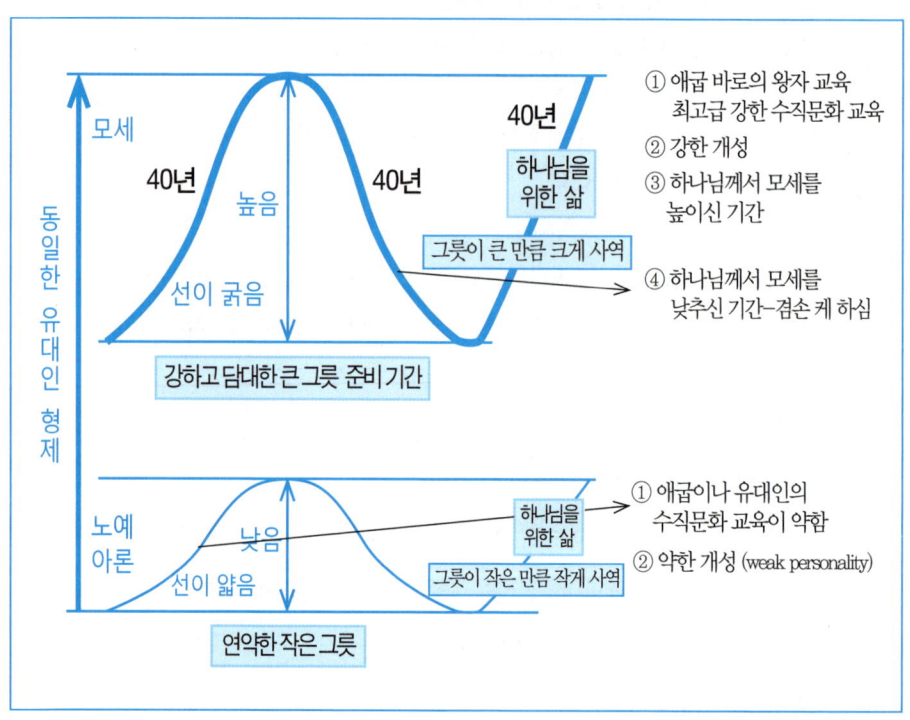

독수리와 참새 교육 차이, 모세와 아론 비교

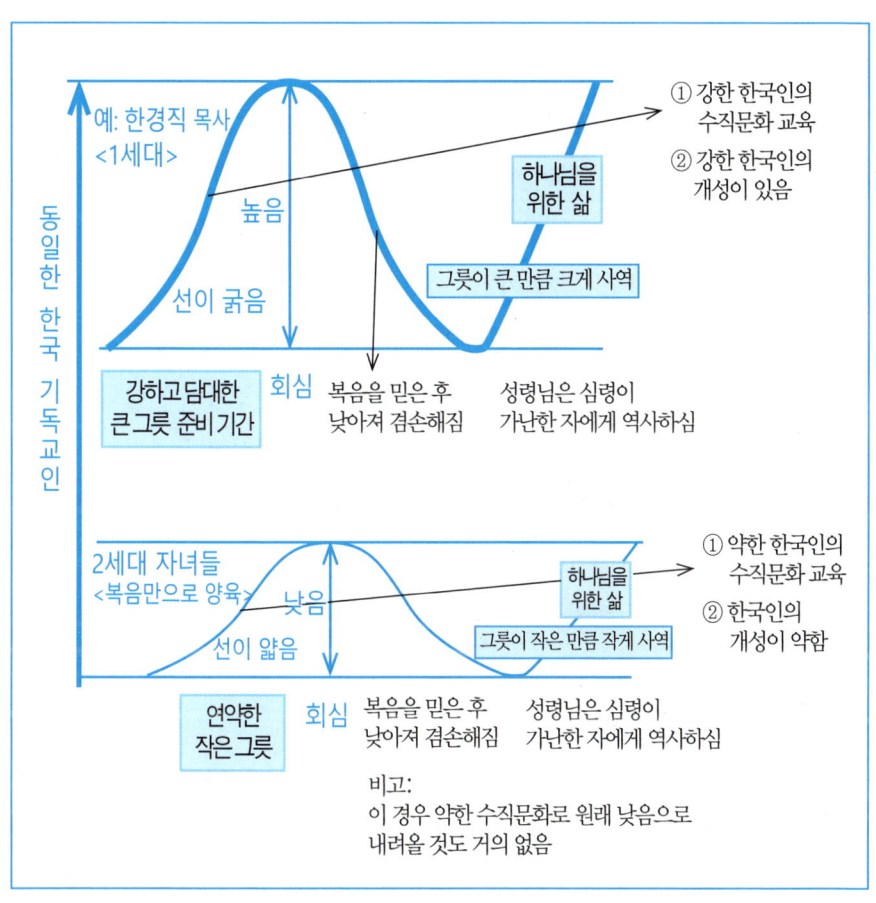

2. 한국 교회에 대안 제시

A. 하나님이 만드신 두 교육 모델이 한국인에게 필요한 이유

앞에서 거론한 대로 한국의 초대교회 시대에는 큰 인물들이 많이 나왔다. 그 후 약 130여년이 지났다(2020년 기준). 그런데 왜 현대에는 교회학교를 다녔던 모태신앙 출신들 중에서 1960년대 이전처럼 큰 인물이 거의 나오지 않는가?

그 이유는 한국교회가 한국의 전통 수직문화를 거의 배격했기 때문이라고 설명했다. 왜 배격했는가? 한국의 기존 전통 수직문화에는 우상적인 요소들이 많았기 때문이었다. 이것은 사실이다.

그렇다면 한국교회는 기존의 한국 수직문화를 대체할 만한 한국인 기독교인의 수직문화를 만들었어야 했다. 그러나 그 동안 만들 생각을 못했다. 그래서 약 130년 동안 수직문화가 없는 공백기를 거치게 되었다. 고로 점차 수직문화가 약화되면서 교회학교 출신들 중에 큰 인물 배출이 어려워졌다.

따라서 이제라도 만들어야 한다. 이것을 만들기 위해서는 앞에서 설명했던, 하나님이 만드신 두 가지 교육을 모델로 삼아야 한다.

그 두 가지 모델은 인성교육학적인 입장과 기독교교육학적(신앙교육) 입장에서 모세가 시내산에서 613개의 율법을 받기 이전과 이후의 방법이다. 전자는 유대인의 노예 시대이고, 후자는 유대인이 출애굽을 한 이후 자유인 시대다. 전자는 하나님이 모세를 큰 그릇으로 키우신 교육 방법이고, 후자는 613개의 율법에 기초한 유대인의 교육 모델이다.

이 두 가지 모델이 한국 기독교교육에 적용될 수 있는 신학적인 근거는 크게 두 가지로 설명할 수 있다.

첫째, 시대를 구분하자면 유대인이 애굽의 바로의 노예가 되었던 시기는 영적으로 우리가 예수님을 믿기 이전에 죄의 종살이하던 시기에 비유된다. 그리고 출애굽, 즉 애굽의 바로에서 해방되었다는 것은 영적으로 우리가 죄의 종살이에서 해방되어 자유인이 되었다는 것을 뜻한다(롬 6:6; 고전 10:1-4; 요일 3:8; 계 11:8).

〈저자 주: 자세한 것은 고난의 역사교육 시리즈 제1권 '*하나님의 독수리 자녀교육*' 제1부 제1장 II. '구원론적 입장에서 본 출애굽 사건' 참조〉

둘째, 하나님의 언약 백성이라는 측면에서도 모세의 모델과 유대인의 모델이 한국인 기독교인에게 적용될 수 있다.

유대인은 시내산에 도착한 후 하나님과 시내산 언약을 맺었다(출 19-24장). 그리고 피의 언약 백성이 되었다(출 24:8). 이어서 하나님으로부터 613개의 율법을 받았다. 그들은 이 율법에 기초해 자신들의 신본주의 수직문화를 만들었다.

> 모세가 그 피를 취하여 백성에게 뿌려 가로되, 이는 여호와께서 이 모든 말씀에 대하여 너희와 세우신 언약의 피니라. (출 24:8)

한국 초대교회 시대에 한국인 기독교인도 그리스도의 피로 구원받은(벧전 1:19, 3:18), 즉 영적으로 출애굽을 한 하나님의 언약 백성이

큰 인물을 만드는 하나님의 두 교육 방법을 한국인에 적용

- 모세 교육 모델 -
〈시내산에서 **율법 받기 이전**〉

유대인의 노예 시대 400년
〈애굽 왕궁 수직문화로 교육〉

- 유대인 교육 모델 -
〈시내산에서 **율법 받은 이후**〉

출애굽 이후 자유인 시대
〈애굽왕궁 수직문화를 대체할
새 신본주의 수직문화 만듦〉

⬇ ⬇   ⬇ ⬇

〈한국인 초대교회 1세대 교인에 적용〉

- 모세 교육 모델 적용 -
〈예수 믿기 이전: 죄의 종살이 시대〉

강한 한국 수직문화 교육 받았음
초대교회에 큰 인물들이 많았음

- 유대인 교육 모델 적용 -
〈예수 믿은 이후: 죄에서 해방된 시대〉

한국 수직문화 제거 - 수직문화 공백기
한국식 예법과 절기들이 사라짐
한국인의 정체성이 약한 신앙인
큰 인물 배출이 점차 힘듦

〈고로 이제 유대인처럼
새 신본주의 수직문화 만들어야 함〉

다(마 26:28). 그리고 하나님으로부터 신구약 성경을 받았다. 따라서 한국인 기독교인도 유대인처럼 신구약 성경에 기초해 한국의 기존의 전통 수직문화를 대체할 만한 한국인 기독교인만의 독특한 신본주의 수직문화를 만들 수 있다.

이것은 죄 사함을 얻게 하려고 많은 사람을 위하여 흘리는 바,

> 나의 피 곧 언약의 피니라. (마 26:28)

그 수직문화는 한국인의 정체성도 살리고 성경적인 가치도 첨가한 교육의 내용과 형식이어야 한다. 물론 성경의 십계명 등 일부 율법을 적용하여 "유혹의 욕심을 따라 썩어져 가는 구습을 좇는 옛 사람을 벗어"(엡 4:22) 하나님의 백성답게 살려고 노력해야 했던 것은 긍정적이다.

그러나 그런 신앙을 담는 그릇, 즉 형식이 한국식이 아닌 서양식이었다는 데 문제가 있다는 것이다. 이제 한국교회도 큰 인물들을 많이 배출하기 위해서라도 앞의 유대인처럼 한국인 기독교인의 신본주의 수직문화를 개발해 보자. 그래야 우리도 유대인처럼 독수리 민족이 될 수 있다.

B. 출애굽 이전 모세 교육 모델을 한국 초대교회 1세대에 적용

모세와 한국 초대교회 1세대 큰 인물들의 공통점은 모두 하나님에 대한 신앙 교육을 전혀 받지 못했던 불신자 출신들이라는 것이다. 즉 모세는 애굽의 우상(태양신)을 섬겼고, 한국 초대교회 1세대는 조선 시대 우상들(유교, 불교, 미신)을 섬겼던 사람들이다.

당시 애굽이나 조선의 공통점은 이방신을 섬기는 수직문화가 타민족에 비하여 매우 강했다는 것이다. 따라서 모세나 한국 초대교회 1세대는 매우 강한 이방의 수직문화 교육을 받으며 성장했다고 보아야 한다.

그렇다면 한국 초대교회 1세대에 왜 큰 인물들이 많았었는지를 알려면 하나님께서 모세를 어떻게 큰 인물로 키우셨는지, 그 과정을 보면 답이 보인다. 따라서 모세의 일생을 간단히 요약하고 이를 한국 초대교회 1세대에게 적용해 보자.

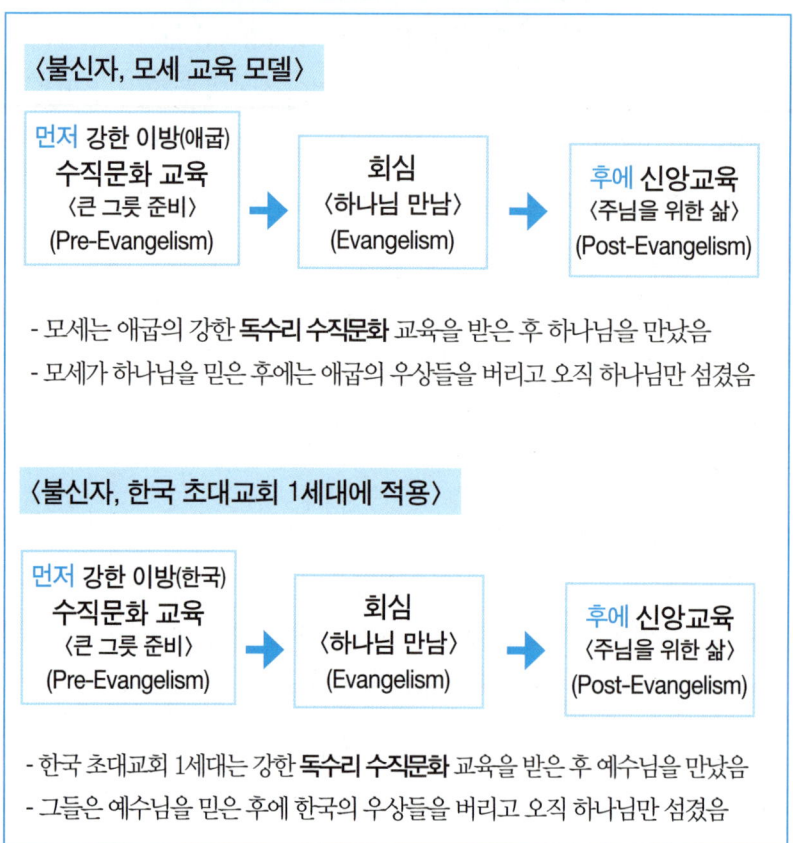

앞에서 설명한 대로 유대 민족이 노예로 살았던 시기에 하나님은 모세를 큰 인물로 키우기 위하여 먼저 수직문화가 강했던 애굽 궁중과 미디안 광야로 유학을 보내셨다(Pre-Evangelism). 성경공부와 기도를 열심히 시키신 것이 아니다. 그 후 하나님은 그를 만나주셨고 (Evangelism), 그를 하나님의 영광을 위하여 40년 동안 사용하셨다(신앙

교육)(Post Evangelism). 성경공부와 기도가 신앙 교육이라면 강한 독수리 수직문화 교육은 인성교육이다.

저자는 하나님이 모세를 큰 인물로 만들기 위하여 왜 후자를 택하셨는지를 설명했다. 요약하면 신앙 교육은 신앙발달에 유효하고, 수직문화는 큰 그릇(인물)을 만드는 데 유효하기 때문이다.

한국의 초대교회 교인들도 모두 모세처럼 불신자 출신들이었다. 그들은 모세가 애굽에서 강한 독수리 수직문화 교육을 받았던 것처럼 한국의 강한 유교적 독수리 수직문화 교육을 받은 사람들이었다(Pre-Evangelism).

그 후 모세를 시내광야에서 만나주셨던 하나님은 한국 초대교회 1세대들을 일제 강점기, 즉 고난의 광야에서 만나 주셨다(Evangelism). 하나님은 모세를 떨기나무 불꽃 앞에서 만나 주셨던 것처럼 한국의 1세대들을 강한 성령의 불길 속에서 예수님을 만나게 해 주셨다.

모세가 하나님을 믿은 후에 애굽의 우상들을 버리고 오직 하나님만 섬겼던 것처럼, 한국의 초대교회 교인들도 예수님을 믿은 후에는 한국의 우상들을 버리고 오직 하나님만 섬겼다(신앙교육, Post Evangelism).

이 모델은 예수님을 믿기 이전의 불신자가 강한 독수리 수직문화 교육을 먼저 받은 이후에 예수님을 믿고 평생 신앙 생활을 한 경우다. 전자는 인성교육(수직문화 교육)이고 후자는 신앙 교육이다.

한국의 초대교회 거인들도 모두 모세처럼 불신자 출신들이었다.

Q1. 그렇다면 이런 질문을 할 수 있다. 현대도 한국에는 불신자들이 많은데, 왜 그들은 예수님을 믿을 때 상대적으로 초대교회 불신자들처럼 강한 성령을 받지 못하는가?

답1. 그것은 시대적으로 1960년대 이전 세대는 한국의 수직문화가 매우 강하고 수평문화가 매우 약한 시대에 태어났지만, 현대인은 수직문화가 약하고 수평문화가 강한 시대에 태어났기 때문이다.

Q2. 또 이런 질문도 할 수 있다. 유대인이 애굽에서 노예 생활을 했던 것처럼 한국 초대교회 교인들도 일본의 식민지 시대였다. 즉 고난의 시대였다. 그런데 왜 유대인에게는 큰 인물이 거의 없었는데 한국의 초대교회에는 큰 인물들이 많았는가?

답2. 두 가지로 답할 수 있다.

첫째, 유대인이나 조선인 모두 국가가 없어서 주권이 없었던 것은 동일하다. 그러나 애굽의 통치와 일본의 통치는 달랐다. 애굽은 유대인에게 거주의 자유 없이 집단적으로 노예 생활을 시켰다. 직업의 선택권도 없이 애굽인이 싫어하는 막노동만을 힘겹게 시켰다. 그리고 공교육을 400년 동안 모두 차단하였다.

그러나 일본은 조선인에게 거주의 자유나 직업 선택의 자유, 그리고 제한적이지만 언론의 자유는 물론 공교육을 허락하고 있었기 때문이었다.

둘째, 통치 기간의 차이다. 유대인은 무려 400년 동안이나 노예생활을 했지만 조선인은 이에 비해 1/10도 안 되는 36년 동안 식민지 생활을 했기 때문이다.

C. 출애굽 이후 유대인 교육 모델을 한국 초대교회 1세대에 적용

1) 모세가 율법 받은 후 유대인의 3단계 수직문화 개발

앞에서 출애굽 이전 모세 교육 모델을 한국의 초대교회 1세대들에게 적용하여 설명했다. 이제 유대인이 출애굽 이후에 하나님이 유대인에게 만들게 하셨던 유대인 교육 모델을 설명하고 이를 한국 교회에 적용해 보자.

유대인 교육 모델은 '인성교육'(수직문화 교육)과 함께 '신앙 교육'도 동시에 겸하는 가장 이상적인 교육 방법이다. 이것 역시 하나님이 만드신 유대인 교육이다. 자세한 것은 제2장 I. '모세 이후 하나님이 유대인을 큰 지도자로 만드신 방법'에서 설명했다. 여기에서는 그 내용을 3단계로 나누어 구체적으로 정리해 보자. 그리고 이것을 한국 교회에 적용하여 구체적인 대안을 제시해 보자.

하나님은 유대인에게 시내산에서 613개의 율법을 주셨다. 그 이후에는 그 율법을 기초해 제3단계를 거쳐 그들의 독특한 신본주의 수직문화를 만들고 지키게 하셨다.

제1단계(초기): 시내광야에서 율법으로 신본주의 수직문화를 만들었다

수직문화를 만들기 위해서는 어떤 규정(율법)이 있어야 한다. 하나님은 유대인에게 시내광야에서 받은 율법(토라)에 기초해 독특한 신본주의 수직문화를 만들게 하셨다. 이때부터 유대인은 자신들의 수직문화를 하나씩 만들기 시작했다. 그 중 일부는 시내광야에서부터 지키게 하셨다. 〈예; 성막 제사, 선민 생활 지침 등〉

제2단계(중기): 가나안에 입성 후 지킬 제사와 절기를 준비했다

하나님은 유대인에게 가나안에 입성 후 레위기 23장에 명령하셨던 제사와 절기를 준비하게 하셨다. 특히 절기들은 이스라엘 백성들이 일 년 동안에 지켜야 할 유대인의 전통적인 수직문화의 기초가 되었다. 하나님의 구속의 역사와 선민 교육이 절기라는 형식 속에 담겼기 때문이다. 즉 하나님은 절기라는 형식 안에 토라(말씀)를 넣어 지키게 하셨다. 얼마나 효과적인 교육 방법인가!

시내광야에서는 이 모든 제사와 절기들을 지킬 수 없었다. 왜냐하면 제사와 절기에는 곡식이 필요할 때도 있었는데, 시내광야에서는 농사를 지을 수 없었기 때문이다. 당시 유대인은 만나만 먹었다. 때문에 일부 제사와 절기들은 가나안에 들어가 농사를 지은 후에 지킬 수밖에 없었다. 따라서 하나님은 유대인에게 일부 제사와 절기는 가나안 땅에 들어가서 지키라고 명령하셨다.

> 이스라엘 자손에게 고하여 이르라. 너희는 내가 너희에게 주는 땅에 들어가서 너희의 곡물을 거둘 때에 위선 너희의 곡물의 첫 이삭 한 단을 제사장에게로 가져갈 것이요. (레 23:10)

시내광야는 임시로 지나는 곳이다. 영구히 살 땅은 가나안이다. 따라서 하나님께서 모세에게 율법을 주실 때 유대인이 가나안을 점령한 후 '이스라엘'이라는 영구한 국가가 완성되었을 때를 가정하여 제사와 절기를 지키도록 하셨다.

제3단계(완성): 가나안에서 완성된 수직문화를 실천했다

유대인은 가나안에 들어간 이후 모든 제사법과 절기 및 하나님의 백성이 지켜야 할 행동지침들을 완성했다. 매우 논리적이고 조직적인 수직문화였다. 하나님은 모든 유대인들에게 자신들의 수직문화를 열심히 지키게 하셨다. 이것은 율법에 기초한 유대인의 정체성 교육의 완성이기도 하다.

이것은 무엇을 뜻하나? 가나안에 들어간 이후부터는 하나님이 1) 유대인의 수직문화 교육(인성교육)과 2) 신앙교육을 동시에 시키셨다는 것을 뜻한다. 이것이 출애굽 이후에 유대인 중에 큰 인물들이 많이 나오는 이유다. 〈저자의 저서 '고난을 기억하는 유대인의 절기교육의 파워' 참조〉

결론적으로 유대인의 수직문화는 이 세 가지 단계를 거쳐 완성되었다. 따라서 이후에는 더 이상 모세 교육의 모델이 필요 없게 되었다. 왜냐하면 유대인 수직문화의 양과 질이 애굽 왕궁의 수직문화보다 훨씬 더 우수하기 때문이다.

그들의 수직문화, 즉 정체성 교육은 3200년이 지난 오늘날까지 세대차이 없이 이어지고 있다.

〈저자 주: 물론 탈무드가 쓰인 이후 랍비들의 토론을 거쳐 일부 더해진 것들도 있다.〉

쉐마목회자클리닉 미국 3차 학기 유대인촌 현장 체험을 했던 국진호 목사(동탄 지구촌교회)는 쉐마목회자클리닉 사례 발표(충주)에서 이렇게 말했다(2001년 7월 6일).

"제가 미국에 유학을 갔을 때는 미국의 보수 기독교인들이 가장 성경적인 삶을 살고 있었다고 생각했는데, 지난번 미국의 유대인 촌을 견학하고 나니 유대인들이 가장 성경적인 삶을 살고 있다는 것을 깨달았습니다."

2) 한국인이 예수님을 믿은 후 3단계 수직문화 개발

앞에서 왜 하나님이 모세와 유대인에게 적용했던 두 가지 교육이 필요한지는 설명했다(1.'하나님이 만드신 두 가지 교육 모델이 한국인에게 필요한 이유' 참조).

이제 한국의 기존의 전통 수직문화를 대체할 만한 한국인 기독교인만의 독특한 신본주의 수직문화를 만들어 보자.

제1단계(개인): 먼저 자녀를 한국인으로 키워라(한국의 수직문화 회복)

앞에서 설명한 유대인이 개발한 3단계 수직문화에는 한국 교회의 제1단계(개인)가 생략되었다. 왜냐하면 유대인은 아브라함의 후손으로서 처음부터 중동 문화, 즉 중동 유목민의 언어와 문화를 가지고 살았기 때문이다. 따라서 출애굽을 했다고 해서 새롭게 중동 문화를 가질 필요가 없었다. 우리는 성경 자체가 중동 문화의 배경에서 기록되었다는 것을 기억해야 한다.

〈예: 초가집 대신 장막(텐트) 문화, 막걸리 대신 포도주 문화, 밥 대신 빵 문화 등〉

그러나 한국인이 가졌던 문화는 중동 문화와 다르다. 즉 문화의 정체성이 다르다. 따라서 이제라도 더 늦기 전에 한국 문화와 성경에

모세 이후 유대인과 한국인 기독교인의 차이
〈인성교육학적 입장〉

모세 이후 유대인
- 모세는 애굽의 강한 독수리 수직문화 교육을 받은 후 하나님을 만났음

예수 믿은 후 한국인 기독교인
- 기존 한국 수직문화를 대체할, 성경에 기초한 새 신본주의 수직문화를 개발 못 했음
- 고로 이제 다음과 같이 만들어야 함

유대인의 경우

모세의 모델: 〈하나님의 모세 리더십 개발 원리〉

하나님이 모세를 강한 애굽 왕궁 수직문화 교육으로 큰 그릇을 만든 후에 신앙교육 시키심

| 강한 애굽 왕궁 수직문화 교육
〈인성교육, 큰 그릇 만듬〉 | 회심 | 신앙교육
〈성경공부와 기도〉 |

(Pre-Evangelism)　　(Evangelism)　　(Post-Evangelism)

모세 이후: 〈유대인의 리더십 개발 원리〉

- 애굽 왕궁 수직문화 버림,
- 613개 율법으로 유대인의 새 신본주의 수직문화 개발
- 이것은 큰 그릇 만드는 '인성교육'과 '신앙교육'(성경공부와 기도)을 겸하는 수직문화 완성; 큰 인물 계속 나옴

율법으로 독특한
유대인의 새 신본주의 수직문화 개발
'인성교육(큰 그릇)+신앙 교육'
동시 교육
예; 유대인의 생활양식과 절기들

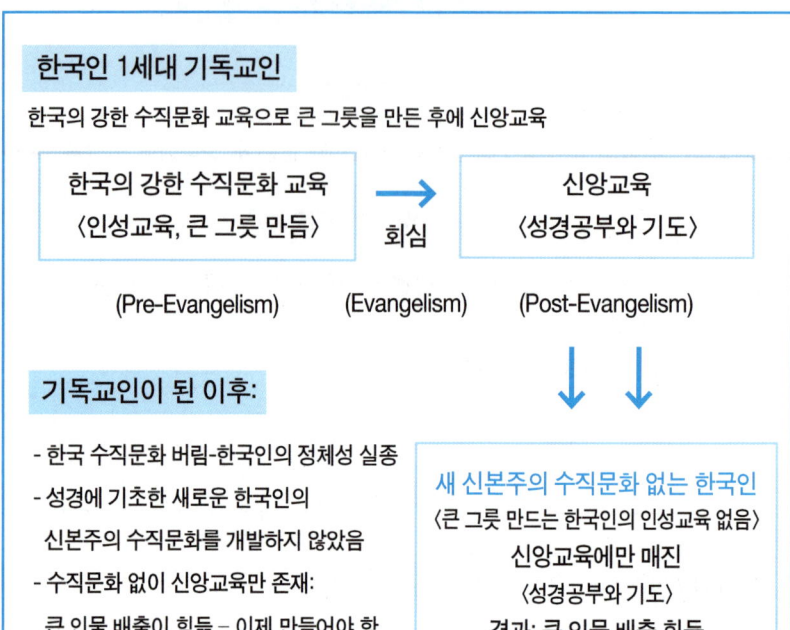

기초한 한국 기독교인의 신본주의 수직문화를 만들어야 한다.

먼저 한국인 기독교인은 자녀를 서양인이 아닌 한국인으로 만들어야 한다. 따라서 한국 교회가 1960년대 이전처럼 자녀들에게 한국인의 강한 독수리 수직문화 교육을 회복해야 한다. 이것은 한국인다운 한국인을 만드는, 즉 한국인의 정체성을 찾는 교육이기도 하다. 이것은 복음을 전하기 이전에 꼭 해야 할 한국인의 인성교육 회복이다. 〈저자의 저서 '현용수의 인성교육 노하우'(전1-2권), '문화와 종교교육' 참조〉

물론 모세가 하나님을 만난 이후에 애굽의 우상들을 버렸던 것처럼, 한국인 기독교인도 한국의 수직문화 중에 성경의 가치와 대치되는 것들은 반드시 배제해야 한다. 그러나 그렇지 않은 것들, 즉 한국인의 정체성을 보여 주는 한복이나 국악 및 한식 등은 살려야 한다.

그래서 지구상에 수많은 기독교인들 중에 한국인 기독교인은 한국인의 정체성을 가진 기독교인으로 만들어야 한다. 이는 동일한 성경과 성삼위 하나님을 믿는 기독교인이라고 하더라도 그 나라의 전통적인 수직문화가 각각 다른 것처럼, 독일인 기독교인이나 중국인 기독교인과는 문화가 달라야 한다. 일단 언어와 복장, 음악 및 음식에서부터 달라야 한다.

한국인 기독교인은 자신의 전통적인 것들(수직문화)을 기본적으로 가져야 한다. 물론 남의 것들(수직문화)도 인정하고 배울 것은 배워야 한다. 그러나 우리 것을 더 귀하게 여겨야 한다는 것이다. 따라서 한국인 기독교인은 영어 대신에 한국어를, 양복 대신에 한복을, 서양곡 대신에 국악을, 그리고 햄버거 대신에 김치찌개를 더 선호해야 한다.

기독교뿐만 아니라 비기독교인들 중에도 큰 인물들을 많이 배출하기 위해서는 그들도 1960년대 이전처럼 한국의 수직문화 교육을 강화해야 한다.

제2단계(교회): 서양식 기독교 문화를 한국식 기독교 문화로 전환하라

한국교회에는 유난히 서양식 기독교 문화가 많이 있다. 서양식 교회 문화와 절기 형식을 한국식 교회 문화와 절기로 전환해야 한다. 예를 들면 서양식 절기 복장을 한복으로 바꾸어야 한다. 서양식 성가대 가운은 개량한복으로 대체할 수 있다. 초대교회 주기철 목사나 조만식 장로는 모두 주일에 한복을 입었다.

당시 그들이 한복을 입었다고 성령님께서 덜 역사하셨나? 아니다. 양복을 입은 이들보다 더 크게 역사하셨다. 그래서 평양을 동방의 예루살렘이라고 불렀다. 한국의 수직문화가 모든 면에서 그만큼 강했기 때문이었다.

크리스마스 절기에 소개하는 산타크루스 복장도 한복으로, 그리고 루돌프 사슴 캐롤도 국악으로 만들어야 한다. 뾰쪽뾰쪽한 서양식 교회 건물도 한국식 건물로 만들어야 한다. 한국의 1985년 최초의 소래교회도 초가집이었다.

미국 시카고에서 목회하는 감리교회 목사가 저자의 강의를 듣고 자신의 간증을 들려주었다. 그 지방의 미국인 감리교 감독이 자신에게 연락을 했다. 다음 달에 한국 감리교회는 어떤 식으로 예배를 드리는지 보기 위하여 교단 관계자 몇 명이 보러 오겠다고 했다.

그는 곰곰이 생각했다. 자신들 교회는 모든 예배 문화가 미국 감리교회 예배 문화와 똑 같은데 무엇을 보러 오겠다는 것인가. 그는 이것을 보여 주면 안 되겠다고 생각했다. 그래서 6개월 후로 연기하자고 통보했다.

그동안 그는 한국에서 장구와 북 및 피리 등 한국의 국악에 사용하는 악기들을 가져왔다. 그리고 국악 찬양을 연습했다. 그리고 교인들에게는 한복을 입자고 제안했다.

6개월 후 미국 감리교 목사들이 예배에 참석했다. 그들은 예배를 마치고 원더풀을 외쳐댔다. 그제야 그 교회는 한국계 미국인 교회다운 교회를 회복했다. 그 이전에는 한국인이라는 정체성이 없었던 교회였다.

미국에는 영국계 백인 교회. 멕시칸 교회 혹은 흑인 교회들이 있다. 모두 자기 민족 문화를 가미하여 하나님께 예배를 드린다. 그런

평양의 초대교회 장대현교회 집회 후 모습. 교인들은 모두 한복을 입었다. 예배당도 ㄱ자 기와집이다. 유대인 회당처럼 남자와 여자가 구별되게 앉기 위함이었다. 그만큼 그들은 강한 한국인의 수직문화를 가지고 있었다.
사진 출처: 한국교회사연구소

한국의 최초교회, 1895년 소래교회의 모습. 예배당을 한식으로 지었지만 성령의 불길은 더 타올랐다. 왜 한국의 교회 건물은 뾰쪽뾰쪽해야만 하는가.

한국교회 건물들은 서양 교회를 모방하여 대부분 뾰족뾰족하다. 서양 교회와 구별이 안 된다. 이제 한국교회의 정체성을 찾기 위하여 건물도 한국식 건물로 바꾸어야 한다.

데 특별히 한국 교회만 미국식 예배를 그대로 고집하고 있다. 한국인의 정체성이 빠진 것이다.

그래서 2세 한국인 기독교인들은 대학을 졸업하면 거의 모두 미국 교회로 옮긴다. 한국 1세대 교회들이 급속히 노령화되고 있는 이유 중 하나다. 참으로 안타까운 일이다. 이래서 어떻게 한국인이 제2의 이스라엘 민족이 될 수 있겠는가! 어떻게 세계교회를 리드할 수 있겠는가!

하나님은 우리 모두를 각각 다른 지체들로 창조하셨다. 그러나 모두 그리스도와 한 몸임을 기억해야 한다.

> 몸은 하나인데 많은 지체가 있고 몸의 지체가 많으나 한 몸임과 같이 그리스도도 그러하니라. (고전 12:12)

한국 초대교회 교인들이 한복을 입었다고
성령님께서 덜 역사하셨나?
양복을 입은 이들보다 더 크게 역사하셨다.
그래서 평양을 동방의 예루살렘이라고 불렀다.
한국의 수직문화가 모든 면에서 그만큼 강했기 때문이었다.

제3단계(모두): 신구약 성경으로 한국인의 신본주의 수직문화를 만들어라

마지막 단계에는 구약의 이스라엘 백성의 절기들도 한국인 기독교인이 지키도록 해야 한다. 왜 기독교인이 구약의 절기를 지켜야 하는가?

구약의 절기들도 하나님이 만드신 거룩한 것이기 때문이다. 따라서 그 절기들에는 신학적 및 교육학적인 유익이 대단히 많다. 교육학적 입장에서 절기는 토라를 담아 다음세대에 전하는 도구(교육의 형식)다. 〈고난교육 시리즈 제4권 '고난을 기억하는 유대인 절기교육의 파워' (쉐마) 참조〉

〈저자 주: 절기 교육의 탁월함은 천주교나 이슬람 종교에서도 확인 된다. 그들은 자신들의 종교를 유지 및 전파하기 위하여 자신들의 독특한 절기를 매우 효과적으로 사용하고 있다. 자세한 것은 저자의 저서 *실패한 다음세대교육 왜 유대인 교육이 답인가* (쉐마) 참조〉

물론 모두 다 가능하지는 아닐 것이다. 특히 제사에 관한 것은 예수님께서 단번에 희생 제물로 돌아가셨기 때문에 신약시대에는 구약의 제사를 드릴 필요가 없다.

> 저가 저 대제사장들이 먼저 자기 죄를 위하고 다음에 백성의 죄를 위하여 날마다 제사 드리는 것과 같이 할 필요가 없으니 이는 저가 단번에 자기를 드려 이루셨음이니라. (히 7:27)

그러나 안식일, 유월절, 오순절, 초막절, 월삭, 나팔절, 속죄일, 부림절, 욤 예루살라임(6일 전쟁 기념일) 및 티샤바브 등은 지킬 수 있다. 이외에도 나머지 절기들을 신학적이나 교육학적으로 검토하여 더 많은 절기들을 한국인 기독교인 절기로 변환해 지켜야 한다. 기독교인에도 유익한 유대인의 절기들이 대단히 많을 것이다.

실제로 메시아닉 쥬(예수님을 믿는 유대인)는 많은 구약의 절기들을 지키고 있다. 물론 그들은 구약의 절기에 복음을 넣어 지킨다. 그들의 방법을 연구하면 좋은 묘안을 찾을 수 있을 것이다.

이것이 신본주의에 기초한 한국인 기독교인의 정체성 교육의 완성이다. 이것은 현재뿐만 아니라 주님의 재림 때까지 지켜 행해야 한다. 이에 대한 기본적인 틀은 이미 저자가 만들어 놓았다. 그 중 하나가 유대인의 안식일 절기를 한국인 기독교인의 주일가정식탁예배 절기로 변환한 것이다(현용수, 한국형 주일가정예배 예식서, 참조).

또한 한국인 기독교인에게 대단히 자랑스러운 주제가 있다. 한국식 특유의 기도 방법들, 즉 산기도, 큰 소리로 주여 삼창하고 기도 시작, 무릎 꿇고 손들고 기도하기, 새벽기도(예배) 등이다. 이것은 세계적인 성령 운동 방법이다.

저자가 미국 탈봇신학대학원(1988-1990)에 다닐 때 미국 백인 교수들을 놀라게 한 사건이 있었다. 그 중 하나가 캠퍼스 내 채플에서 매일 한국 신학생들이 새벽 5시 30분에 수십 명이 모여 새벽기도를 너무나 뜨겁게 한 것이었다. 미국 교수들은 새벽예배를 그렇게 일찍 매일 드린다는 것을 도저히 이해하지 못했다.

미국 교회 목사들이 단체로 한국의 조용기 목사에게 기도하는 방법을 배운 적이 있다. 한국 교회의 성령 운동을 배우기 위함이었다. 그 이후 미국에서 한국식 기도가 유행되었다. 미국 목사들이 교회에서 기도하기 전에 교인들에게 '주여 삼창'(Lord!, Lord!, Lord!)을 크게 외치고 기도하기 시작한 것이다.

왜 꼭 미국식만 고집해야 하나! 이제는 한국식 기도 방법을 세계화해야 한다. 〈이미 그 신학적 이론도 마련해 놓았다. 여기에서는 지면상 생략한다.〉

모세 이후 유대인 교육 모델을 한국 초대교회 1세대에 적용

모세가 율법 받은 후 유대인이 개발한 3단계 수직문화	유대인의 3단계 수직문화 개발 원리를 한국교회 수직문화 개발에 적용
제1단계(초기): 하나님이 유대인에게 시내광야에서 613개 율법에 기초한 독특한 신본주의 수직문화를 만들게 하심 - 광야에서 시작하여 일부는 광야에서 지키게 하심: 〈예; 성막 제사, 선민 생활 지침 등〉	**제1단계(개인)**: 먼저 자녀를 한국인으로 키워라 (한국의 수직문화 회복) 〈우상 숭배 배제, 가능한 것부터: 한복, 국악 및 한식; 한국식 예절, 족보 찾기 등〉 - 한국인의 정체성을 찾는 교육 - 한국 문화는 중국이나 독일과 달라야 한다.
〈저자 주: 유대인에게는 한국 교회의 제1단계(개인)가 생략된다. 성경은 아브라함 때부터 중동문화를 배경으로 기록되었다. 따라서 중동문화를 다시 가질 필요가 없었다〉	
제2단계(중기): 가나안 입성 후 지켜야 할 유대인의 독수리 수직문화를 준비케 하심 (레 23장) 〈예: 성막 제사+모든 절기 준비〉 - 하나님은 절기라는 교육의 형식 안에 교육의 내용인 토라(말씀)를 넣어 지키게 하셨다.	**제2단계(교회)**: 서양식 기독교 문화를 한국식 기독교 문화로 전환하라 〈예; 서양식 절기 복장 → 한복, 서양식 성가대 가운 → 개량 한복, 산타크루스 복장 → 한복, 크리스마스 캐롤 루돌프 사슴 음악을 국악으로 만듦, 뾰쪽한 서양식 교회 건물 → 한국식 건물, 서양식 기도 → 한국 새벽기도, 무릎 꿇는 기도 등〉
- 절기는 토라를 담아 다음세대에 전하는 도구(형식)다.	
제3단계(완성): 가나안에서 모든 이스라엘 백성이 수직문화를 열심히 지키게 하심 〈모든 제사법, 절기, 제반 선민의 규례들〉 - 613개 율법에 기초한 유대인의 정체성 교육 완성 → 3200년 동안 현재까지 이어짐 - 수직문화 교육(인성교육)+신앙교육을 동시에 성취 - 유대인 수직문화의 양과 질이 애굽 왕궁 수직문화보다 매우 우수함 - 유대인 중에 독수리 같은 큰 인물들이 많이 나오는 이유 - 더 이상 모세 교육의 모델이 필요 없음	**제3단계(모두)**: 신구약 성경으로 한국인의 신본주의 수직문화를 만들어라. - 한국인 기독교인은 하나님이 만드신 구약의 절기도 신학적으로 검토 후 한국식 절기로 전환하여 지켜라. -〈예: 저자가 유대인 안식일 절기를 한국형 주일가정식탁예배 절기로 전환한 것 참조〉 - 한국인 기독교인의 독수리 신본주의 수직문화(정체성) 교육 완성 - 수직문화 교육(인성교육)+신앙교육을 동시 성취 → 이것을 주님의 재림까지 지켜야 한다.

한국 교회가 지금부터라도 그렇게 한다면 교회의 생존 문제와 교회 성장뿐만 아니라 세계선교는 물론 다음세대에 신앙 전수까지 많은 문제들이 해결 될 수 있을 것이다. 3200년 동안 이어온 유대인 교육이 그것을 증명하고 있다.

> 절기는 토라를 담아 다음세대에 전하는 도구(교육의 형식)다.

D. 한국인의 신본주의 수직문화 개발 단계와 주님의 재림 준비

앞에서 '모세가 율법을 받은 후 유대인의 3단계 수직문화 개발' 단계를 모델로 '한국인이 예수님을 믿은 후 3단계 수직문화 개발' 단계를 설명했다. 이것은 큰 틀에서 그 과정을 3단계로 나누어 요점만 간단히 설명한 것이다. 그러나 한국 기독교인이 이것을 성취하기 위해서는 더 구체적인 설명이 필요하다. 그것을 다음과 같이 5단계로 나누어 설명해 보자.

그리고 제6단계는 한국인 기독교인이 개발한 신본주의 수직문화 모델을 전 세계 열방 교회에 전파하여 그들도 그들만의 독특한 신본주의 수직문화를 가지도록 해야 한다는 것을 설명한 것이다. 그래야 모든 열방 교회들이 살아남아 주님의 재림을 준비할 수 있기 때문이다.

〈저자 주: 본문 중 'KC'는 'Korean Christian'(한국인 기독교인)을 지칭한다.〉

제1단계: '인성교육+쉐마교육' 원리와 공식을 교육하라.
〈논리로 KC 신본주의 수직문화의 필요성을 설득함〉

제일 먼저 해야 할 일은 KC에게 왜 '한국인의 신본주의 수직문화'를 개발해야 하는지, 그리고 그것을 굳건한 전통으로 정착을 시켜야 하는지, 그 이유를 논리적으로 설명해 주어야 한다. 교인들이 그 이유를 모르면 이해가 가지를 않고, 이해가 안 되면 설득이 안 되기 때문이다. 설득이 안 되는데 어떻게 실천을 할 수가 있겠는가!

여기에서 가장 중요한 것은 교인들을 설득시킬 수 있는 논리다. 그래서 저자는 그 논리로 '인성교육론'과 '쉐마교육론'이란 새로운 학문의 영역을 개발했다. 따라서 제1단계는 '인성교육+쉐마교육'의 '이론'(theory), 즉 '원리와 공식'(principles and formular)을 가르치는 것이다. 이것은 논리로 그들의 삶의 기준이 변경되어야 한다는 것을 설득하는 단계다.

제2단계: 잘못된 수직문화와 수평문화를 차단하고 제거하라.
〈KC의 새로운 경건의 연습 시작〉

제1단계를 마치면 교인들이 무엇을 잘못하고 있는지를 인지할 수 있다. 이것은 옳고 그름을 분별하는 능력을 가지는 것이다. 그 후에는 그 동안 교인들이 몰라서 가지고 있었던, 잘못된 콘텐츠에 의해 개발된 수직문화와 세상의 수평문화를 제거하고 차단해야 한다(detox).

이것이 KC의 새로운 경건 생활을 실천하는 첫 번째 단계다. 〈예: 가정에 수평문화 침투를 막기 위한 TV 제거, 서양식 교회 건물 지양(止揚) 등〉

제3단계: 새로운 '한국인의 신본주의 수직문화'의 콘텐츠를 입력해야 한다.
〈한국인 정체성+선민교육의 정체성(율법) 교육 = 두 가지 KC 생활방식 입력〉

제3단계는 본인이 잘못된 수직문화를 제거하고 수평문화를 차단한 (detox) 공백에 새로운 바른 수직문화와 성경적인 쉐마교육 가치들, 즉 '한국인의 신본주의 수직문화'에 대한 콘텐츠(new contents)를 입력하여 채워 넣는 것이다. 〈저자 주: '한국인의 신본주의 수직문화'란 '한국인 기독교인의 신본주의 수직문화'를 뜻한다.〉

이를 위한 기본 콘텐츠는 제1단계에서 설명했던 '인성교육론'과 '쉐마교육론'이다. '인성교육론'을 가르치는 목적은 한국인의 정체성을 가지게 하는, 즉 한국인을 한국인답게 키우는 것이고, '쉐마교육론'을 가르치는 목적은 하나님의 백성으로서 하나님의 형상을 닮아가는 데 필요한 선민교육, 즉 성화를 성취하는 것이다. 이 두 가지는 KC가 가져야 할 생활방식에 녹아 있어야 한다. 물론 이에 더하여 이 이론에 기초해 새로 개발한 구체적인 콘텐츠도 많이 만들어야 할 것이다.

특히 생활방식 중에는 KC에 필요한 기존의 절기들과 함께 유대인 절기를 모델로 새로 개발한 절기들도 포함되어야 한다. 이 절기에는 인성교육학적인 입장에서 한국인의 정체성을 가지면서 성경적인 쉐마 가치도 포함되어 있어야 한다.

〈예: 한복을 입고 국악 찬양을 부르며 유대인의 '안식일 절기예배' 형식을 KC에게 적용하여 만든 '주일가정식탁예배'를 드리는 것 등〉

〈자세한 절기 교육에 대해서는 저자의 저서 *고난을 기억하는 유대인 절기교육의 파워*(2018) 참조〉

제4단계: 입력된 콘텐츠를 반복하여 실천하라.
〈KC 생활양식(절기 포함) 실천 →〉 하나님이 창조하신 가정, 교회, 국가의 원형 회복〉

모든 KC는 제3단계에서 개발한 KC의 신본주의 수직문화, 즉 KC의 생활방식을 반복하여 실천해야 한다. 인성교육과 종교 생활은 반복하며 실천해야 습관으로 이어지기 때문이다.

처음에는 몇몇 가정에서 3세대가 시작하지만, 점점 그 수가 늘어나도록 해야 한다. 그리고 이것은 대를 이어 세대차이 없이 반복적으로 실천해야 한다. 대를 이은 반복 교육, 이것은 대단히 중요한 하나님의 교육 방법이다.

이것은 KC가 하나님이 창조하신 가정의 원형과 교회의 원형, 그리고 신본주의 국가(대한민국)의 원형이 회복되는 것을 뜻한다. 이것이 제4단계의 목적이다.

제5단계: 한국인의 신본주의 수직문화가 공동체 전통으로 굳어지게 하라.
〈KC의 세대차이 없는 말씀, 역사, 전통 전수 가능〉

제4단계의 목적은 KC가 하나님이 창조하신 가정과 교회 및 신본주의 국가의 원형을 회복하는 것이라고 했다. 이것만으로는 충분치 않다. 회복된 원형들이 영원히 지속되어 살아남기 위하여 노력해야 한다. 그 방법은 KC의 신본주의 수직문화는 유대인이 자신들이 만들었던 신본주의 수직문화가 유대민족의 전통이 되었던 것처럼, 한국교회 공동체 전체의 전통으로 굳어져야 한다.

이를 위해 KC들이 집단적으로 자신들이 만든 새로운 신본주의 수직문화를 반복하여 습관적으로 대를 이어 실천해야 한다. 그 습관이 대를 이어 점차 굳어지면 한국교회의 전통이 될 수 있다. 그리고 이 전통은 주님 다시 오실 때까지 자손대대로 지켜 행해야 한다.

그래야 KC 공동체, 즉 한국교회가 유대인처럼 세대차이 없는 하나님의 말씀 전수와 더불어, 역사와 전통이 자손대대로 전수 될 수 있다. 그래야 유대인처럼 KC의 가정과 교회 및 대한민국이 자손 대대로 살아남을 수 있다.

제6단계: 한국인의 신본주의 수직문화 개발 모델을 열방 교회에 전파하라.
〈전 세계 열방교회가 주님의 재림을 준비 방법〉

'모세가 율법을 받은 후 유대인의 3단계 수직문화 개발' 모델, 즉 유대인의 신본주의 수직문화 개발 모델을 '한국인이 예수님을 믿은 후 3단계 수직문화 개발'에 적용한 것은 전 세계 열방 교회에도 전파해야 한다.

왜냐하면 다른 민족 기독교인들도 이런 방법으로 그들 자신의 정체성을 가지면서 성경적 쉐마교육의 가치를 포함한 자기 민족만의 (유대인을 모델로 한) 신본주의 수직문화를 개발해야 하기 때문이다. 그렇게 해야 자신들의 신앙과 역사 그리고 전통을 주님의 재림 때까지 자손대대로 전수할 수 있다. 따라서 그들의 이런 수직문화는 주님의 재림을 준비하는 데 꼭 필요한 도구다.

모든 족속들이 자신들의 신본주의 수직문화를 실천할 때 모든 족속들이 속한 가정과 교회, 그리고 국가들이 하나님이 창조하셨던 원형을

한국인의 신본주의 수직문화 개발 단계와 주님의 재림 준비

제6단계	한국인의 신본주의 수직문화 개발 모델을 열방 교회에 전파 〈전 세계 열방 교회가 주님의 재림을 준비하는 방법〉
제5단계	한국인의 신본주의 수직문화가 한국교회 전통으로 굳어짐 〈KC의 세대차이 없는 말씀, 역사, 전통 전수 가능〉
제4단계	입력된 콘텐츠를 반복하여 실천 〈KC 생활양식(절기 포함) 실천→ 하나님이 창조하신 가정, 교회, 국가 회복〉
제3단계	한국인의 신본주의 수직문화의 콘텐츠 입력 〈한국인 정체성+선민교육의 정체성(율법) 교육 = KC 생활방식 입력〉
제2단계	잘못된 수직문화와 수평문화 차단 및 제거 〈KC의 새로운 경건의 연습 시작〉
제1단계	'인성교육+쉐마교육' 원리와 공식 교육 〈논리로 KC 신본주의 수직문화의 필요성을 설득함〉

〈보기: KC: '한국인 기독교인'(Korean Christian)을 지칭함〉

회복할 수 있을 것이다. 그 결과 전 세계 교회들이 살아남아 주님의 재림 준비에 함께 동참할 수 있을 것이다. 〈자세한 것은 저자의 저서 '세계선교의 한계, 왜 유대인 교육이 답인가'(2012) 제4부 '기독교와 쉐마교육선교 전략' 참조〉

한국교회가 최초로 이 일을 시작한다는 것 자체가 얼마나 영광스러운 일인가! 이것이 하나님께서 세계 열국 중에서 가장 작고 비천했던 한국 민족을 선택하신 이유일 것이다.

3. 질문: 한국교회는 왜 신본주의 수직문화를 개발 못했나

한국교회는 복음이 한국에 들어오면서부터 앞의 3단계를 전혀 생각하지 못했다. 1단계조차도 전혀 생각하지 못했다. 앞에서 언급한 대로 오히려 한국의 전통적인 수직문화를 말살하는 데 앞장섰었다.

그 이유는 무엇인가? 구약의 제사나 절기 등을 장차 오실 메시야, 즉 예수님과 연결하여 구속사적 입장에서만 연구했기 때문이다. 교육학적인 입장에서 기독교인에게 어떤 유익을 주는지는 거의 연구하지 못했다. 구원에 관련된 오직 예수님, 복음만 외쳤다.

그 결과 한국의 교회사 130여 년 만에 세계선교는 전 세계에서 제2등까지는 성공했지만 교회 성장은 급격하게 내리막길을 달리고 있다. 다른 민족에게 복음을 전하는 세계선교는 성공했지만 다음세대에 신앙을 제대로 전수하지 못했기 때문이다. 이런 현상은 역사적으로 예루살렘이나 소아시아 및 유럽 교회에서도 있었다.

그 이유는 교회사 2000년 동안 유대인을 모델로 한 구약의 지상명령, 쉐마를 잃어버렸기 때문이다. 이제라도 구약의 지상명령, 쉐마를 찾았으니 유대인처럼 우리의 신본주의 수직문화를 개발하여 개인과 가정과 교회에서 실천해야 한다.

그래야 하나님께서 디자인하셨던 가정의 원형, 하나님께서 디자인하셨던 교회의 원형, 그리고 하나님께서 이승만 대통령을 통해 디자인하셨던 대한민국의 원형을 회복할 수 있다.

> 한국교회는 왜 신본주의 수직문화를 개발 못했나.
> 구약 성경을 교육학적 입장보다는
> 구속사적 입장에서만 연구했기 때문이다.

4. 요약 및 결론

제1부 제2장의 첫 번째 연구 질문은 "모세 이후에 하나님은 하나님의 거룩한 선민 유대인을 어떻게 큰 인물로 키우셨나?"이다. 이것은 모세 이후 하나님이 유대인을 큰 지도자로 만드신 교육방법이다. 즉 유대인을 독수리 민족으로 만든 교육방법이다. 이 주제는 I. '모세 이후 하나님이 유대인을 큰 지도자로 만드신 방법'에서 다루었다.

제2장의 두 번째 연구 질문은 유대인의 신본주의 수직문화 개발 원리를 한국의 기독교인에게 어떻게 적용하느냐 하는 것이다. 그것은 한국 기독교인도 유대인처럼 새로운 신본주의 수직문화를 개발해야 한다는 것이다. 즉 II. '유대인 교육을 한국인에게 적용'이다.

그 이유는 저자가 한국의 초대교회에는 큰 인물들이 많았는데 현대에 거의 없는 이유가 전자에는 한국의 '고품격 수직문화'(high-quality vertical culture) 교육을 받았던 인물들이 많았기 때문이고, 후자는 거의 없기 때문이라고 판단했기 때문이다.

왜 후자는 한국의 고품격 수직문화 교육을 받지 못했는가? 인성교육학적인 입장에서 한국교회 지도자들이 한국 초대교인들이 가졌던 한국의 전통 수직문화(뿌리 문화)를 거의 없앴기 때문이다. 왜 없앴는가? 거기에 일부 우상 숭배적인 것들이 있었다는 것이다. 맞는 말이다. 그러나 그렇지 않은 것들까지 대부분을 없앤 것은 잘못이다.

왜 거의 모두를 없앴는가? 그들은 자신들이 가졌던 한국의 수직문화 때문에 큰 인물이 될 수 있었다는 사실을 몰랐기 때문이다. 즉 한국의 전통 수직문화의 가치를 몰랐기 때문이다.

이것은 모세가 이방 애굽 왕궁의 강한 고품격 독수리 수직문화 교육으로 말미암아 큰 그릇이 되었던 것같이, 한국인 제1세대 기독교인들도 예수님을 믿기 이전에 그들이 받았던 한국의 강한 고품격 독수리 수직문화 교육으로 말미암아 큰 그릇이 될 수 있었다는 사실을 몰랐다는 것을 뜻한다. 〈자세한 것은 본서 제1장 '하나님의 모세 교육' 참조〉

즉 모세와 한국 초대교회 교인들은 성경공부와 기도를 많이 하여 큰 그릇이 된 것이 아니고 그들이 가졌던 강한 독수리 수직문화로 말미암아 독수리 같은 큰 그릇이 될 수 있었다는 것이다. 그렇다고 하여 교인들이 자녀들에게 어려서부터 성경공부나 기도하는 것을 강조하지 말라는 것은 결코 아니다. 저자는 다만 신앙 성장과 큰 그릇을 만드는 것은 다른 주제라는 것을 강조하고 싶을 뿐이다.

성경공부와 기도의 목적은 신앙 성장이고, 수직문화 교육의 목적은 큰 그릇을 만드는 것이다. 전자는 신학적인 주제이고 후자는 인성교육학적 주제다. 성령을 받아도 자신의 그릇만큼 채워지듯이 하나님을 위한 사역도 자신의 그릇만큼 헌신할 수 있다.

이방의 강한 독수리 수직문화 교육을 받은 이방 독수리도 하나님의 백성이 된 후에는 하나님을 위한 독수리로 사용될 수 있다. 독수리가 나

〈전체 요약〉

큰 인물을 만드는 하나님의 두 교육 방법

〈모세와 유대인에게 적용〉

〈시내산에서 **율법 받기** 이전〉	〈시내산에서 **율법 받은** 이후〉
- 모세 교육 모델 -	**- 유대인 교육 모델 -**
〈하나님의 모세 리더쉽 개발 원리〉	〈유대인의 리더쉽 개발 원리〉
〈유대인의 노예 시대 400년〉	〈출애굽 이후 자유인 시대〉
모세가 애굽 왕궁의 수직문화 교육을 받아 큰 그릇이 되었음	613개 율법에 기초한 신본주의 수직문화 개발 유대인의 생활방식 및 절기 만듬 유대인이 '인성교육'+'신앙교육'을 동시에 겸함 가장 이상적인 하나님의 교육 방법

⬇ ⬇   ⬇ ⬇

〈한국인과 한국인 기독교인에게 적용〉

〈예수 믿기 **이전** 한국인에게 적용〉	〈예수 믿은 **이후** 한국인 성도에 적용〉
- 모세 교육 모델 -	**- 유대인 교육 모델 -**
〈유대인의 노예 시대 400년〉	〈출애굽 이후 자유인 시대〉
- 유대인의 노예시대는 죄의 종 시대의 표상 - 강한 한국 독수리 수직문화 교육을 받아 큰 그릇이 되었음	- 출애굽 이후 자유함을 얻은 시대는 예수님 믿고 죄에서 자유함 얻은 것의 표상 - 기존의 한국 수직문화를 대체할 성경에 기초한 한국인의 신본주의 수직문화 개발 - 한국인 기독교인의 생활방식 및 절기 만듬 - 한국인의 '인성교육'+'신앙교육'을 동시에 겸함 가장 이상적인 하나님의 독수리 교육 방법

〈Pre-Evangelism〉　　〈Evangelism〉　　〈Post-Evangelism〉

는 방향이 바뀌었다고, 즉 삶의 목적이 바뀌었다고 참새가 될 수는 없다.

따라서 한국인 기독교인의 수직문화는 유대인처럼 두 시기로 나누어 설명해야 한다. 유대인의 경우는 1) 노예 시대, 즉 출애굽을 하기 이전과 2) 자유인 시대, 즉 출애굽을 한 이후로 나뉜다. 전자는 모세 교육의 모델이고, 후자는 유대인이 율법을 받은 이후에 개발된 유대인 교육의 모델이다. 전자는 하나님의 모세 리더십 개발 원리이고, 후자는 유대인의 리더십 개발 원리다. 특히 후자는 성경적인 유대인 교육의 효시였다. 하나님이 만드신 교육 방법이다.

노예 시대 이후 유대인 교육 모델은 '인성교육'(수직문화 교육)과 함께 '신앙 교육'도 동시에 겸하는 가장 이상적인 교육 방법이다. 이것은 무엇을 뜻하나? 유대인이 매일 자신들이 만든 수직문화를 실천하면 자동적으로 자신들의 그릇도 점점 더 커지고 견고해질 뿐만 아니라 토라도 배우고 기도도 하게 되어 신앙도 함께 성장하게 된다는 것이다.

따라서 한국인 기독교교육도 예수님을 믿기 이전과 이후로 나누어 서로 달라야 한다. 전자에게는 하나님의 모세 교육 모델이 적용되지만, 후자에게는 하나님의 유대인 교육 모델이 적용되어야 한다. 고로 한국인 1세대 기독교인은 자신들이 모세의 모델이 되었지만, 다음 세대를 위해서는 유대인처럼 예수님을 믿은 이후에 한국인 기독교인의 신본주의 수직문화를 만들었어야 했다.

그것은 한국의 기존의 전통 수직문화를 대체할 만한 한국인 기독교인만의 독특한 신본주의 수직문화였어야 했다. 왜냐하면 당시 한국 초대교회 시대의 한국인 기독교인들도 그리스도의 피로 구원받은, 즉 영적으로 출애굽을 한 하나님의 언약 백성이었기 때문이었다.

유대인은 모세 이후 시내산에서 받은 하나님의 율법에 기초해 세계 최초의 신본주의 수직문화를 개발하는데 성공했다. 따라서 유대인의 수직문화는 하나님이 만드신 성경적인 수직문화다.

사진(상), 율법에 기초해 만든 유대인의 기도복과 율법을 상징하는 경문과 찌찌.
사진(중), 유월절 명절을 준비하기 위해 그릇을 끓는 물에 담그는 유대인의 정결예식 방식.
사진(하), 초막절 절기에 초막을 짓고 그 안에서 유대인 가족이 식탁예배를 드리는 모습. 오른쪽이 저자다.

중요한 것은, 늦었지만, 이제라도 한국인 기독교인은 유대인처럼 한국인의 신본주의 수직문화를 만들어야 한다. 그 수직문화는 한국인의 정체성을 가지면서 성경에 기초한 신본주의 문화를 더해야 한다. 이것이 한국인의 '인성교육'(수직문화 교육)과 함께 '신앙교육'도 동시에 겸하는 가장 이상적인 교육 방법이다.

따라서 한국인 기독교인은 먼저 자녀에게 한국의 수직문화를 가르쳐 한국인의 정체성을 가진 한국인으로 키워야 한다. 한복을 입고, 국악 찬양을 하고 김치찌개와 된장찌개를 즐겨 먹어야 한다. 자신의 족보를 알게 하고 한국의 예법을 가르쳐야 한다. 이것이 잘 된 사람이 하나님에 대한 믿음도 강해진다. 모세와 바울이 그 예다.

수직문화의 가장 중요한 요소 중 하나는 절기다. 유대인은 토라 말씀을 절기라는 교육의 형식에 담아 지킨다. 절기는 토라를 담아 다음세대에 전하는 하나님의 교육 도구(형식)다. 따라서 유대인의 절기는 하나님의 율법에 기초했기 때문에 유대인의 신본주의 정체성이 담겨 있다. 고로 유대인의 정체성을 알기 위해서 유대인의 절기를 연구하면 된다.

이것은 무엇을 뜻하나? 한국인 기독교인도 유대인과 같은 절기들을 구체적으로 만들어야 한다는 것이다. 만들 때 기존의 기독교 절기들을 한국식으로 만들 뿐만 아니라 구약의 절기들도 가능한 것들은 한국인 기독교인에게 맞게 만들어 지켜야 한다.

한국인 기독교인이 유대인처럼 한 가정 3세대가 절기를 함께 지킨다면 하나님의 말씀과 한국의 수직문화(한국인의 인성교육)를 다음세대에 자손대대로 전수할 수 있다. 따라서 한국인 기독교인의 완성된 수직문화는 주님 오실 때까지 계속 지켜나가야 한다. 그래야 하나님이 디자인하신 가정과 교회 그리고 대한민국이 영원히 살 수 있다.

유대인은 오순절 성령을 받지 못했어도 그렇게 하는데, 만약 성령을 받은 한국 교회가 한국인의 정체성을 가지고 유대인의 쉐마교육을 실천한다면 그들보다 더 잘할 수 있을 것이 아닌가! 할렐루야!

〈저자 주: 제1부 제2장은 유대인의 교육 모델을 한국인 기독교인에게 적용한 이론이다. 타민족 기독교인들도 이 이론을 그대로 적용할 수 있다. 이것이 하나님이 원하시는 각 민족의 기독교교육 방식이다.〉

> 유대인은 오순절 성령을 받지 못했어도 그렇게 잘 실천하는데,
> 성령을 받은 한국 교회가 유대인의 쉐마교육을 실천한다면
> 그들보다 더 잘할 수 있어야 하지 않겠는가!

위 사진은 금요 기도시간에 토라에 키스를 하거나 만지려는 유대인들. 아래 사진은 메뉴얼에 따라 유월절 절기를 지키는 랍비 크레프트 가정의 모습. 오른쪽 중간이 저자다.

유대인은 오순절 성령을 받지 못했어도 이렇게 잘 실천하는데, 성령을 받은 한국 교회가 유대인의 쉐마교육을 실천한다면 그들보다 더 잘할 수 있어야 하지 않겠는가.

유대인의 성경적 신본주의 수직문화를 한국인의 신본주의 수직문화로 만들어 저자가 주일(안식일)가정식탁예배를 3대가 드리는 모습.

저자는 유대인 예식에 없는 1) 복음(기독교의 정체성)과 2) 한국식 복장과 한국 음식(한국인의 정체성)을 더하여 지킨다.

제2장 〈모세 이후〉 유대인의 신본주의 수직문화 개발과 이를 한국인에게 적용

참고자료 (References)

외국 자료

Allport, G. W. & Ross, J. M. (1967). Personal Religious Orientation and Prejudice, *Journal of Personality and Social Psychology*, 5, 432–443.

Baird, W. M. "*The Spirit Among Pyeng Yang Students*", KMF., May, 1907, 65.

Fagnani, C. The Boyhood of Moses, *The Biblical World*, Vol. 10, No. 6 (Dec., 1897), p. 424, Published by The University of Chicago Press.

Jones G. H. "*The Direct Effects of The Revival*", KMF., May, 1908, 70.

Holy Bible. (NIV, KJV). (1985).

The Jewish Bible, TANAKH, The Holy Scriptures by JPS, 1985.

Hyun, Yong Soo. (1990). *The Relationship between Cultural Assimilation Models, Religiosity, and Spiritual Well-Being Among Korean-American College Students and Young Adults in Korean Churches in Southern California*. Doctoral dissertation(Ph.D.), Biola University, Talbot School of Theology, La Mirada CA. Ann Arbor: University Microfilms International.

Lee, G. "*How the Spirit came to Pyeng Yang*", Korea Mission Field(이하 KMF), Mar., 1907.

Moore, J. Z. "*The Great Revival Year*", KMF, Aug., 1907, 118쪽.

Noble, W. A. "*Report of Pyeng Yang District*", MEC., 1907.

─────. *The Korean Revival*: An Account of the Revival in the Korean Churches in 1907, The Board of Foreign Missions of the Methodist Episcopal Church, New York, 1910.

"*R. A. Hardie's Report*", Annual Report of Korea Mission of the Methodist Episcopal Church, South(이하 MECS) 1902.

"*R. A. Hardie's Report*", Annual Report of Korea Mission of the Methodist Episcopal Church, South, 1904, p. 29.

Scherman, Nosson & Zlotowitz, Meir. Editors (1994). *The Chumash*, Brooklyn, NY: Mesorah.

Swallen, W. L. "*God's Work of Grace in Pyeng Yang Class*", Korea Mission Field, May, 1907.

[Torah] Oral Torah vs. Written Torah, https://torah.org/learning/basics-primer-torah-oraltorah/

한국 자료

국진호, (2001). 미국 보수 기독교인과 유대인 중 어느 쪽이 더 성경적인가, 쉐마목회자클리닉 사례 발표 중에서.

성경, (1984). 현대인의 성경. 생명의 말씀사.

성경, (1956). 한글판 개혁. 대한성서공회.

위키백과(Wikipedia)

한경 뉴스, 세계 50대교회에 한국 23개… 여의도순복음 신도 60만명 1위, 1993년 2월 8일.

현용수. (2007). 문화와 종교교육. 서울: 쉐마.

———. (2013). 한국형 주일가정식탁예배 예식서. 서울: 쉐마.

———. (2014). 고난의 역사교육 시리즈 제1권, 하나님의 독수리 자녀교육. 서울: 쉐마.

———. (2015). 고난의 역사교육 시리즈 제2권, 유대인의 고난의 역사교육. 서울: 쉐마.

———. (2015). 고난의 역사교육 시리즈 제3권, 승리보다 패배를 더 기억하는 유대인. 서울: 쉐마.

———. (2015). 현용수의 인성교육 노하우. 제1권. 서울: 쉐마.

———. (2015). 현용수의 인성교육 노하우. 제2권. 서울: 쉐마.

———. (2015). 현용수의 인성교육 노하우. 제3권. 서울: 쉐마.

———. (2015). 현용수의 인성교육 노하우. 제4권. 서울: 쉐마.

———. (2018). 고난의 역사교육 시리즈 제4권, 고난을 기억하는 유대인 절기교육의 파워. 서울: 쉐마.

———. (2019). 고난의 역사교육 시리즈 제5권, 유대인의 고난을 기억하는 역사현장 교육. 서울: 쉐마.

———. (2020). 제2의 이스라엘 민족 한국인(한국인과 유대인의 유사점 107가지). 서울: 쉐마.

———. (2021). 실패한 다음세대 교육, 왜 유대인 교육이 답인가. 서울: 쉐마.

———. (2021). 세계선교의 한계, 왜 유대인 교육이 답인가. 서울: 쉐마.

제2부

하나님의 모세 교육과 관련된 두 주제

제1장
인성교육에 예절이 필요한 이유: 인성교육에는 내용과 형식이 있다

제2장
극소수 개신교가 3.1 운동의 리더가 되었던 이유가
교회 성장에 미치는 영향 연구

<일러두기>

본 내용은 저자의 저서 '현용수의 인성교육 노하우' 제3권 제6부 제1장 '인성교육에 예절이 필요한 이유: 인성교육에는 내용과 형식이 있다'에 있는 내용 중 일부다. 이것을 약간 수정하여 다시 본서에 게재한다. 이 글은 인성교육에 반드시 예절교육이 필요한데, 예(禮)에는 왜 교육의 형식을 많이 사용해야 하는지, 그 이유를 설명한다.

본서에 이 글을 다시 게재하는 이유는 예(禮)가 수직문화의 일부이기 때문이다. 따라서 유대인의 수직문화 중 전통과 절기에는 교육의 형식이 대부분인데, 왜 교육의 형식이 인성교육의 수직문화에 뿐만 아니라 하나님의 말씀을 전수하는 데도 필요한지 그 이유를 설명하기 위함이다(유대인의 신본주의 수직문화, 즉 유대인의 독특한 전통과 절기 등).

따라서 독자들은 이 글을 읽으며 한국인 기독교인은 어떤 교육의 형식을 사용하여 유대인처럼 한국인의 신본주의 수직문화(전통과 절기 등)를 만들어 나가야 할지에 대하여 고민해 보기를 바란다.

- 왜 인성교육에 예절교육이 필요한가?
- 왜 한국인은 한국인의 예절교육이 필요한가?
- 한국인과 유대인 인성교육의 내용과 형식은 무엇이 다른가?
- 유대인은 왜 그들의 교육의 내용과 형식을 고집하는가?
- 한국인이 예절을 잃어가는 이유: 추상적 언어와 구체적 언어의 차이
- 바울은 어떻게 교육의 내용과 형식을 가진 인물이 되었는가?

인성교육에 예절이 필요한 이유: 인성교육에는 내용과 형식이 있다

Ⅰ. 인(仁)과 예(禮), 사랑과 율법
Ⅱ. 교육의 내용과 형식: 믿음과 율법의 행함
Ⅲ. 대안: 한국인 기독교인에 맞는 율법에 근거한 전통을 만들어야 한다

I
인(仁)과 예(禮), 사랑과 율법

1. 예는 인격(인성)을 담는 그릇이다

한국에서 인기리에 방영된 사극(史劇) '용의 눈물'에 나오는 이야기다(1996~1998년). 조선의 태조 이성계가 둘째 부인에게서 난 나이 어린 아들을 세자로 책봉하자 첫째 부인에게서 난 장성한 아들 이방원은 불만이 많았다.

한번은 궁궐에서 여러 신료들과 이방원이 함께 앉아서 잔치를 즐기고 있었다. 이때 "세자 저하 납시오!" 하고 내시가 외쳤다. 모든 신료들은 자리에서 일어나 공손한 자세로 머리를 조아렸다. 그러나 이방원은 자리에서 일어나지 않고 앉아 있었다. 이를 본 우정승 정도전이 이방원에게 "대군 마마, 예(禮)를 갖추시지요." 하고 간청했다. 그러나 그는 계속 앉은 채로 나이 어린 세자에게 "네가 오는데 내가 꼭 일어나야 하느냐?" 하며 반말로 무례(無禮)를 행하였다.

'예'란 무엇인가? 인성교육에는 교육의 '내용'과 '형식'이 있다. 그래서 유교에서는 '인(仁)'과 '예(禮)'를 함께 가르친다. '인'이 인간 사이에 있어야 할 '사랑과 존경' 즉, 교육의 '내용(contents)'이라면, '예'는 그 사랑과 존경을 표현하는 방법, 즉 교육의 '형식(forms)'이다. 따라서 교육의 내용이 있는 곳에는 반드시 그 내용을 실천하는 형식이 따라야 한다. 공자도 "자신의 욕망을 억제하고 예의를 지키는 것이 인(克己復禮爲仁)"(논어 안연 제1장)이라고 했다.[1]

이 2가지는 가정이나 사회 어느 공동체에서나 필요하다. 그 공동체를 건전하고 건강하게 유지하는 2개의 기둥이다. 다시 말하면, 어느 공동체이든 인과 예가 없으면 건전하거나 건강한 공동체라고 말할 수 없다.

따라서 어느 한 기관의 정신적 도덕을 재는 잣대는 인과 예가 될 것이다. 그러나 내용(인: 마음의 가치) 없이 형식(예)만을 강조할 때는 위선으로 가득한 율법주의자나 형식주의자가 된다. 때문에 항상 '내용'이 우선이고 '형식'은 차선이다. 반면, 형식 없는 내용만 강조할 때는 마음은 착하나 버릇없는 사람이 된다.

사극 '용의 눈물'에서 이방원은 세자 저하에 대한 '사랑과 존경'이란 교육적 '내용'이 없었기 때문에 예라는 교육의 '형식'을 갖추지 않은 것이다. 만약 이방원이 세자에 대한 경외심 없이 예를 갖추었다면 그것은 위선이다. 그리고 경외심은 있는데 예를 갖추는 방법을 몰랐다면 그것은 버릇없는 사람으로 비판받는다. 인간관계에서 마땅히 행해야 할 율례와 법도를 배우지 못했기 때문이다.

---

1) 저자 주: 논어 안연 제1장, 소현동궁일기 정묘년 11월 17일 기록 중에서 발췌.

유교에서는 인간관계를 위한 삼강오륜(三綱五倫)을 정하고 그 도리를 표현하는 방법들을 일일이 열거하여 지켰다. 예를 들어, 오륜 중 하나인 "부자유친(父子有親): 아버지와 자식의 관계에는 애정이 있어야 한다."는 도리를 어떻게 실천할 것인가? 그 방법, 즉 형식이 바로 예다.

예를 들면, 한국인은 부모에 대한 '효'의 방법 중 하나로 부모에게 정중히 큰절을 한다. 그리고 식사 시간에 부모가 먼저 수저를 든 후 자녀가 수저를 든다. 큰절은 부모를 사랑하고 존경함을 표하는 방법, 즉 예다. 한국에서는 그 예의 방법으로 큰절이란 교육의 '형식'을 제정한 것이다. 그리고 큰절의 방법 또한 까다롭다.

또 다른 예를 들면, 인간만이 남자와 여자가 만나 한 몸이 되기 전에 결혼식을 올린다. 남자와 여자가 만나 동거할 수도 있는데 왜 결혼식을 하는가? 결혼식은 남자와 여자가 만나 한 몸을 이루는 교육의 내용을 하나님과 많은 증인 앞에 선포하는 예식, 즉 교육의 형식이다. 그러나 짐승은 암수가 만난다고 결혼식을 올리지는 않는다. 따라서 자녀의 인성교육에는 반드시 교육의 '내용'과 함께 '형식'을 마련해야 한다.

자녀교육에는 반드시 인성교육의 내용과 형식이 필요하다.
부모는 자녀가 어린 아이 때부터
이를 반복해 가르쳐 습관화해야 한다.
반복은 습관을 낳고 습관은 경건한 인성을 형성한다.
현대는 '예(禮)'라는 교육의 형식을 싫어하는 세대다.
이를 어찌할꼬!

예(禮)는 인격을 담는 그릇이다

온전한 인격자	=	인성(인격)	+	예(禮)
신사/숙녀		내면적인 미(美)		인격을 담는 그릇 외면적인 미(美)

 그리고 부모는 이 두 가지를 자녀가 어린 아이일 때부터 철저히 반복적으로 가르쳐 습관화시켜야 한다. 반복은 습관을 낳고 습관은 경건한 인성(holy character)을 형성하기 때문이다. 예의는 습관에 의해 형성되어야 자연스럽고 경건의 품위가 있다. 이는 일생을 살아가는 데 중요한 가치다.

 인간의 가치는 경건의 내용도 중요하지만 이를 나타내는 경건의 모양, 즉 형식에서도 나타난다. 그 가치는 제멋대로 산 사람과 비교가 안 된다. 한 가정이나 공동체의 습관이 대를 이어 전수되어 지켜질 때 그 습관의 내용과 행위는 전통문화로 자리를 잡는다.

 전통문화는 수직문화에 속한다.[2] 인성교육의 형식은 수직문화를 형성하는 데 지대한 역할을 한다. 수직문화는 교육의 내용, 즉 신앙과 사상을 담는 그릇이기 때문이다. 그릇이 크고 견고하고 아름답고 온전해야 귀하게 쓰임 받는 것처럼 교육의 형식도 논리적이며 조직적으로 잘 짜여져야 그 속에 담긴 교육의 내용이 오랫동안 잘 보존된다.

 인성교육의 형식, 즉 예는 개인에게는 인격(인성)을 담는 그릇이다.

---

2) '경건의 모양은 있으나 경건의 능력은 부인하는 자'(딤후 3:5)에 대한 설명은 현용수의 *인성교육 노하우 제4권* 제6부 제3장 II. '이면과 표면, 마음의 할례와 육신의 할례: 바울의 예' 참조.

훌륭한 인격을 나타낼 수 있는 예가 갖추어진 사람을 신사, 혹은 숙녀라고 부른다. 이런 사람을 인성교육이 잘된 사람이라고 할 수 있다. 성경적으로도 무례한 행실은 부모의 뜻을 거역하는 일이다. 이것은 부모를 공경하라는 하나님의 계명(출 20:12)을 어기는 죄다.

한국인은 다른 민족보다 예를 많이 강조했다. 그래서 숭례문(崇禮門, 현재의 남대문)이 국보 1호인 점도 의미가 깊다. 예를 숭상한다는 뜻이다. 한국은 숭례문만 국보 1호가 아니라 예도 국보 1호였다. 그래서 동방예의지국으로 불렸다. 공자는 "예가 아니면 보지도 듣지도 말하지도 말라."라고 했다. 남대문 근처에 창덕궁(昌德宮)이 있다. 창덕이란 무슨 뜻인가? 도덕 정신을 배양한다는 뜻이다. 즉, 왕이 예의를 기본 바탕으로 하여 고매한 도덕 정치를 하겠다는 뜻이다.

인간은 전적으로 타락한 존재이기 때문에 선보다 악을 더 사랑한다(렘 17:9; 요 3:19). 따라서 그 육을 하나님의 말씀과 예로 다스려야 인간다운 인간이 될 수 있다. "의인은 없나니 하나도 없으며, 깨닫는 자도 없고, 하나님을 찾는 자도 없고, 다 치우쳐 한 가지로 무익하게 되고 선을 행하는 자는 없나니 하나도 없도다"(롬 3:10-12).

저자가 유대인 교육 전문가로 유대인 사회 인사들을 만날 때마다 느끼는 것은 그들의 언어나 행동에 예가 살아 있다는 것이다. 그들이 세계적인 민족이 된 것도 인성교육이라는 강한 하드웨어 위에 IQ교육이라는 소프트웨어 교육을 시키기 때문이다.

IQ교육이라는 소프트웨어가 제대로 작동하려면 반드시 인성교육이라는 하드웨어가 필요하다. 충분한 용량을 가진 하드웨어 없는 컴

종교에 따른 인성교육의 내용과 형식

분류 \ 종교	교육의 내용(Contents) 〈깊은 생각〉	교육의 형식(Forms) 〈바른 행동〉	
유교	인	예의(禮義)	
기독교	사랑	추상적 언어: 믿음, 사랑 등	기독교와 유대교의 차이는 제6부 제2장 참조
유대교	사랑	구체적 언어: 613개의 율법	'추상적 언어와 구체적 언어의 차이' 참조
바울	이면적 유대인 마음의 할례 (롬 2:28~29)	표면적 유대인 육신의 할례 (롬 2:28~29)	제6부 제3장 II. '이면과 표면, 마음의 할례와 육신의 할례 : 바울의 예' 참조

- '깊은 생각'과 '바른 행동'은 현용수의 *인성교육 노하우 제1권* 제1부 제1장 III. 2. '고품격의 인성 = 깊은 생각 + 바른 행동' 참조.
- 도표 안의 제6부는 본서가 아니고 '현용수의 *인성교육 노하우 제4권*'의 6부를 말함.

퓨터에 용량이 큰 소프트웨어들이 제대로 작동하기 힘든 것처럼, 충분한 인성교육 없는 IQ교육은 일시적으로 성공하는 것처럼 보일지 모르지만, 곧 한계를 드러낼 것이다.

그런 면에서 2008년 2월 10일 숭례문이 불탄 것은 (물론 여러 가지 현실적인 이유가 있겠지만) 단지 국보 1호가 불탄 것이 아니라, 한국의 예가 불탄 것에 대한 신의 경고로 받아들여야 한다. 한국인은 숭례문의 외적 건물의 복원도 중요하지만, 더 중요한 것은 그 뜻에 걸맞은 예를 일으키는 인성교육 사업을 먼저 건설해야 한다.

예가 살아나는 나라가 된다면 방화시스템이 안 된 국보들도 더 이상 불타는 일은 없을 것이다. 610년 동안 숭례문이 불타지 않은 것은 방화시스템이나 경비체제가 잘 갖추어져서가 아니라 예가 살아 있었기 때문이다. 그렇다고 방화시스템이나 경비체제가 필요 없다는 말은 아니다.

"물고기는 물이 없어지면 죽고, 사람은 예의가 없어지면 죽는다."

유대인의 격언이다(Tokayer, 탈무드 잠언집, p. 327 참조).

현대는 '예(禮)'라는 교육의 형식을 갖추기 싫어하는 시대이다. 이를 어찌할꼬!

> 물고기는 물이 없어지면 죽고,
> 사람은 예의가 없어지면 죽는다.
> - 탈무드 -

2. 예(율법)는 자기의 유익보다 남의 유익을 구하는 것이다

얼마 전 진보주의 신학교 출신 목회자를 만났다. 그는 어려서부터 아버지로부터 율례와 법도를 철저하게 배웠다고 했다. 아버지가 농촌에서 목회를 했다. 초등학교 때부터 새벽기도를 알리는 종을 치는 것은 자신의 몫이었다. 토요일에는 주일 예배를 준비하기 위하여 성전 청소도 자신이 해야 했다. 종을 칠 때나 청소를 할 때는 먼저 꼭 강대상 밑에서 무릎을 꿇고 경건하게 아버지가 가르쳐 주신 기도를 드렸다.

"구약시대에는 레위 사람들만 성전 일을 맡아 했는데, 이 귀한 일을 부족한 종에게 맡겨 주셔서 감사합니다."

그런 생활을 하면서 항상 기쁜 것은 아니었다. 하기 싫을 때가 더 많았다. 그런데도 억지로 해야 했다. 이후 진보주의 신학교에 들어갔더니 우리는 구약의 율법에서 해방되었기 때문에 마음에 없는 행동이나 언사는 하지 않아도 된다고 배웠다. 그때 너무나 자유의 기쁨을 맛보았다고 말했다. "그러면 그렇지, 율법에 매이면 되나…" 현재는 무엇이든 하고 싶지 않을 때는 하지 않고, 하고 싶을 때만 해야 한다고 했다.

초대교회인 고린도교회 교인들도 율법에서 해방되었기 때문에 모든 것이 자유인 듯 방종한 사실이 있었다. 바울은 그들에게 왜 율법을 행해야 하는지를 논리적으로 설명했다. 그는 율법에서 해방된 신약시대의 기독교인은 모든 것이 가하나 모든 것이 유익한 것이 아니기 때문이라고 설명했다(고전 6:12, 10:23-24).

> 모든 것이 가하나 모든 것이 유익한 것이 아니요 모든 것이
> 가하나 모든 것이 덕을 세우는 것이 아니니 누구든지 자기
> 의 유익을 구치 말고 남의 유익을 구하라. (고전 10:23-24)

바울은 2가지 관점에서 율법(예)을 행하라고 했다. 남의 유익을 위해서 그리고 남에게 덕을 세우기 위해서라고 했다. 즉 예는 남을 먼저 배려하는 것이다.

첫째, 남의 유익을 위해서 예를 행하라.

기독교인의 삶은 누구든지 자기의 유익을 구하지 말고 남의 유익을 구해야 한다(고전 10:24)는 것이다. 특히 믿음이 강한 자는 마땅히 연약한 자의 약점을 담당하고 자기보다는 남을 기쁘게 하라(롬 15:1)는 것이다. 이것은 '나' 중심의 초보 단계를 벗어나 '남' 중심의 성숙한 삶을 살라는 뜻이다.

이것은 남을 배려할 줄 알라는 뜻이다. 그 방법 중 하나가 남의 유익을 위해 자신의 자유를 제한하는 것이다. 이것은 바울이 일반 사회보다 한 차원 더 높은 도덕의 기준을 제시한 것이다.

어떻게 하는 것이 자신의 자유를 제한하는 것인가? 하나님께서는 하나님이 창조하신 인간의 생명과 재산을 보호하기 위해 율법을 주셨다. 이것은 남의 유익과 인권을 위해 자신의 자유를 제한해야 하는 것이다. 따라서 하나님이 '하라'는 율법과 '하지 말라'는 율법들을 지켜 행해야 한다.

바울은 "모든 것을 적당하게 하고 질서대로 하라"(고전 14:40)고 했다. 율법을 세우는 일은 질서를 세우는 일이다. 그것이 바로 예를 행

하는 이유다. 이것이 남을 배려하는 사랑의 실천이다. "사랑은 무례히 행치 아니하는 것이다(It is not rude)"(고전 13:4-5).

둘째, 덕을 세우기 위해 예를 행하라는 것이다.

바울은 우리에게 "우리 각 사람이 이웃을 기쁘게 하되 선을 이루고 덕을 세우도록 하라"(롬 15:2)고 했다.

'덕'이란 무엇인가? '고매하고 너그러운 도덕적 품성'(동아 메이트 국어사전)이다. 이것은 자신이 속한 공동체에게 도덕적 유익을 주고 긍정적인 영향을 미치는 것이다. 그 사람이 덕이 있느냐 없느냐는 남이 평가하는 것이다. 한 개인의 덕은 남들이 평가하는 도덕적 평판이다. 이것은 자신이 행한 행동의 대가로 얻는 것이다(Earned reputation).

그러므로 기독교인은 율법에서 해방되었다고 하여 모든 행동을 절제 없이 하는 방종이 아니라 더욱 자신의 육을 절제해야 한다. 남에게 해를 끼치는 자유는 용납될 수 없다. 즉 구원을 받는 데는 율법이 필요 없지만, 하나님의 형상을 닮아가는 선민교육에는 율법이 필요하다.

이것은 구원론적 신학의 문제가 아니라 기독교인의 인성교육 문제다. 이것이 바로 바른 행실이며 착한 행실이다. 기독교인의 예는 사회의 도덕적 차원을 더 높은 단계로 높여야 할 의무가 있다.

〈저자 주: 물론 어떤 율법들을 어기는 것은 죄가 되는 것들도 있다. 예; 살인, 음란 등. '현용수의 인성교육 노하우', 제1권 제3부 참조.〉

인간은 자신이 좋아하는 것만 하면 안 된다. 싫어도 상대방과 공동체의 유익을 위해 해야 할 것은 하고, 절제해야 할 것은 절제해야 한다. 어떻게 자유를 얻었다고 해서 하고 싶은 말과 행동을 다 하며 살

수 있는가? 장소와 시간을 가리지 않고 하고 싶은 것을 다 하고 사는 사람이 있긴 있다. 그런 사람을 짐승 같은 사람이라고 부른다. 짐승은 육의 욕구가 시키는 대로 움직인다. 절제를 모르기 때문이다.

'예절(禮節)'이란 무엇인가? '예의'의 첫 글자와 '범절'의 끝 글자를 모은 합성어다. '예의'란 행동하는 것을 말하며, '범절'이란 절도 있는 것을 말한다. 따라서 '예절'이란 '절제가 있는 행동'을 말한다.

> 또 형제들아 너희를 권면하노니 규모 없는 자들을 권계하며 마음이 약한 자들을 안위하고 힘이 없는 자들을 붙들어 주며 모든 사람을 대하여 오래 참으라. (살전 5:14)

바울은 더욱이 기독교인이 매사에 참아야 하는 이유를 이렇게 설명했다.

> 다른 이들도 너희에게 이런 권을 가졌거든 하물며 우리일까 보냐. 그러나 우리가 이 권을 쓰지 아니하고 범사에 참는 것은 그리스도의 복음에 아무 장애가 없게 하려 함이로라. (고전 9:12)

이것이 기독교인이 짊어지고 가야 할 또 하나의 눈물의 십자가다. 상대방을 이용하기 위해 예를 행하는 것은 가식에 불과하지만, 육으로부터 나오는 욕구를 덕을 위해, 남을 위해 참는 것은 인격의 수양이다.

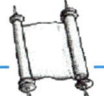

> 바울은 남의 유익과 덕을 세우기 위해 율법(예)을 행하라고 했다.
> 이것은 자신의 자유를 제한하는 것이다.
> "사랑은 무례히 행치 아니하는 것이다"(고전 13:5).
> 이것은 구원론적 신학의 문제가 아니라 인성교육의 문제다.

3. 속리산과 법주사 vs. 시내산과 율법

충청북도 보은군에 속리산이 있다. 소백산맥 가운데 있으며 경치가 좋아 소금강(小金剛)이라고 한다. 국립공원 중의 하나다. 높이는 1058미터. 어린 시절 저자는 거의 매년 두 차례씩 속리산에 갔다. 고향이 그 근처이니 으레 봄, 가을 소풍은 속리산이었다.

왜 그 산 이름을 '속리산'이라고 지었을까? 흔히 많은 사람들이 세속을 떠나 깊은 산속에 자리한 산이기 때문이라고 생각하기 쉽다. 그러나 그 반대다. 한자 풀이를 하면 답이 보인다. 속리산(俗離山)은 한자로 '속'(俗, 속될 속), '리'(離, 떠날 리), '산'(山, 뫼산)이다.

한 마디로 '속(俗)이 떠난 산'이란 뜻이다. 어떻게 '속이 떠난 산'이 되었는가? 속리산에는 유명한 법주사(法住寺)가 있다. 법주사(法住寺)란 한자의 뜻은 '법(法)이 거주(住)하는 절(寺)'이란 뜻이다. 즉 법(法)이 있으니 세속이 그 산을 떠났다는 뜻이다. 법(法)은 불교의 불자들이 지켜야 할 방대한 계율(율법)을 말한다. 그 법을 모시고 잘 지키니 세속이 그곳을 떠났다는 뜻이다. 그래서 속리산이다. 즉 세속과 구별된 산이라는 뜻이다. 법의 위력이 그만큼 크다.

법에 대한 이 개념은 유대교의 율법을 이해하면 더 이해하기 쉽다. 유대교를 믿는 유대인을 하나님의 거룩한 백성이라고 부른다. '거룩하다'는 '속되다'의 반대말이다. 유대인을 왜 속에서 떠난 거룩한 백성이라고 부르는가? 히브리어의 '거룩(Holy)'이란 단어의 뜻을 풀이하면 답이 보인다. '거룩'이란 "하나님을 향해 구별되다"(set apart for God)는 뜻이다. 하나님은 완전히 거룩하신 분이시다. 이 말은 하나님은 완전히 세속과 구별되신 분이란 뜻이다.

그들은 어떻게 하나님을 향해 구별될 수 있는가? 유대교에도 시내(Sinai)산에서 받은 613개의 율법이 있기 때문이다. 시내산을 거룩한 산이라고 부르는 이유도 유대인이 그 산에서 율법을 받았기 때문이다.

그들은 이 율법을 지킴으로 거룩한 백성이 된다고 믿는다. 613개의 율법은 '하라'는 명령법 248개와 '하지 마라'는 금지법 365개로 구분된다. 율법을 지켜 행한다는 말의 뜻은 하나님이 그들에게 '하라'는 법은 하고, '하지 마라'는 법은 하지 않는 것이다. 그러면 그들은 세속과 구별된 사람, 즉 거룩한 사람이 된다.

이것은 무엇을 의미하나? 율법을 지켜 행하는 자는 세속에 물들지 않는다는 것을 말한다. 그런 점에서 율법에 대한 이해는 불교나 유대교나 비슷하다. 따라서 불자가 속에서 떠나려면 불교의 계율을 지켜 행해야 한다. 그리고 유대인이 하나님의 거룩한 백성이 되려면 하나님이 주신 율법을 지켜 행해야 한다(롬 2:28-29). 법을 지키지 않고는 속을 떠날 수 없다. 거룩하게 구별될 수 없다.

요즘 자녀들이 날로 세속화되고 있다. 육을 자극하는 인터넷 게임, 폭력, 성범죄, 마약 등이 범람하기 때문이다. 우리 자녀들을 어떻게 타락한 세속문화로부터 떠나게 할 수 있을까? 자녀의 인성교육에 필요한 율례와 법도를 만들어야 한다. 그리고 그것을 지켜 행하도록 가르쳐야 한다.

전통적인 인성교육에는 주로 유교의 율례와 법도를 적용해 왔다. 그런데 그것을 옛것이라고 버리는 데 문제가 있다. 그나마 그것을 아는 이들도 점점 사라지고 있다.

원칙 없는 인성교육의 결과는 참담하기만 하다. 불과 10년 사이에 이혼율 세계 1위, 저출산율 세계 1위, 노인 자살률 세계 1위, 낙태율 세계 1위, 위스키 소비량 세계 1위를 기록하고 있다(2008년). 앞으로 10년 후면 어떤 통계가 나올지 걱정스럽다.

더 나아가 한국 사회가 왜 점점 더 혼탁해지는가? 법이 있어도 법 집행을 제대로 하지 못하기 때문이다. 한국이 선진 국가로 발돋움하기 위해서는 법이 지켜지는 나라가 되어야 한다. 그래야 질서와 공의도 살아날 수 있다.

〈저자 주: 여기에서 저자가 법에 대한 불교와 유대교의 이해를 설명한 것은 구원을 위한 신학적 접근이 아니라 인성교육학적 접근임을 주목하기 바란다. 물론 불교의 법과 유대교의 법은 많은 면에서 다르다.〉

속리산(俗離山)의 뜻은 법주사(法住寺)에 법(法)이 있으니
세속이 그 산을 떠났다는 뜻이다.
시내산도 유대인이 그 산에서 율법을 받았기 때문에
거룩한 산(속이 떠난 구별된 산)이라고 부른다.

II
교육의 내용과 형식: 믿음과 율법의 행함

1. 반석(믿음) 위에 어떤 집을 지어야 하는가

미국 시카고에서 만난 한인 목사님이 딸 이야기를 들려주었다 (1996년). 미국에서 낳아 미국에서 대학을 마친 딸이 한국에 건너가 한국의 선교기관에서 사역을 시작했다. 한국어와 영어를 모두 잘하기 때문이었다. 1년 뒤 휴가를 온 딸에게 아버지가 물었다.

"미국 기독교인과 비교해 한국 기독교인의 가장 큰 장점은 무엇이라고 생각하느냐?"

딸이 대답했다.

"아버지, 한국 기독교인은 기도를 무척 열심히 합니다. 교회에서도 수양관에서도 큰 소리로 밤새워 기도합니다. 방언도 많이 하고요."

아버지가 또 물었다.

"미국 기독교인에 비해 한국 기독교인의 가장 큰 단점은 무엇이라고 생각하느냐?"

딸이 대답했다.

"아버지, 그런데 한국 기독교인은 기도한 것만큼 사회생활에서 본을 보이지 못하는 것 같아요."

그 이유가 무엇인가? 교육의 내용이 형식과 관계있다는 것을 설명하기 위해 성경으로 돌아가 보자. 예수님께서 가르치신 산상수훈 중에 교육의 내용과 형식을 빌려 설명할 수 있는 비유가 있다. 집 짓는 자의 비유, 즉 '집을 반석 위에 지은 지혜로운 사람과 모래 위에 지은 어리석은 사람'(마 7:24-27)의 비유다.

그렇다면, 기독교인은 어떻게 반석 위에 좋은 집을 지을 수 있을까? 먼저 눈에 보이지 않는 땅속에 반석 같은 기초를 놓아야 한다. 이는 눈에 보이지 않는 개인의 믿음을 뜻한다. 기독교인의 믿음의 대상은 예수님이시다.

개인의 믿음은 어떻게 얻어지는가? 예수님의 말씀을 들어야 한다. 왜냐하면, 믿음은 말씀을 들음에서 나기 때문이다. "그러므로 믿음은 들음에서 나며 들음은 그리스도의 말씀으로 말미암는다"(롬 10:17). 예수님께서 "누구든지 나의 이 말을 듣고 행하는 자"(마 7:24)라고 말씀하신 이유가 여기에 있다.

순서로 보아 먼저 '예수님의 말씀을 듣는 것'이 우선이어야 하고, 그 다음이 말씀대로 '행하는 것'이다. 먼저 예수님의 말씀을 들어야 믿음이 나기 때문이다. 기독교인의 믿음은 눈에 보이지 않는 땅속의 기초, 즉 반석에 속한다.

왜 튼튼한 반석이 필요한가? 집을 짓기 위해서다. 아무리 튼튼한 반석을 마련했다 해도 그 위에 집을 짓지 않으면 그 반석은 가치를 충분히 발휘하지 못한다. 왜 집을 지어야 하는가? 개인과 가족에게 그리고 사회에 유익을 주기 위해서다. 이때 반석의 가치도 함께 나타난다. 어떤 집을 지어야 하는가? 이왕이면 아름답고 반듯한 집을 지어야 한다. 판잣집 같은 허름한 집을 지으면 안 된다. 그래야 반석의 가치도 더 크게 나타난다.

믿음도 마찬가지다. 왜 기독교인에게 반석 같은 믿음이 필요한가? 행위라는 집을 짓기 위해서다. 왜 기독교인에게 행함이 있어야 하는가? 개인과 가족에게 그리고 사회에 모범이 되어 유익을 주기 위해서다. 어떤 행함이 있어야 하는가? 아름답고 반듯한 집을 지어야 하는 것처럼 아름답고 반듯한 행함, 즉 율법을 철저히 실천해야 한다. 그 이유는 무엇인가? 다른 사람들이 그것을 보고 그가 믿는 하나님 아버지께 영광을 돌리게 하기 위해서다.

그래야 신자가 아닌 이들에게 전도가 되어 천국도 확장된다. 아무리 강한 믿음을 가졌더라도 행함이 없는 믿음은 남에게 별 유익을 줄 수 없다. 집이 판잣집 같으면 남에게 좋은 인상을 줄 수 없는 것처럼 행함이 무례하면 그로 말미암아 하나님의 영광을 가릴 수도 있다.

눈에 보이지 않는 믿음은 무엇으로 나타나야 하는가? 그것은 율법의 행함으로 나타나야 한다. 즉, 성숙한 기독교인은 2가지, 믿음과 행함이 동전의 양면처럼 항상 잘 갖추어져 조화를 이루어야 한다. 순서로 따진다면 물론 믿음이 먼저이고 행함은 나중이다. 따라서 행함이 없는 믿음은 그 자체가 죽은 믿음이다(약 2:17).

여기에서 믿음이 교육의 내용이라면 행함은 교육의 형식에 속한다.

'반석 위에 집'을 믿음과 행함에 비교

반석 / 믿음	집 / 율법의 행함
지면 밑에 있는 것	지면 위에 있는 것
눈에 안 보이는 것	눈에 나타나는 것
인성교육의 내용	인성교육의 형식
추상적	구체적(율법의 행함)
견고한 반석 / 강한 믿음 Q1. 왜 반석 / 믿음이 필요한가?	집을 짓기 위해 / 율법대로 행하기위해
Q2. 어떤 집을 지어야 하는가?	아름답고 반듯한 집(cf. 판잣집)
Q3. 왜 아름답고 반듯한 집 (율법의 행함)을 지어야 하는가?	다른 사람들에게 모범이 되기 위해
Q4. 왜 기독교인이 타의 모범이 되어야 하는가?	하나님 아버지께 영광을 돌리기 위해
Q5. 하나님 아버지께 영광을 돌려야 하는 이유는?	천국을 확장하기 위해

믿음이 영성의 내면적 열매라면, 율법의 행함은 외면적 열매다. 즉 율법의 행함은 말씀의 생활화다. 예수님은 율법을 행하는 착한 행실이 기독교인의 빛이며, 이를 사람 앞에 비취게 하여 사람들로 그리스도인의 착한 행실을 보고 하나님께 영광을 돌리게 하라고 말씀하셨다(마 5:16).

행함이 믿음과 비례하는 것이라고 생각할 때 예수님의 말씀을 이렇게 해석할 수도 있다. 율법의 행함이 있는 믿음의 사람은 반석 위에 집을 지은 지혜로운 사람과 같다. 이런 사람은 "비가 내리고 창수가 나고 바람이 불어 그 집에 부딪히되 무너지지 아니하나니 이는 주초를 반석 위에 놓은 연고다"(마 7:25). 이런 사람은 천국에서 큰 자이다(마 5:19b).

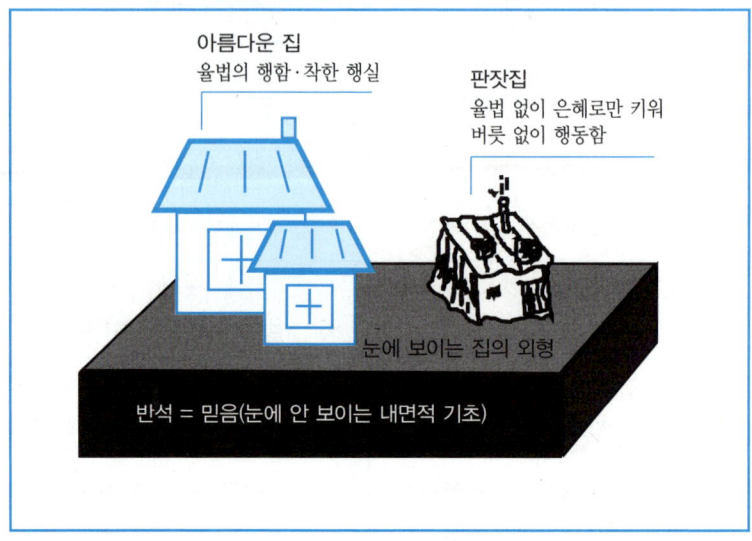

반대로 율법의 행함이 없는 믿음의 사람은 믿음이 약하여 모래 위에 집을 지은 어리석은 사람(마 7:26-27)과 같다. "비가 내리고 창수가 나고 바람이 불어 그 집에 부딪히매 무너져 그 무너짐이 심하다"(마 7:27). 이런 사람은 예수님 믿고 구원은 받았을지라도 천국에서는 지극히 작은 자다(마 5:19a).

현재까지 한국 교회는 눈에 보이지 않는 믿음은 지나치리만큼 강조했으나, 눈에 보이는 집을 짓는 데, 즉 율법의 행함은 소홀히 했다. 다른 말로 표현하면, 눈에 보이지 않는 복음의 사랑은 지나치리만큼 강조했으나, 눈에 보이는 율법의 행함은 강조하지 않았다. 그러나 기독교인이 가진 복음의 사랑의 표현은 바로 율법의 행함으로 나타나야 한다. 그래야 믿음이 온전해지는 것이다.

> 네가 보거니와 믿음이 그의 행함과 함께 일하고 행함으로
> 믿음이 온전케 되었느니라. (약 2:22)

그런데도 기독교인이 복음을 받아들여 믿음으로 구원은 받았으나 가시적 집인 착한 행실(사랑의 열매)이 눈에 보이지 않아 대내외적으로 지탄의 대상이 되고 있다.

한국에서는 기독교라는 외래 종교가 이 땅에 들어와서 자녀들을 오히려 버릇없는 사람으로 키웠다는 비판이 일고 있다. 율법에서 해방되었다고 그나마도 예로부터 행해 오던 웃어른들에 대한 '예(禮)'도 대부분 경시하여 가르치지 않았기 때문이다. 아이들이 어른을 존경하지 않을 뿐더러 제멋대로다. 예의가 없다.

설사 비기독교인은 예의가 없다 해도, 기독교인은 하나님의 거룩한 백성답게 타인에게 예의라는 착한 행실로 그리스도의 빛을 비추기에 충분해야 하지 않겠는가(마 5:16)? 다시 말하면, 기독교인은 자녀들에게 믿음이라는 속사람뿐 아니라 행함이라는 겉사람의 모양(교육의 형식)도 잘 교육시켜 착한 행실로 남에게 그리스도의 빛을 비추기에 충분하도록 해야 한다(마 5:16).

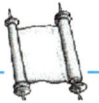

> 한국에는 기독교라는 외래 종교가
> 자녀들을 버릇없는 사람으로 키웠다는 비난을 받는다.
> 율법에서 해방되었다고 예로부터 행해오던
> 어른에 대한 '예'도 대부분 가르치지 않았기 때문이다.

칼럼

"메이 아이 해브 어 캔디?"

채수호 (미주교포, 자영업)
〈중앙일보 미주판, 2007년 9월 13일〉

이 세상에는 많은 민족들이 있지만 그 중에서도 유대 민족은 주목할 만하다. 2천여 년 간 나라를 잃고 세계 각지를 유랑하며 박해와 멸시 속에 살아야 했고 불과 반세기 남짓 전에는 나치 독일의 유대인 말살 정책으로 600여만 명의 동족이 희생되는 홀로코스트의 비극도 겪었다. 온갖 역경과 박해 속에서도 유대인들이 두각을 나타내는 이유는 특유의 유전적 특성이나 종교적인 영향, 교육 등 여러 요인이 있겠으나 그 중에서도 엄격한 가정교육이 중요한 역할을 했다고 생각한다.

지역 특성상 우리 가게에는 많은 유대인들이 찾아온다. 여자 손님은 어린 자녀들과 함께 오는 경우가 많은데 이들의 행동을 지켜보면서 유대인의 자녀교육에 관한 일면을 엿볼 수 있다. 꼬마 손님들을 위해 가게에는 늘 캔디나 풍선 등이 준비되어 있다. 아이들은 가게에 들어오면 먼저 캔디통 있는 쪽으로 달려가게 마련이다. 이때 아이가 유대인이라면 아이 엄마는 아이가 캔디에 손을 대기 전에 반드시 먼저 주인의 허락을 받도록 주의를 준다. "메이 아이 해브 어 롤리팝?" "슈어, 고 어헤드."

아이들은 그제서야 캔디 상자에 손을 넣어 사탕을 그것도 꼭 한 개만 집는다. 이때 아이가 아무 말도 안 하고 가만히 있으면 엄마는 "왓 유 세이?"하고 아이에게 일깨워 준다. 그러면 아이는 사탕 종이를 벗기느라 정신이 없다가도 주인을 쳐다보며 "땡큐."라고 말한다. 두세 살 어렸을 때부터 예절교육을 철저히 시키는 것이다.

책임 있는 사회 구성원을 만들기 위해 철저하게 자녀를 교육시키는 유대인의 전통은 그들의 성년 의식인 '바미쯔바'를 통해서도 찾아볼 수 있다. 바미츠바는 히브리어로 '율법의 적용을 받는 사람'이란 뜻이다. 남자 아이는 열세 살, 여자아이는 열두 살이 되면 벧미쯔바가 된다.

〈편집자 주: '바미쯔바(성년식)'에 관해서는 《잃어버린 구약의 지상명령 쉐마》(현용수, 쉐마, 2009) 제3권 제5부 제2장 '쉐마와 유대인의 성년식' 참조.〉

그 전까지는 아이들의 모든 행동과 교육에 대한 책임이 부모에게 있지만 바미쯔바가 되면 스스로 자기 행동에 책임을 져야 하는 것이다. 아이들은 바미쯔바가 다가오면 장애인 시설에 가서 봉사활동을 한다든가 해변가에 쌓인 쓰레기를 치우는 등 선한 일을 한 가지씩 해야 한다. 이와 같은 선행이 끝나면 바미쯔바 의식을 거행하는데 결혼식 못지않게 성대하게 치러진다. 먼저 템플에서 야훼 하나님께 성년이 되었음을 신고하고 예배가 끝난 후에는 친지를 초청하여 성대한 연회를 베푼다.

사회 구성원으로서의 책임과 봉사를 강조하는 유대인들의 자녀교육과, 입시 위주의 교육으로 자녀들에게는 엄청난 스트레스를 주고 고액 과외비 부담으로 부모들의 허리가 휘어지는 한국인의 교육이 자꾸 비교가 된다.

2. 한국 교회 최대 과제 '신앙과 삶의 불일치'

요즘 일반 사회는 물론 평신도들도 목사를 부정적으로 평가하는 경우가 많다. 목사들 스스로도 수준 높은 평신도들 앞에서 스트레스를 받는 경우가 많다. 나름대로 열심히 목회를 하지만 그릇이 작거나 역부족인 경우가 많기 때문이다. 이를 뒷받침하는 통계가 나와 주목을 끌고 있다.

교회 갱신을 위한 목회자협의회(대표 회장: 옥한흠 목사)가 2005년 11월 1일 발표한 '교회 갱신에 관한 목회자 의식 조사' 결과에 따르면, 목회자들은 한국 교회의 최우선 갱신 과제로 '신앙과 삶의 불일치'(85.5%)를 꼽았다. 그리고 교회 개혁을 위해서는 '목회자의 자기 갱신'이 가장 우선돼야 한다(91.2%)고 생각하는 것으로 조사됐다. 이번 설문조사는 교갱협 영성수련회에 참석한 331명의 목회자이며 연령 비율은 30대와 40대가 전체의 69.7%였다(크리스천투데이, *교갱협, 목회자 의식조사, 한국 교회 최대과제 '신앙과 삶 불일치'*, 2005년 11월 9일).

목회자들이 고민하는 '신앙과 삶의 불일치'란 무엇을 뜻하나? 자신이 열심히 반듯하게 살려고 노력은 하지만, 결과는 '믿음 따로, 행함 따로'였다는 것이다. 이유는 그들이 가정과 교회에서 믿음만 강조하고 믿음에 걸맞은 행함, 즉 율법교육을 받고 자라지 못했기 때문이다.

더 심각한 현상은 조사에 응한 목회자의 연령 비율이 젊은 30대와 40대가 전체의 69.7%였다는 점이다. 이것은 한국 기독교 역사 120년 동안 기독교교육이 실패했음을 보여주는 것이다. 그동안 구원을 위해 믿음만 강조했지 믿음 뒤에 따라야 하는 착한 행실인 율법의 행함(마 5:16)을 소홀히 했다는 증거다. 교회에서 그나마 있었던 한국의 양반교육도 시키지 못했음을 보여 주는 것이다.

과거에는 한국에도 존경받는 반듯한 인격을 갖춘 큰 지도자들이 많았다. 주기철, 손양원, 안창호, 박윤선, 박형룡, 한경직 같은 분들이다. 그러나 차후에는 이런 분들이 나오기가 힘들다는 것을 뜻한다. 얼마나 애석한 일인가! 영적 지도자들인 목회자들이 이러하니 평신도들은 얼마나 더 하겠는가? 기독교인들이 세상 사람들에게 비난받는 이유 중 하나도 바로 기독교인들의 낮은 도덕성 때문이다.

위에 열거한 한국 교회의 모델이 되는 어른들이 왜 수많은 기독교인들 중에서도 존경받는 이유는 무엇인가? 흔히 예수님을 믿고 기독교인이 되었기 때문이라고 얘기하지만, 그보다 더 근본적인 이유는 그들이 예수님을 믿기 전에 이미 어린 시절 가정이나 서당에서 한국의 전통적인 양반교육을 받아 인간다운 인간이 되어 있었다는 점을 명심해야 한다.

한국 속담에 "양반이 예수님을 믿으면 양반 기독교인이 되고, 상놈이 예수님을 믿으면 상놈 기독교인이 된다."는 말이 있다. 그 동안 한국 교회가 이만큼 성장한 배경에는 물론 부정적인 면도 있지만 한국의 전통적인 인성교육을 잘 받았던 연로하신 목사들이 많았기 때문이다.

물론 성령을 체험하여 예수님을 믿으면 인간이 변한다. 그러나 기독교인이 되었다고 해도 어릴 때 형성된 근본 기질인 인격은 가변적이다. 성령이 충만할 때는 변한 것 같으나 그렇지 못할 때는 구습이 또 나타나기 일쑤다. 다만 사람에 따라 그 폭이 다르게 나타날 뿐이다.

자주 넘어지는 베드로와 굳건한 바울의 차이다. 위 통계가 교회 개혁을 위해서는 '목회자의 자기 갱신'이 가장 우선돼야 한다(91.2%)고 생각하는 것은, 목회자 스스로 자신의 부족을 너무나 잘 알고 있다는 증거다. 그러나 이미 성인이 되어 고치는 데는 한계가 있다. 어려서부터 인성교육을 잘 받아 습관이 되어 있어야 한다.

대안은 무엇인가? 예수님을 믿기 이전의 복음적 토양교육, 즉 인성교육을 잘 시켜야 한다. 이것을 'Pre-Evangelism 교육'이라 부른다. 기독교 2000년의 역사는 예수님을 믿은 이후 예수님의 형상을 닮아가게 하는 기독교교육에만 힘을 쏟았는데 앞으로는 기독교인이 되기 이전, 13세 이전에 인간다운 인간이 되는 Pre-Evangelism 교육에도 관심을 갖고 힘을 쏟아야 한다. 그 인성교육의 내용이 바로 한국인의 수직문화다.

이 이론은 타종교에도 적용된다. 불교의 성철 스님이나 천주교의 김수환 추기경이 수많은 불자들이나 천주교인들 중에서도 특별히 존경받는 이유는 그들이 믿는 종교 이전에 어릴 때부터 받았던 한국인의 수직문화적 인성교육 때문이다.

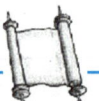

목회자들의 '신앙과 삶의 불일치'는
자신은 열심히 반듯하게 살려고 노력하지만,
결과는 '믿음 따로, 행함 따로'였다는 것이다.
바른 율법교육을 받지 못하고 자랐기 때문이다.

3. 유대교와 바울, 천주교와 개신교(칼빈)

유대교는 아브라함 때부터 현재까지 4000년간 그리고 천주교는 2000년간 지상에서 사라지지 않고 지속되고 있다. 반면, 개신교(기독교)의 역사는 타민족에게 선교하는 데는 성공했지만, 자손대대로 하나님의 말씀과 성령의 촛대를 전수한 민족은 없다. 그 이유는 무엇인가? 이를 교육의 내용과 교육의 형식의 입장에서 살펴보자.
〈저자 주: 물론 학자들에 따라 천주교도 기독교에 포함시키기도 하지만, 여기서는 교육의 형식을 설명하기 위하여 천주교와 기독교를 분리하여 설명한다.〉

역사적으로 기독교의 구원론에 획기적인 이론을 정립한 신학자 둘을 꼽는다면 초대교회의 바울과 중세시대의 칼빈(John Calvin)일 것이다. 물론 루터가 종교개혁을 시작했지만 구체적인 신학의 정립은 칼빈이 했다고 보아야 옳다. 따라서 루터가 종교개혁자라면 칼빈은 신학자였다.

인성교육의 내용과 형식의 입장에서 바울과 칼빈의 공통분모는 무엇인가? 구원의 조건을 율법의 행함이 아니라 이신칭의(以信稱義, 믿음으로써 의롭다고 칭하여진다), 즉 믿음에 두었다.

왜 바울과 루터 및 칼빈은 구원의 조건으로 율법의 행함이 아니라 믿음을 그토록 강조했는가? 그 이유를 설명하려면 바울 당시의 유대교와 루터나 칼빈 당시의 천주교를 설명해야 한다. 결론을 먼저 이야기한다면, 타락한 유대교와 천주교의 공통점은 교육의 형식인 율법과 교회 전통을 너무 귀중하게 여긴 나머지 행함으로 구원에 이르는 것으로 여겼기 때문이다. 따라서 바울은 타락한 유대교에 대한 반동이고, 루터는 타락한 천주교에 대한 반동이다.

A 유대교의 교육 내용과 형식

구약의 유대교는 하나님이 택하신 믿음의 조상 아브라함의 후손 유대인들이 믿는 종교다. 하나님은 그들에게 하나님에 대한 믿음을 실천하게 하기 위한 선민교육의 방법으로 율법을 주셨다. 유대인이 율법을 강조한 것은 시내산에서 율법을 구체적으로 받기 이전, 그들의 조상 아브라함 때부터 시작된다.

하나님은 아브라함을 택한 이유를 창세기 18장 19절에 "내가 그로 그 자식과 권속에게 명하여 여호와의 도를 지켜 의와 공도를 행하게 하려고 그를 택하였나니 이는 나 여호와가 아브라함에게 대하여 말한 일을 이루려 함"이라고 말씀하셨다.

그리고 세월이 지나 아브라함의 신앙이 성숙하여 이삭을 낳고, 이삭이 성숙했을 때 하나님은 이삭에게 그의 아버지 아브라함을 창세기 26장 5절에 이렇게 평가하셨다. "이는 아브라함이 내 말을 순종하고 내 명령과 내 계명과 내 율례와 내 법도를 지켰음이니라." 즉 아브라함이 율법을 잘 듣고 실천한 것을 칭찬하셨다. 그리고 그 보상으로 아브라함의 아들 이삭에게 아브라함에게 약속하셨던 것과 동일하게 "네 자손을 하늘의 별과 같이 번성케 하며 이 모든 땅을 네 자손에게 주리니 네 자손을 인하여 천하 만민이 복을 받으리라"(창 26:4)라고 재확인해 주셨다.

그 뒤 약 600년(이삭 → 야곱 → 요셉 → 애굽에서 종살이) 만에 하나님은 이스라엘 백성에게 시내산에서 613개의 구체적인 율법을 주셨다. 그리고 그 율법을 삶의 규범으로 실천하게 하셨다. 이것은 무엇을 뜻하나? 아브라함의 언약과 시내산 언약의 맥락이 동일하다는 뜻이다. 구원은 하나님의 은혜로 하나님의 선택된 백성이 믿음으로 받지만, 축복은 율법의 행함으로 받는다는 뜻이다(신 28장).

이처럼 유대교도 처음에는 믿음에 기초한 하나님 사랑과 이웃 사랑이라는 교육의 내용과 이를 표현하는 교육의 형식인 율법의 행함으로 시작되었다. 그러나 세월이 지나면서 교육의 내용인 하나님 사랑과 이웃 사랑은 점점 사라지고, 교육의 형식인 율법의 행함만이 남게 되어 율법을 남용하는 율법주의나 형식주의로 변질되었다.

특히 종교가 부패할수록 율법주의나 형식주의라는 조직만 남게 되는 경우가 많다. 이때 참 신앙인들보다는 하나님의 이름을 내세워 자신들의 유익과 공리를 탐하는 종교꾼들(율법주의자들)이 판을 치게 된다. 그때마다 하나님은 예언자들을 보내셔서 마음으로 회개하는 것이 외형적인 율법의 행함, 즉 예물보다 더 중요하다는 것들을 가르치셨다(암 5:21-24; 호 6:6; 사 1:10-17; 렘 7:21-23).

바울 당시도 바로 그런 시대였다. 바울은 여기에 대한 반동으로 강하게 율법주의자들(율법을 지키는 자들이 아님)을 공격하지 않을 수 없었다. 그래서 구약시대와 신약시대 모두 구원은 율법으로 받는 것이 아니고, 믿음으로 받는다는 원론을 제시하게 된 것이다.

그 증거로 아브라함이 의인이 된 배경을 제시했다(창 15:6). 아브라함이 믿음으로 의인이 된 것처럼 신약시대 기독교인도 믿음으로 의인이 될 수 있다(롬 4:18-24; 빌 3:9; 갈 3:6-9)는 진리를 외친다. 이때 바울이 강조한 믿음은 율법주의자들의 허구를 공격함이지 결코 성실히

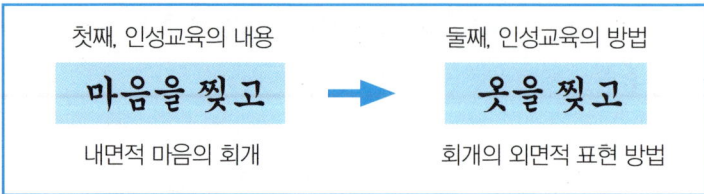

거룩한 율법을 실천하는 바른 성도들을 공격함이 아니었다.

〈저자 주: 저자의 '실패한 다음세대 교육, 왜 유대인 교육이 답인가'와 '세계선교의 한계, 왜 유대인 교육이 답인가'(쉐마, 2021) 참조〉

뿐만 아니라 유대인의 자녀교육을 연구하다 보면 몇 가지 특성을 발견할 수 있다. 교육의 내용이 너무나 많고 논리적이며 조직적이다. 그리고 그것을 어떻게 자녀에게 가르치느냐 하는 학습 방법 또한 독특한 면이 많다. 자녀들에게 '교육의 내용'을 효과적으로 전하기 위해 '교육의 형식'을 많이 만들어 지키게 한다. 즉 절기나 생활 의식을 많이 만들어 자녀들에게 교육의 내용을 체험적으로 기억하고 실천하도록 가르친다.

유대인은 이런 교육 방법을 누구에게 배웠는가? 하나님에게 직접 배웠다. 하나님은 유대인에게 어느 절기를 누가 왜 언제 어디에서 무엇을 어떻게 지켜야 하는지, 그리고 율법의 중요성을 가르치시기 위하여 가나안 정복 후 세겜에 있는 그리심산과 에벨산에 6지파씩 올라가 제사장과 함께 율법을 일일이 낭독하며 확인하는 체험학습(수 8:30-35) 등 많은 교육의 방법들을 가르쳐 주셨다.

애통해 하거나 회개를 할 때도 마음만 찢는 것이 아니라 옷도 찢는다(창 37:34; 레 13:45; 왕상 21:27; 욜 2:13). 마음을 찢는 것은 인간의 내면적 애통이나 회개(교육의 내용)를 뜻하고, 옷을 찢는 것은 그 외면적 표시(교육의 형식)를 뜻한다. 유대인의 교육 방법들은 세상의 어느 학자의 이론이 아니라 하나님의 교육 방법이다.

이것이 유대인 교육의 특성이다. 그 특성의 파워는 대단하다. 그런데 신약 교회(특히 개신교)는 이를 무시하고 인간의 내면만 강조한 것이 가장 큰 오류다.

B. 천주교와 개신교의 교육 내용과 형식

천주교가 2천 년간 맥을 이어 온 것은 참으로 기적이라 아니할 수 없다. 천주교는 아직도 1995년대 후반부터 개신교에서 젊은이를 교회에 유치하기 위해 유행처럼 번지는 요란한 경배와 찬양이나 열린 예배 같은 것이 전혀 없다. 그들은 현대 감각이 배어 있는 유행과의 타협은 꿈에도 생각하지 않고 있다. 그뿐인가? 아직도 그 많은 논란 속에서도 신부나 수녀 같은 성직자의 예복이나 결혼이 허락되지 않고 있다.

더구나 그들은 초대교회 이후 1960년대 후반까지 하나님의 말씀을 평신도들에게 가르치지 않았다. 단지 믿음의 내용과 삶의 지침인 교리 문답만 있었을 뿐이다.

더 믿기 힘든 것은 1960년대 후반까지 한국 가톨릭교회에서 신부가 예배시 하나님의 말씀을 강론할 때 회중이 알아듣는 한국말로 한 것이 아니고, 라틴어(이탈리아어)로 했다. 이런 경우 대부분 강론하는 사람도 무슨 말을 하는지 잘 모르거니와 교인들은 전혀 알아듣지 못했을 것이다.

더구나 미사(예배)도 신부나 교인들 모두 제단을 향하고 드렸다. 즉 교인들은 신부의 뒷모습을 보고 강론을 들으며 예배를 드린 격이다. 이런 제도는 전 세계 가톨릭교회에서 수천 년 동안 동일하게 실행되어 왔다.

이런 제도가 현행 제도로 바뀐 것은 불과 1961~1965년 사이에 있었던 제2차 바티칸공회 이후부터다. 그 전에는 성경책을 덮어놓고 있었다는 얘기다. 제2차 바티칸공회의 가장 큰 업적은, 개신교의 영향을 받아 성경 말씀을 성도들에게 가르치자는 계시헌장과 미사의 방법을 평신도가 은혜를 받을 수 있는 방법으로 고치자는 교회헌장을 제정한 것이다. 그 뒤 평신도들에게 하나님의 말씀을 가르치고, 각 민족이 알아듣는 언어로 강론하고, 신부와 평신도가 서로 마주 보며 미사를 드리게 되었다.

그런데도 어떻게 2천 년간 교회가 사라지지 않고 살아남을 수 있었는가? 사라지기는커녕 한국 천주교의 경우는 점점 더 성장하고 있다. 2006년 5월 25일 통계청이 발표한 2005년 인구주택총조사 결과에 따르면, 지난 10년 간 한국 3대 종교 중 불교를 믿는 인구는 3.9%, 천주교는 74.4% 증가한 반면, 개신교는 1.6% 감소했다(한국 통계청 '2005년 인구주택총조사' 2006년 5월 25일).

유대교는 그래도 율법(말씀)과 탈무드라도 계속 전수되었지만, 천주교는 일반 신자들에게 성경 말씀 자체를 그렇게 오랫동안 가르치지 않았는데 어떻게 그 종교가 2000년간 전수될 수 있었는가?

그 이유는 바로 천주교가 개신교에서 소홀히 하고 있는 교육의 형식인 율법과 예전(liturgy)을 전통적으로 세대차이 없이 잘 이어 왔기 때문이다.

〈저자 주: 저자는 여기에서 천주교의 모든 신학을 옹호, 혹은 묵인하기 위함이 아니고 교육학적 측면에서 천주교의 예전과 전통을 구약의 교육의 형식과 비교하는 것이다.〉

천주교도 처음에는 믿음에 기초한 하나님 사랑과 이웃 사랑이라는 교육의 내용과 이를 표현하는 교육의 형식인 율법의 행함으로 시작되었을 것이다. 그러나 세월이 지나면서 교육의 내용인 하나님 사랑과 이웃 사랑은 점점 사라지면서, 교육의 형식인 율법의 행함만이 남게 되어 율법을 남용하는 율법주의나 형식주의로 변질되었다. 특히 종교 지도자들이 부패할수록 율법주의나 형식주의라는 조직만 남게 되었다. 참 신앙인들보다는 하나님의 이름을 내세워 자신들의 유익과 공리를 탐하는 종교꾼들이 판을 치게 되었다.

루터는 천주교의 교권주의와 타락한 천주교 지도부의 비리를 신랄하게 비판했다. 죽은 사람도 돈만 주면 천국에 갈 수 있다는 면죄부를 발행하고, 행함으로 구원받는다는 타락한 천주교 교리에 정면 도전했다. 그는 실제로 행함을 실천하기 위해 성전 계단을 정성껏 무릎으로 올라가 보기도 했으나 그에게 구원의 확신이나 마음의 평화가 없었다. 그리고 마음으로 예수님을 구원자로 믿었을 때 예수님의 십자가에서의 보혈로 죄사함을 받게 되고 구원의 확신이 생겼다.

그 당시 타락한 천주교의 상상할 수 없는 위협에도 불구하고 그는 다시 한 번 확인한다. 오직 믿음만으로 구원받을 수 있다고…. 그리고 칼빈이 개신교의 신학을 정립할 때, 기독교인의 신앙은 '오직 믿음', '오직 은혜', '오직 말씀'이라고 못을 박는다. 이것은 바울이 유대교에 대한 반동인 것처럼 천주교에 대한 반동이다. 그래서 천주교는 개신교를 프로테스탄트(Protestants, 항의자들, 반항아들)라고 부르지 않는가!

C. 구약도 율법주의를 책망했다

율법주의와 형식주의에 빠져 타락한 마음으로 하나님께 드리는 예물과 절기를 책망하고 깨끗한 믿음을 요구한 것이 신약의 바울과 루터나 칼빈뿐인가? 아니다. 구약의 하나님도 선지자들을 통해 이스라엘 백성이 율법주의와 형식주의에 빠졌을 때 그들과 똑같은 말씀을 하셨다(사 1: 11-14; 애 2:6-7).

> 여호와께서 말씀하시되 너희의 무수한 제물이 내게 무엇이 유익하뇨. 나는 숫양의 번제와 살진 짐승의 기름에 배불렀고 나는 수송아지나 어린 양이나 숫염소의 피를 기뻐하지 아니하노라. 너희가 내 앞에 보이러 오니 그것을 누가 너희에게 요구하였느뇨. 내 마당만 밟을 뿐이니라. 헛된 제물을 다시 가져오지 말라. 분향은 나의 가증히 여기는 바요, 월삭과 안식일과 대회로 모이는 것도 그러하니 성회와 아울러 악을 행하는 것을 내가 견디지 못하겠노라. 내 마음이 너희의 월삭과 정한 절기를 싫어하나니 그것이 내게 무거운 짐이라. 내가 지기에 곤비하였느니라. (사 1:11-14)

하나님은 유대인이 드리는 교육의 형식인 예물이나 절기 자체를 책망하신 것이 아니라, 교육의 내용인 하나님과의 내면적 관계가 깨진 상태에서 가식적으로 하나님과 사람에게 보이려고 드리는 외면적 예물이나 절기 등의 형식주의를 책망하신 것이다(사 1:12). 즉, 교육의 내용 없는 형식을 책망하셨다.

그리고 그들이 지은 스스로 속이는 가중한 죄를 회개하고, 하나님께 용서를 받은 후 거룩한 율법을 지키라고 촉구하신다. 즉, 교육의 내용인 하나님과의 관계를 먼저 회복하고, 그 다음에 교육의 형식을 지키라는 뜻이다.

> 너희가 손을 펼 때에 내가 눈을 가리우고 너희가 많이 기도할지라도 내가 듣지 아니하리니, 이는 너희의 손에 피가 가득함이니라. 너희는 스스로 씻으며 스스로 깨끗케 하여 내 목전에서 너희 악업을 버리며 악행을 그치고 선행을 배우며 공의를 구하며 학대받는 자를 도와 주며 고아를 위하여 신원하며 과부를 위하여 변호하라 하셨느니라. 여호와께서 말씀하시되 오라, 우리가 서로 변론하자. 너희 죄가 주홍 같을지라도 눈과 같이 희어질 것이요, 진홍같이 붉을지라도 양털같이 되리라. (사 1: 15-18)

이것은 하나님께서 너희 내면적 마음이 먼저이고 외면적 행함은 그 다음이라는, 즉 우선순위의 문제를 지적하신 것이다.

D. 결론: 대안 제시

유대교와 천주교의 가장 큰 공통점은 교육의 형식(율법)을 강조하고, 그 형식을 전통으로 만들어 자자손손 지켜 행함으로 종교 자체는 세대차이 없이 전수하는 데 성공했지만, 정작 교육의 내용인 하나님에 대한 믿음과 사랑이 단절된 적이 여러 번 있었다. 그 결과 혹독한 하나님의 심판을 여러 번 받았다.

바울과 루터는 타락한 유대교와 천주교의 가장 큰 공통점인 교육의 형식(율법) 그리고 그들의 전통을 신랄하게 비판했다. 왜냐하면 그것 자체가 우상이 되었기 때문이다. 그리고 그 반동으로 '오직 믿음'과 '오직 은혜' 및 '오직 말씀'의 3대 깃발을 높이 들었다. 유대교와 천주교의 허구에 대항하는 목숨을 건 대투쟁이었다. 그 결과 기독교와 개신교의 역사는 복음을 받은 민족이 타민족에게 선교를 하는 데에는 성공했지만 어느 민족도 자손대대로 복음과 하나님의 말씀을 후손들에게 전수하는 데는 실패했다.

조직신학의 구원론적 시각에서 바울이나 루터 및 칼빈의 주장은 맞는 말이다. 오직 구원은 하나님의 은혜로 예수님을 개인의 구세주로 믿는 믿음만이 가능하다. 그러나 문제는 구원받은 이후에 성도로서 어떻게 살 것인가이다. 구원받은 이후 하나님의 형상을 닮아가는 거룩(구별된)한 성화 과정에 율법이 필요하다는 점이다. 이것은 조직신학적 주제가 아니라 교육학적, 즉 쉐마교육 주제다.

그러면 무엇이 잘못되었는가? 바울 이후 후대 신학자들이 전체 신학을 정립할 때 신구약을 균형 있게 살펴 믿음으로 구원받은 이후 선민교육의 방편으로 교육의 형식인 율법도 강조했어야 했다. 그래서 은혜와 율법의 조화를 이루었어야 했다. 즉, 구원을 위한 복음과 성화를 위한 율법의 행함을 함께 강조했어야 했다. (물론 유럽의 경건주의자들은 상대적이나마 까다로운 계율을 세우고 이를 실천했다.)

교육학적 측면에서 본 유대교, 천주교 및 개신교의 교육 내용과 형식 비교

인성교육 종교구분	인성교육의 내용 (깊은 생각)			인성교육의 형식 (바른 행동)		
	내용	강함	약함	내용	강함	약함
유대교 (구약)	토라 (하나님의 말씀)	O		행함 (613개의 율법과 각종 절기들)	O	
천주교	하나님의 말씀 오직 믿음 오직 은혜 오직 말씀		O	행함 (예배 예식 + 절기 예식)	O	
개신교	하나님의 말씀 오직 믿음 오직 은혜 오직 말씀	O		행함 (예배 예식 + 절기 예식)		O
결론	유대교는 교육의 내용과 형식 모두 강하다. 그런데 천주교는 교육의 내용은 약한데 교육의 형식은 강하고, 개신교는 교육의 내용은 강한데 교육의 형식은 약하다. 따라서 유대교처럼 천주교는 교육의 내용을 강화해야 하고, 개신교는 교육의 형식을 강화해야 한다.					

〈비고: 천주교와 개신교의 장단점 비교는 저자의 저서 '현용수의 인성교육 노하우' 제2권 제2부 제3장 III. '인성교육 원리 - 현실 적용하기: 왜 수직문화가 개인과 민족에게 그리고 기독교인에게 필요한가' '질문 6' 참조〉

이제 어떻게 해야 할 것인가? 서로 부족한 약점을 상대의 장점으로 보완해야 한다. 개신교의 장점은 유대교와 천주교가 본받고, 유대교와 천주교의 장점은 개신교가 본받아야 한다. 개신교의 장점이 가장 중요한 영혼의 구원에 이르는 신학적 유익이라면, 유대교와 천주교의 장점은 이를 실천하는 교육학적 유익이다. 개신교의 장점이 교육의 내용이라면, 유대교와 천주교의 장점은 교육의 형식이다.

따라서 중요한 순위를 정하면, 당연히 개신교의 장점인 교육의 내용, 즉 바른 진리의 신학이 우선이고 유대교와 천주교의 장점인 교육의 형식, 즉 율법과 전통이 나중이다.

따라서 유대교와 천주교는 믿음, 은혜 및 말씀으로 돌아가야 하고, 기독교는 교육의 형식을 구체적으로 만들어 실천해야 한다. 모두 한쪽으로 치우침을 회개하고 서로의 장점은 지키되 약점은 보완해야 한다. 이것이 하나님을 기쁘게 해드리는 방법이다. 이것이 이루어진다면 하나님께서 얼마나 기뻐하시겠는가!

유대교와 천주교의 율법주의는 교육의 형식인 율법과 전통만을
너무 강조하여 신앙의 핵심인
믿음, 은혜 및 말씀을 소홀히 하는 과오를 범했다.
반면 개신교는 교육의 내용인 믿음만을 너무 강조하다
교육의 형식인 율법의 행함과 전통을 소홀했다.
고로 타락했던 유대교와 천주교는
믿음, 은혜의 말씀으로 돌아가야 하고,
개신교는 교육의 형식을 구체적으로 만들어 실천해야 한다.

> 칼럼

당신 초등학교 졸업 맞아?

김성혜(미국 밀워키 킬번)
〈중앙일보 미주판, 2007년 11월 16일〉

여러 해 전 로버트 풀검 씨가 쓴 〈*내가 정말 알아야 할 모든 것은 유치원에서 배운다*〉는 책이 많은 사람의 사랑을 받았다.

"거짓말 하지 마라, 줄을 지켜라, 남의 것을 뺏지 마라… 등등."

정말 어찌 보면 그의 말이 맞다. 사람 사는데 기본은 유치원에서 배운다고 봐도 틀림 없다.

특히 아직 굳어지고 억센 고집이 생기기 전인 어린 나이에, 사는 데 필요한 기본을 가르치고 익히게 하는 것이 평생을 두고 중요하다는 사실은 말하면 잔소리다. '세 살 버릇 여든 간다'든가 '늙은 개한테 새 기술 가르칠 수 없다'는 속담은 항상 머리를 끄덕이게 한다.

내 나이가 들어갈수록 어릴 때 바른 가르침의 중요함을 느낀다.

미국 유치원이나 초등학교서 가장 열심히 가르치는 것의 기본을 들여다 보면 "거짓말 하지 마라."와 "줄 잘 지켜라."가 아닐까 싶다. (독자께서는 내가 "줄 잘 서라"가 아니고, "줄 잘 지켜라" 한 것에 유념하시기 바란다. 이것은 한국서 입신양명하기 위해 줄서기 잘 하는 것과는 완전 다른 뜻이다.)

줄서기는 타인에 대한 배려를 의미하고, '거짓말 하지 마라.'는 무엇보다 나 자신에게 진실하고 솔직하라는 뜻이 있다고 나는 본다. 자신에게 성실하고 타인에 대한 배려가 제대로 되었다면 사람의 인간됨의 기본은 갖춘 거라고 나는 생각한다.

미국에서 나서 미국에서 자란 우리 아들을 보면 나는 정말 줄을 설 줄 모르고 거짓투성이 삶을 살고 있음을 느낄 때가 많다. 대한민국에서 태어나 살았던 사람은 누구나 작고 큰 차이는 있을지 몰라도 이에 무죄한 사람 거의 없을 것 같다. 좋은 대학 가고, 확실한 인맥을 갖기 위해선 대한민국 국민의 '염원'은 "내 자식에 관한 한 남을 밟고서라도 앞서고 올라서야 한다."고 가르치기 때문이다.

우리 아이가 초등학교 다닐 때 맥도날드 햄버거를 무척 즐겼다. 한 번은 아이에게 이끌려 햄버거 집에 들어가서 줄을 섰는데, 아이가 "나 집에 갈래." 하며 돌아 나서는 거였다. 시간 쪼개 사는 미국 생활에 기껏 여기까지 온 마당에 싫다는 녀석에게 화가 나서, "네가 오자고 조르고 나서 무슨 소리냐?"고 야단을 했더니 아이는 벌써 나가고 없었다.

"먹고 싶지 않아!"
뒤쫓아 나온 내게 아이가 하는 소리다.
"도대체 왜 그러는 거야?"
"엄마가 창피해서 그래!"
내 머리가 띵해진다.
"뭐가 창피한데?"
솟구치는 혈압을 누르고 마른입에 침을 바른 후 물었다.
"그렇게 줄 설 줄을 몰라?"
아이가 뱉어내는 소리다.
"들어가자마자 줄 섰는데?"
"거봐. 엄마는 새치기 하고도 새치기 한 줄도 모르잖아!"

아이가 화를 낸다. 맥도날드 가게 속을 들여다보며 내가 섰던 자리를 다시 한 번 점검해 봤다.

'아, 내가 잘 둘러보지 않고 느긋하게 서서 떠들고 있는 사람들 앞으로 들어갔던 거였구나!'

"미안해. 내가 잘못했어. 앞으론 안 그럴게."

나는 아이한테 용서를 구했다.

하지만 나는 아직도 내 속에 새치기 근성이 잠재해 있음을 너무 잘 안다. 자라면서 사람 사는데 필요한 기본을 많이 놓친 건 사실이지만, 지금 이 나이에 와서 우리 교육 어쩌고 핑계 대려니 유치하고, 초라하고, 궁색하기 짝이 없다. 그게 나 뿐만은 아닌 것 같다.

한인 사회와 어지러운 한국 정치판 보면, "야, 저 사람들 초등학교 나온 것 맞아?"하는 생각이 들 때가 한두 번이 아니다.

간판들은 휘황해도, 무슨 대학에, 무슨 박사에, 하며 날려도 행동하는 모양새는 영 딴판인 때문이다. "그런데 왜 내 눈엔 핑계에 궁색한 내 모양새보다 남의 허점은 잘 보이는 걸까?" 하는 생각이 든다. 그 또한 제대로 받지 못한 초등교육 때문은 아닐까? 난 왜 이다지도 여기 저기 핑계를 찾는 걸까? 다 집어치고 나 자신에게 항상 먼저 물어야겠다.

"당신 초등학교 졸업 맞아?

4. 신약교회도 '내면화'와 '제도화'가 필요하다

신약교회는 믿음과 성령만을 너무 강조한 나머지 유대인의 율법과 전통을 너무 업신여겼다. 특히 개신교회는 교회법이나 전통이 너무 빈약하고 추상적이다. 신약교회의 역사를 보면 성령이 강하게 역사했을 때는 교회가 급성장했으나 성령이 약해지면 교회가 사라지곤 했다. 그 뒤에는 다만 성령께서 지나가셨던 흔적들, 교회 건물과 기도원 등만 남았을 뿐이다.

문제는 어느 개인이나 교회나 민족이나 항상 성령이 충만할 수는 없다는 사실이다. 신앙에도 굴곡이 있게 마련이다. 인간이나 교회나 오래가면 첫사랑을 잃게 된다. 이때가 문제다. 역사적으로 보면 초대교회인 예루살렘 교회나 안디옥 교회, 고린도 교회 및 터키에 있는 요한계시록에 나타난 7교회(요한계시록 2-3장)가 모두 그랬다. 이 교회들은 현재 성령께서 지나가셨던 터만 남았지 성령도 하나님의 말씀도 없는 관광지로 변했다. 나머지 신약시대 2천년의 역사도 마찬가지다.

왜 이런 결과를 낳았는가? 성령이 떠난 이후에도 가정이나 민족이 하나님의 말씀을 전수할 방법은 없는가? 유대인의 종교교육을 상고하며 그 해결책 일부를 찾아보자.

유대인의 역사를 보면, 구약의 그들도 첫사랑을 잃는 역사의 주기와 패턴이 신약교회와 같다. 가나안 정복 후 사사기의 초기에는 신앙이 좋았으나 후반에는 완전히 타락했다. 왕정 시대에도 다윗이나 솔로몬 시대에는 신앙이 좋았으나 후기에는 북왕국이나 남왕국 모두 패역하여 아시리아나 바빌로니아의 노예로 잡혀가는 수모를 겪었다.

그럼에도 불구하고 유대인들은 어떻게 자신들의 토라(하나님의 말씀, 율법)를 계속하여 자녀들에게 전수하는 데 성공했는가?

〈저자 주: 물론 아시리아로 잡혀간 유대인은 예루살렘으로 돌아오지 못했다. 여기에서는 지면상 그 이유를 논하지 않는다.〉

유대인은 어떻게 하나님의 영(Spirit, 성령)이 떠났을 때도 계속 하나님의 율법을 전수할 수 있었는가?

유대인은 성령의 능력이 약해졌을 때라도 자신들의 율법과 율법을 더 잘 지키기 위해 만들어진 각종 규례와 전통을 만들었다. 그리고 이를 열심히 지켜왔기 때문이다. 율법과 율법에 기초하여 만들어진 각종 규례와 전통은 일종의 종교의 내용을 담는 그릇인 조직(structure), 혹은 틀(frame)이나 교육의 형식(forms)을 말한다.

〈저자 주: 물론 613개의 율법 중에도 선민교육의 내용적인 것과 형식적인 것이 있다. 여기에서는 교육의 형식적인 측면에서 율법을 말한다.〉

이것을 사회적 용어로 표현한다면, 하나의 인프라(infrastructure) 구축이다. 하나의 사회공동체가 형성되려면 생활의 기반을 형성하는 중요한 구조물로서 도로 · 전기 · 수도 · 철도 · 통신시설 등을 먼저 구축하는 것처럼, 신앙생활을 제대로 하려면 이런 제도적 인프라(infra)가 필요하다.

이것을 견고하게 만들어 놓아야 신앙생활을 구체적으로 잘 할 수 있다. 그리고 오랫동안 그 신앙을 지속할 수 있다. 그렇지 않고 교육의 내용인 성령(신앙)만 들어갈 경우에는 질서가 없어 혼잡해진다. 그리고 성령이 충만할 때는 신앙(교회) 생활을 충실하게 하지만, 그렇지 않을 때는 신앙(교회) 생활을 소홀하기 쉽다. 즉 일정한 원칙이나 습관에 의한 신앙생활이 아니라 기분에 따른 신앙생활을 할 수 있다.

유대인은 율법과 율법에 기초하여 만들어진 각종 규례와 전통(인프라)을 지킬 때 비록 그 틀 안의 내용인 성령(EQ)과 사랑이 잠시 떠났다 하더라도 종교의 틀 혹은 조직은 계속 유지되었다. 때문에 비록 성령이 메마른 건조한 율법(말씀)이라도 전수될 수 있었다. 이때는 율법주의(legalism)를 지나치게 신봉하는 율법주의자들이 득세한다.

바울은 이러한 율법주의자들을 "경건의 모양은 있으나 경건의 능력은 부인하는 자들(having a form of godliness but denying its power)"(딤후 3:5)이라고 혹평했다. 그러다가 때가 차서 하나님이 선지자를 보내 그들을 회개케 하면 다시 성령의 능력이 백성들의 마음에 충만케 되어 온전한 유대주의를 지탱하여 왔다.

종교심리학자 앨포트(Allport)는 회개하고 성령을 받은 상태를 '내면화(interiorized)' 그리고 이와 대조되어 영성이 없는 조직의 개념으로 '제도화(institutionalized)'라는 용어를 사용했다(Religion Prejudice, 1959).

그렇다면 이러한 유대인의 생존 방식은 신약교회에서는 찾을 수 없는가? 물론 찾을 수 있다. 로마 천주교나 희랍 정교회의 생존 방식이 바로 그것이다. 그들의 교회 의전은 구약의 것들과 비슷한 것이 많다. 다시 말하면, 2천 년간 거의 세대차이 없는 교회법과 전통을 갖고 있다. 예를 들면, 신부나 수녀의 혼인 금지나 예배 의식 및 절기 예식 등이다.

그 결과 그들은 2천 년 교회사에 많은 오류가 있었음에도 불구하고 현재까지 생존해 왔다. 그들도 유대인처럼 처음에는 성령과 은혜로 시작되었지만 세월이 흐르면서 율법과 전통만 남은 채 속이 부패했던 암흑의 시대가 많았다.

그때마다 새로운 하나님의 지도자가 등장하여 회개운동을 하면 교회가 새롭게 변화하곤 했다. 현재 천주교도 일부에서는 과거 자신들의 잘못을 뉘우치고 자신들의 전통적인 제도 안에서 개신교의 말씀 운동과 성령 운동을 모방하여 시작하고 있지 않는가?

개신교회 측에서 보면 천주교는 교권주의가 강하고, 하나님의 말씀은 약하고 성령 운동도 약하다는 약점을 많이 지적한다. 그러나 교육학적 측면에서 그들의 견고한 교회법과 전통은 개신교가 배울 만하다.

〈저자 주: 여기에서 천주교의 신학을 전적으로 찬성한다는 뜻이 아니고 교육의 형식을 예로 든 것이다.〉

교육학적 측면에서 한국의 유교는 어떠한가? 유교의 교육 내용은 인(仁), 즉 사랑이다. 그 인을 담는 그릇은 유교의 율법들, 즉 양반의 도리(예, 禮)와 전통이다. 유학자들도 유대인처럼 처음에는 인간다운 인간의 마음인 사랑으로 시작해 양반의 도리와 전통을 만들었지만 세월이 지나면서 양반의 허례허식만 남고 속은 썩은 시대가 되었다. 즉, 양반들이 율법주의자가 된 적이 많았다. "제사에는 마음이 없고 제삿밥에만 마음이 있다"라는 한국의 속담이 바로 이를 대변한다.

한국의 양반들도 유대인의 바리새파처럼 더 양반다운 양반이 되기 위해 수많은 규례와 법도를 만들어 왔다. 조선 시대 한국 양반가의 까다로운 행동지침이나 제사법은 유대인과 너무 비슷하다. 이 역시 율법적인 면에서 유대인과 매우 닮았다. 그러함에도 불구하고 그들의 교육 형식의 순기능은 개신교가 배워야 할 점이라는 것이다.

절기와 전통 등 문화 구조의 파워가 전도와 종교교육에 얼마나 강력한 영향을 주는지는 선교 현장에서도 발견된다. 모슬렘권에서 10년 이상 선교 사역을 했던 김영재 목사가 쉐마지도자클리닉에 참석한 후 쓴 간증문의 일부를 소개한다. 참고로 김영재 목사는 장로교 고려측 목사이며 모슬렘권 선교 사역을 10년 이상 했다.

모슬렘 지역에서 선교 사역을 하면서 느낀 점은 죽은 종교인 모슬렘은 큰 힘 안들이고도 사람들을 모슬렘화하면서 지경을 성공적으로 넓혀가고 있는데, 기독교는 생명을 살리는 참 종교인데도 왜 모든 힘과 열성을 다해도 잘 되지 않는가 하는 문제로 고민했습니다.

그런데 이번에 현 교수님의 강의를 듣고 그 원인과 대안에 적극 더 공감하게 되었습니다. 그것은 문화적 배경과 구조에 기인한다는 것을 깨달았습니다. 그들은 절기와 문화 구조 등이 강한데 비해 한국 기독교는 복음만 있지 기독교 절기나 문화 구조가 너무 약하다는 것을 깨달았습니다.

(김영재, 2004년 10월 21일)

이는 무엇을 말하는가? 신약의 개신교회 특히 한국교회는 믿음만을 강조하는 '내면화'(interiorized)와 더불어 교육의 형식인 '제도화'(institutionalized)가 시급하다는 것을 뜻한다.

> 유대인은 율법에 기초한 각종 규례와 전통을 지킬 때 교육의 내용인 성령(EQ)이 잠시 떠났더라도 종교의 틀은 계속 유지되었다.
> 종교의 틀 없이 성령(EQ)만 들어갈 경우에는 질서가 없어 혼잡해진다.
> 이 경우 성령이 충만할 때는 신앙생활을 충실히 하지만, 성령이 약해지면 신앙생활을 소홀하기 쉽다.

III
대안:
한국인 기독교인에 맞는 율법에
근거한 전통을 만들어야 한다

1. 전통이 형성되는 과정

전통은 어디에서 나오는가? 율법에 근거한 행동 규범에서 나온다. 그 행동 규범을 계속 반복하면 습관이 된다. 그 습관이 하나의 문화로 굳어지면 전통이 되는 것이다. 따라서 부모는 자녀에게 어떤 특정한 행위를 반복적으로 가르칠 때 그 행위가 습관이 되고, 그 습관은 전통이 된다.

습관(習慣)의 뜻을 한자 풀이로 알아보면 더 이해할 수 있다. 습관은 '익힐 습(習)'과 '버릇 관(慣)'의 합성어다. '習(습)'은 '羽(깃 우)'와 '白(흰 백)'의 합성어다. '羽(깃 우)'는 새의 날개를 뜻한다. '白'은 百(백)에서 위의 '一(일)'을 뺀 99라는 뜻을 갖고 있다.

이 말의 뜻은 새끼 새가 두 날개를 99번이나 퍼덕이면서 반복 연습을 해야 비로소 창공을 날 수 있다는 것이다. 반복적인 연습 없이는 날 수 없다는 뜻이다. 즉 새는 날 때부터 창공을 나는 것이 아니다. 부단한 날개 짓을 반복해 연습을 해야 날 수 있다. 그 반복이 버릇(慣: 버릇 관)이 된 것이 습관이다. 자녀교육도 마찬가지다. 어려서부터 인간의 도리를 율례와 법도에 맞게 반복적으로 연습을 시켜 경건한 자손(말 2:15)으로 키워야 한다.

쉐마지도자클리닉에 참석했던 어느 목사가 유대인 랍비 애들러스테인에게 이렇게 물었다.

"율법을 행하는 것이 너무 힘들지 않습니까?"

그는 이렇게 답변했다.

"자전거를 배울 때 처음에는 몇 번 넘어지지만, 반복해서 연습하

'習(습)'의 뜻

'習(습)'은 새끼 새가 두 날개를 99번이나 반복 연습해야
창공을 날 수 있다는 뜻이다.

다 보면 쉽게 달릴 수 있는 것처럼, 율법도 처음에는 거북스럽지만 어려서부터 계속 반복하여 가르치다 보면 자기도 모르게 습관이 되어 힘들지 않고 기쁨으로 행할 수 있습니다."

따라서 교육학적 측면에서 전통이 형성되는 과정을 이렇게 정리할 수 있다.

"교육은 반복이다."
"반복은 습관을 낳는다."
"습관은 경건에 이르게 한다."

'경건에 이른 습관'이 대를 이어 지켜지면 이것이 바로 그 가정이나 공동체의 전통이 되고 미풍양식이 되는 것이다. 물론 그 전통에는 왜 그것을 행해야 하는지, 그 당위성에 대한 확고한 논리적이고 조직적인 사상과 철학(기독교에서는 신학)이 있어야 한다. 이것은 교육의 내용에 속한다.

자녀교육에 교육의 형식인 예절교육과 정신적인 논리교육 중 어느 것을 먼저 가르쳐야 하는가? 둘을 동시에 가르치는 것이 좋지만 하나를 먼저 선택하라고 한다면 예절교육이다. 예절교육은 자녀가 사물을 설명하는 논리를 이해할만한 이성을 가지기 이전부터 가능하지만, 정신적인 논리교육은 사물을 이해할 만한 이성을 가진 후부터 가능하기 때문이다.

이렇게 육체의 연습이 쌓여야 경건한 신앙생활을 할 수 있다. 유대인이었던 바울은 "육체의 연습은 약간의 유익이 있으나 경건은 범사에 유익하다"(딤전 4:8)고 말했다.

> 육체의 연습은 약간의 유익이 있으나 경건은 범사에 유익하니 금생과 내생에 약속이 있느니라(For bodily exercise profits a little, but godliness is profitable for all things, having promise of the life that now is and of that which is to come. KJV). (딤전 4:8)

본문에서 '육체의 연습'은 율법의 반복이고, '경건'은 하나님의 말씀에 근거한 '믿음의 연단' 혹은 '영적 연단'(딤전 6:3)을 뜻한다. 바울은 "망령되고 허탄한 신화를 버리고 오직 경건에 이르기를 연습하라"(딤전 4:7)고 당부했다.

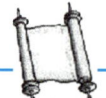

'경건에 이르는 습관'이 대를 이어 지켜지면
이것이 전통이 된다.
전통에는 논리적이고 조직적인 사상과
철학(기독교에서는 신학)이 있어야 한다.

2. 서양 것 모방은 그만하고 한국 것 개발해야

인성교육에 유익한 전통이 유대인에게만 있는 것이 아니다. 상대적이지만 대한민국에도 유대인처럼 좋은 선비들의 전통이 많았다. 우리 조상들에게는 고귀한 청렴결백한 선비사상이 있었다는 사실을 기억해야 한다. 또 3대가 한 집에서 더불어 사는 지혜가 있고, 위아래의 사랑과 따뜻함, 마을 공동체를 위한 희생정신, 아무리 가난해도 흩어지지 않는 고고한 자세, 효 사상 등이 있었다.

더 구체적으로는 식사를 할 때 아래 사람은 어른이 수저를 들기 전에 수저를 들지 않는 습관, 어른에게 큰절하기, 무릎 꿇고 앉기, 공손하게 인사하기, 경어 사용, 친지의 장례식 때 밤을 새며 도와주기〈상부상조(相扶相助)〉 등이다.

그것들이 특수 계시인 하나님 말씀 안에서 형성된 것은 아니지만, 양반의 도리와 전통 중에서 기독교의 교육 내용(신학)과 배치되지 않을 경우, 그런 형식들을 성경을 근거로 한국 기독교인의 교육 형식을 재정립한다면 매우 가치 있는 훌륭한 교육의 모범이 될 수 있다. 왜 한국 기독교인의 교육 형식을 꼭 서양의 형식만 고집해야 하는가? 그것은 잘못된 것이다.

한국 교회사를 돌아보면 이미 우리 신앙의 선조들은 교육 내용은 성경이지만 형식은 한국적인 것을 많이 개발했다. 한복을 입고 설교하고, 새벽예배를 철저히 행하고, 누구에게나 예의 바르고, 주의 종을 섬기고, 산에 가서 기도하기를 좋아하고, 나라와 민족을 위해 기도하고, 부모에게 한국식으로 효를 행한 일 등이다.

다만 이런 좋은 점들이 후대가 업신여기고 서양의 것만 모방하는 사이에 이제는 거의 사라지고 있음이 안타깝다. 이제 한국 교회는 한국에 유교가 강했을 때는 그나마 예의가 서 있었는데, 기독교가 들어온 후 오히려 예의가 없어졌다는 사회 일각의 비난에 겸손히 귀를 기울여야 한다.

한국의 개신교회도 이런 약점을 보완하기 위해서 율법(하나님 말씀)과 성령 운동의 조화를 이루어야 한다. 율법에 근거한 한국적인 전통을 만들어 세대차이 없이 가정과 교회에서 철저히 지켜 나가야 한다.

문제는 율법과 전통을 지나치게 강조하면 종교의 껍데기만 강조하는 율법주의(형식주의)자들이 되고, 성령 운동만 너무 강조하면 기차가 레일을 벗어나듯 가끔 신비주의로 문제를 일으켜 이단에 빠질 소지가 있다는 점이다. 따라서 율법과 성령은 조화와 균형을 이루어야 한다.

결론적으로 우리 민족은 성령운동을 계속하면서도 먼저 자신의 가정에서 2세 자녀에게 말씀을 가르친 뒤 이웃 전도와 세계 선교를 실천해야 한다. 그리고 성령을 중시하면서도 율법과 전통을 함께 강조하는 신약교회가 되어야 주님 오실 때까지 제사장의 민족으로 살아남을 수 있다.

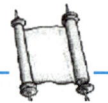

한국 교회 선조들도
교육 내용은 성경이지만 형식은 한국적인 것을 많이 개발했다.
새벽예배를 드리고, 산기도를 하고,
주의 종을 잘 섬기는 것 등이다.

참고자료 (References)

한국 자료

논어. 안연 제1장, 소현동궁일기. 정묘년 11월 17일 기록 중에서 발췌.

성경: (1984). *현대인의 성경*. 생명의 말씀사.

성경: (1956). *한글판 개혁*. 대한성서공회.

중앙일보. 채수호 칼럼, *메이 아이 해브 어 캔디?* 2007년 9월 13일. 미주판.

_____, 김성혜 칼럼, *당신 초등학교 졸업 맞아?* 2007년 11월 16일. 미주판.

크리스천투데이, *교갱협, 목회자 의식조사, 한국 교회 최대과제 '신앙과 삶 불일치'*, 2005년 11월 9일.

한국 통계청. '*2005년 인구주택총조사*'. 2006년 5월 25일).

현용수, (2009), *잃어버린 구약의 지상명령 쉐마*. 제1권. 서울: 쉐마.

_____, (2009), *잃어버린 구약의 지상명령 쉐마*. 제2권. 서울: 쉐마.

_____, (2009), *잃어버린 구약의 지상명령 쉐마*. 제3권. 서울: 쉐마.

_____, (2015). *현용수의 인성교육 노하우*. 제1권. 서울: 쉐마.

_____, (2015). *현용수의 인성교육 노하우*. 제2권. 서울: 쉐마.

_____, (2015). *현용수의 인성교육 노하우*. 제3권. 서울: 쉐마.

_____, (2015). *현용수의 인성교육 노하우*. 제4권. 서울: 쉐마.

_____, (2021). *실패한 다음세대 교육, 왜 유대인 교육이 답인가*. 서울: 쉐마.

_____, (2021). *세계선교의 한계, 왜 유대인 교육이 답인가*. 서울: 쉐마.

외국 자료

Allport, G. W. (1959). *Religion and prejudice*. Crane Review, 2, 1–10.

Holy Bible. (NIV, KJV). (1985).

The Jewish Bible, *TANAKH*, The Holy Scriptures by JPS, 1985.

Solomon. (2005). *옷을 팔아 책을 사라*, 편저: 현용수, 서울: 쉐마.

Tokayer, 탈무드 1: 탈무드의 지혜, 편저: 현용수, 서울: 쉐마.

_____, (2013). 탈무드 2: 탈무드와 모세오경, 편저: 현용수, 서울: 쉐마.

_____, (2013). 탈무드 3: 탈무드의 처세술, 편저: 현용수, 서울: 쉐마.

_____, (2013). 탈무드 4: 탈무드의 생명력, 편저: 현용수, 서울: 쉐마.

_____, (2013). 탈무드 5: 탈무드 잠언집, 편저: 현용수, 서울: 쉐마.

_____, (2017). 탈무드 6: 탈무드의 웃음, 편저: 현용수, 서울: 쉐마.

차례

I. 서론
　1. 문제 제기
　2. 연구의 범위
　3. 연구의 조건

II. 소수 개신교가 3.1 운동의 리더가 되었던 신학적 및 윤리학적 이유
　1. 신학적 이유: 개신교인들이 복음을 받은 후 민족주의자들로
　　　　　　　　바뀌었기 때문이다
　2. 윤리학적 이유: 한국의 초대교회 지도자들이 '자기 개조 운동'을 했기
　　　　　　　　때문이다

III. 소수 개신교가 3.1 운동의 리더가 되었던 인성교육과 종교심리학적 이유
　1. 조선인에게 강한 수직문화가 있었기 때문이다.
　〈왜 강한 수직문화에 복음이 결합되면 큰 파워가 발생하는가〉
　　　A. 조선인에게는 수직문화의 마음과 성격의 토양이 옥토였다
　　　B. 조선인의 강한 성격의 토양이 순교자를 많이 낳게 했다
　　　C. 수직문화의 마음과 성격의 토양으로 본 4가지 신앙 타입
　　　　1) A타입(옥토): EQ의 마음도 풍부하고, 의지력도 강한 사람
　　　　2) B타입(돌밭): EQ의 마음은 풍부하지만, 의지력이 약한 사람
　　　　3) C타입(길가): EQ의 마음은 적지만, 의지력이 강한 사람
　　　　4) D타입(가시덤불): EQ의 마음도 적고, 의지력도 약한 사람
　　　D. 4가지 신앙 타입 비교 분석
　2. 수직문화에 대한 이론을 증명했던 저자의 연구 논문

IV. 소수 개신교가 3.1 운동의 리더가 되었던 교육신학적 이유:
　　선교사들의 바른 신학교육 때문이었다

V. 요약 및 결론
　1. 요약
　2. 결론

제 2 장

극소수 개신교가 3.1 운동의 리더가 되었던 이유가 교회 성장에 미치는 영향 연구

Ⅰ. 서론
Ⅱ. 소수 개신교가 3.1 운동의 리더가 되었던 신학적 및 윤리학적 이유
Ⅲ. 소수 개신교가 3.1 운동의 리더가 되었던 인성교육과 종교심리학적 이유
Ⅳ. 소수 개신교가 3.1 운동의 리더가 되었던 교육신학적 이유: 선교사들의 바른 신학교육 때문이었다
Ⅴ. 요약 및 결론

요약(Abstract)

한국 교회는 1990년대 이후부터 교회 성장이 멈추고 침체기에 들어섰다. 본 논문은 인성교육과 종교심리학적 측면에서 다음 세 가지 질문을 제기한다. 1) 왜 현대에는 1920년대처럼 복음의 파워가 나타나지 않는가? 그리고 왜 기독교인이 된 이후 그리스도를 닮아가는 제자화가 쉽지 않는가? 2) 왜 현재 개신교인은 19.7%인데도 불구하고 나라와 민족을 위하여 큰 리더십을 발휘하지 못하고 오히려 사회로부터 비난을 받고 있는가? 3) 한국 교회의 미래를 걱정하는 많은 교계 지도자들이 1920년대 한국의 초대교회를 본받자고 한다. 그런데도 왜 그것이 실현되기 힘든가?

따라서 본 논문의 목적은 "1920년대 한국 개신교가 다른 종교에 비해 극소수였는데도 불구하고 어떻게 3.1 독립운동에서 거국적인 리더가 될 수 있었느냐?"를 연구하여, 현재 침체된 한국 교회 성장에 대안을 제시하기 위함이다.

본 논문은 당시에 개신교가 강한 교회 성장과 더불어 큰 리더가 될 수 있었던 4가지 이유를 발견했다. 1) 신학적 이유: 개신교인들이 복음을 받은 후 민족주의자들로 바뀌었기 때문이다. 2) 윤리학적 이유: 한국의 초대교회 지도자들이 자기 개조 운동을 했기 때문이다. 3) 인성교육과 종교심리학적 이유: 조선인에게 강한 수직문화가 있었기 때문이다. 4) 교육신학적 이유: 선교사들의 바른 신학교육 때문이었다.

당시에는 동일한 복음과 신학교육으로 이 4가지 이유가 가능했었는데, 왜 현대에는 불가능한가? 그 가장 큰 이유는 인성교육학적 및 종교심리학적 차이에서 찾을 수 있다. 당시에는 한국의 수직문화가 매우 강했던, 즉 종교성 토양이 옥토였기에 가능했고, 현대에는 강한 수평문화의 영향으로 종교성 토양이 돌밭, 길가, 가시덤불 등의 나쁜 토양으로 변했기에 불가능한 것이다.

대안은 무엇인가? 현대인의 종교성 토양을 1920년대처럼 옥토로 바꾸기 위해서 가정과 교회 그리고 학교에서 수평문화를 차단하고 수직문화 교육을 강화해야 한다. 그래야 성령의 바람도 강하게 나타날 수 있다.

키워드: 3.1 독립운동, 개신교, 민족주의자, 수직문화, 마음과 성격의 토양, 옥토

I 서론

1. 문제 제기

3.1 독립만세운동 당시 조선인 전체 인구는 1,600만 명 정도였는데, 기독교인은 20만 명을 상회하여 한국 인구의 1.3~1.5%(평균치는 약 1.4%)를 차지하였다(이만열, 3·1운동은 기독교의 정의·사랑·평화에 기초).

〈저자 주: 기독교 인구가 1.8%였다는 통계도 있다. 이것은 1921년 조선 선교사연합회에서 작성한 통계다(기독신보, 조선기독교회통계, 1922년 2월 15일)〉

그런데도 종교적 분포에 의하면 민족 대표 33인 중에 기독교인은 16명으로 압도적이었다. 천도교는 15명이었고, 불교는 2명뿐이었다. 그리고 천주교는 하나도 없었다. 유관순 열사(1902년~1920년)도 독실한 기독교인이었다(http://creamchoco.tistory.com/35).

당시 자세한 통계를 보자. 1) 운동의 주동 세력이 뚜렷한 340여 회는 311개 지역으로 압축되었는데, 그 가운데 기독교가 25% 내지

38%였으며, 기독교나 천도교가 아닌 지역은 125개 지역이었다. 2) 체포·투옥자와 관련, 6월 30일까지 투옥자 9,458명 가운데 기독교인이 2,087명으로 22%를 차지하였고, 12월 말까지 복역자 19,525명 가운데 기독교인은 3,373명으로 17%이고, 천도교인은 2,297명으로 11%였다(이만열, 3·1운동은 기독교의 정의·사랑·평화에 기초).

이것은 당시 기독교가 민족의 운명을 결정짓는 데 얼마나 큰 기여를 했는지를 보여준다. 따라서 본 논문에서는 몇 가지 연구를 위한 질문을 할 수 있다.

연구를 위한 중심 질문:

1920년대 개신교인은 1.4%(이만열 통계)였는데, 어떻게 그들이 3.1독립만세운동에서 지도적 역할을 감당했는가? 즉 왜 한민족의 민족주의자들 중에 유독 기독교인들, 특히 개신교인들이 다수를 차지했는가? 그 이유를 몇 가지로 설명해 보자.

연구를 위한 보조 질문:

1) 왜 현재는 전도가 잘 되지 않는가? 왜 1920년대처럼 복음의 파워가 나타나지 않는가? 그리고 왜 기독교인이 된 이후 그리스도를 닮아가는 제자화가 쉽지 않는가? (한국기독공보, 한국 교회 주요 교단 교세 현황, 다음세대 큰 폭 감소, 2017년 10월 9일 참조)

2) 왜 현재 개신교인은 19.7%(2015년 통계청 종교인구 현황)인데도 불

구하고 나라와 민족을 위하여 큰 리더십을 발휘하지 못하고 오히려 사회로부터 비난을 받고 있는가?

3) 한국 교회의 미래를 걱정하는 많은 교계 지도자들이 1920년대 한국의 초대교회를 본받자고 한다. 그런데도 왜 그것이 실현될 수 없는가? 현재는 1920년대와 어떤 면에서 다르기 때문인가?

이 문제들을 해결하기 위해서 어떻게 1920년대의 종교성 토양, 즉 옥토를 준비할 수 있는가? 본 논문에서는 이 질문들에 대한 답을 신학적, 윤리학적, 인성교육학과 종교심리학적 그리고 교육신학적인 입장에서 살펴보고, 바른 대안을 제시하고자 한다.

2. 연구의 범위

본 논문은 교회사 연구 논문이 아니다. 극소수의 개신교가 3.1 운동 당시 어떻게 거대한 타 종교들보다 지도자 역할을 할 수 있었느냐를 연구한 것이다. 따라서 일제가 조선을 침략한 역사적인 원인이나 과정 및 결과는 논하지 않는다. 당시 자세한 한국 교회사에 관해서도 다루지 않는다. 그리고 1919년 3월 1일에 거행된 3.1 독립만세운동의 원인이나 과정 그리고 피해 사항 등도 자세히 다루지 않는다.

왜냐하면 앞에서 언급한 연구를 위한 중심 질문과 세 가지 연구를 위한 보조 질문에 충실히 답변하기 위함이다.

3. 연구의 조건

3.1 운동이 일어났던 대한제국 시대에는 한국인을 '조선인'이란 용어로 표현했다. 따라서 본 논문에서는 '한국인'이라는 용어를 주로 사용하지만 시대적 상황을 잘 설명하기 위해서 '조선인'이란 용어도 혼용한다.

> II
> 소수 개신교가
> 3.1운동의 리더가 되었던
> 신학적 및 윤리학적 이유

1. 신학적 이유: 개신교인들이 복음을 받은 후 민족주의자들로 바뀌었기 때문이다

왜 많은 개신교인들이 민족주의자로 바뀌었나? 그 신학적 근거는 무엇인가? 기독교인은 성경을 정확무오(正確無誤)한 하나님의 말씀으로 믿는다. 그리고 모든 사상과 행동의 근거를 성경 말씀에 두고 있다.

당시 많은 개신교인들이 나라를 사랑하고 민족을 사랑하는 민족주의자들로 변한 이유는 성경의 주요 모범적인 지도적 인물들이 하나님과 자신들의 나라 이스라엘과 유대민족을 사랑하는 민족주의자들이었기 때문이다.

구약시대의 모세, 다윗, 다니엘, 예레미야, 에스라 등이 그 예다.

신약시대의 예수님 및 바울 등도 하나님과 동족을 매우 사랑하셨던 민족주의자들이었다(마 23:37; 롬 9:1-4). 그리고 그들은 하나님의 백성이라는 선민의식이 매우 투철했다.

이것은 무엇을 뜻하는가? 예수님을 믿으면 영적으로 하늘나라에 대한 정체성과 육적인 자신의 정체성이 뚜렷해진다는 것을 뜻한다. 즉 하나님 나라와 조국(祖國) 및 민족을 사랑하는 애국 애족자가 된다는 말이다. 더구나 당시에는 국가의 왕에게 충성하고 부모에게 효도하는 충효(忠孝)를 매우 강조했던 시기였기 때문에 더 애국 애족을 강조했을 것이다. 그리고 하나님의 백성이라는 강한 선민의식을 가지게 된다.

한국의 초대교회 지도자들이 이런 성경의 진리를 깨닫고 선민의식을 가지고 순교의 각오로 나라와 민족을 사랑하는 민족주의자로 변했다는 것은 그만큼 성경의 진리를 그대로 믿는 순수한 신앙을 가지고 있었다는 것을 뜻한다.

구약시대의 유대인처럼 한국인도 신약시대에 예수님을 믿는 하나님의 백성이라는 강한 선민의식을 가질 때 기독교인으로서 일본이나 중국 같은 거대한 이방의 힘에 대한 열등의식을 느끼지 않을 수 있다는 것을 보여준다. 만약 그렇지 않을 경우 한국인은 중국이나 일본에 대한 피해 의식에서 헤어나지 못하고 심한 열등감에 사로잡혀 다시 비겁한 사대주의 사상에 물들 수도 있다.

이만열 교수도 기독교인의 적극적인 3·1운동 참여 이유로 "하나님의 창조 섭리에 따른 민족관과 기독인의 민족의식 및 민족운동의 전통, 교단의 조직화, 종교적 자유의 박탈"을 들었다. 또한 이 교수는 "3·1운동을 주도한 기독교인의 민족의식 성격은 정의, 자유,

평화에 기초한 하나님 나라 건설과 확대라는 기독교 신앙과 자주, 평등, 해방을 목표로 한 독립국가, 민족자주의 건설이라는 민족적 양심의 접점에 있었다"고 평가하고 있다(오승훈, 3.1 만세운동과 기독교의 역할, http://cafe.daum.net/hanachurch1/ptC5/139?q=3.1%).

따라서 1920년대 1.4%(서론의 이만열 통계)의 인구를 가졌던 기독교가 일제에 맞서던 3.1 독립만세 운동에 주도적 역할을 잘 감당할 수 있었던 것이다. 그 당시 만세 운동에 참석한 대부분이 기독교인이었던 사실만으로도 알 수 있다(상계서).

그런 의미에서 2018년 현재에도 북한 공산당의 핵 위협과 남한 내에 포진한 종북좌파의 위협에 대항해서 대한민국을 구할 수 있는 그 루터기도 보수 기독교일 수밖에 없을 것이다. 이것은 현재 구국의 일념으로 태극기 집회에 참석하는 이들 대부분이 기독교인이란 사실이 증명하고 있다.

반면 악에 속한 북한은 하나님의 백성인 기독교인을 원수로 지정하고, 북한에서 성경을 소지하고 있었다는 이유만으로도 무조건 학살하고 있다. 그들은 조국 대한민국의 원수다.

2. 윤리학적 이유: 한국의 초대교회 지도자들이 '자기 개조 운동'을 했기 때문이다

한국 초기 개신교와 민족주의의 상관관계를 연구한 학자가 있다. 뉴질랜드인, 케네스 웰즈 박사(Kenneth Wells)다. 그에 따르면, 조선 말기 개신교인은 소수였는데, 1920년까지 개신교 민족주의자들이 지도적 역할을 감당했다고 했다(웰즈, *새 하나님, 새 민족: 1896~1937년 한국 개신교와 자기 개조 민족주의에 대한 고찰*, 순교자의 소리, 2017 개역증보판).

그는 1) 그들을 민족주의자로 이끈 신학적 근거는 무엇인지, 2) 어떤 교리로 민족주의적 신조를 만들어 갔을지'에 대한 물음을 갖고 연구를 시작했다고 했다. 그의 말에 의하면 한국인은 아무도 이런 주제에 대한 연구를 하지 않았다고 했다.

그는 두 번째 질문에 대하여 이렇게 답했다. 개신교식 민족주의가 나오게 된 배경은 안창호, 윤치호, 조만식 선생 등이 '자기 개조 운동'을 했기 때문이라고 했다. 따라서 그는 한민족 기독교인의 민족주의를 '자기 개조 민족주의'라고 이름을 붙였다(크리스천투데이, *남한 기독교의 힘 연구하다 일제시대 기독교 민족주의 재발견*, 2017년 9월 25일).

"안창호 선생과 그의 동료들은 자신들이 갖게 된 새 신앙의 교리와 영적 본질을 이해하고, 이를 개인과 사회에 반영하고자 진정으로 노력했다"고 강조했다. 그는 "길선주 목사도 1916년 '만사성취'라는 책을 통해 한국 사람들의 약점을 지적하고, 어떻게 고쳐야 할지 썼다"며 그 내용은 "게으르지 않고 술 취하지 않으며, 계층과 비관주의를 없애고 실력을 양성하는 것인데, 역시 자기 개조라고 할 수 있다"고 했다(상계서).

당시 조선인들의 약점은 게으르고, 술 취하고, 현세를 비관하고, 세월을 아끼며 실력을 키우는 것보다는 주색잡기(酒色雜技)나 노름 등을 많이 했었다. 그리고 정직하지 못한 점을 꼬집었다. 그런데 예수님을 믿고 난 이후 이런 잘못된 점들을 고치는 운동을 했다는 것이다.

이것은 성경의 윤리적 가치에 근거한 자기 개조를 말한 것이다. 뿐만 아니라 3.1 독립운동 당시 일제가 무자비하게 총칼로 조선인들을 진압하는 위협에도 아무런 무장 없이 비폭력 독립운동 방법을 택한 것도 성경의 윤리적 교훈을 따랐기 때문이었다.

이것은 무엇을 뜻하는가? 예수님을 믿는 한국인이 어떻게 기독교인으로 살아갈 것이냐 하는 윤리적인 문제다.

조선 기독교인들의 삶이 변한 것은 그들이 예수님을 믿고 회심한 이후에 하나님의 백성이 되었다는, 강한 선민의식으로 인하여 높은 자존감을 갖게 되었다는 것을 뜻한다. 그 이후 좀 더 거룩한 백성이 되는 성화의 과정에서 구습을 좇는 옛 사람을 벗어 버리고(엡 4:22) 하나님의 백성답게 살자는, '자기 개조'에 초점을 맞추었다는 것이다.

〈참고자료 더 보기: http://cafe.daum.net/InHissteps/ZTAz/2385?q=%〉

III
소수 개신교가 3.1 운동의 리더가 되었던 인성교육과 종교심리적 이유

1. 조선인에게 강한 수직문화가 있었기 때문이다

A. 강한 수직문화에 복음이 결합되면 큰 파워가 발생하는 이유

1) 조선인의 수직문화는 마음과 성격(EQ+PQ)의 토양이 옥토였다

당시 소수였던 기독교가 어떻게 한민족의 지도자 역할을 할 수 있었는가? 1920년대에 1.4%(서론의 이만열 통계)의 기독교가 3.1 독립만세운동이라는 거국적인 민족 운동의 주체가 되었던 것은 당시 조선인들이 가졌던 강한 수직문화에 복음이 결합되었기 때문이었다.

〈저자 주: 수직문화와 수평문화에 대해서는 저자의 저서 '현용수의 인성교육 노하우' 제1-2권, 제2부 '인성교육의 본질과 원리: 수직문화와 수평문화'를 참조 바람〉

왜 강한 수직문화를 가진 이들에게 복음이 결합되면 폭발적인 파워가 발생하는가? 많은 이들은 한국의 초대교회의 부흥을 하나님이 한민족을 사랑하시고 축복하셔서 예루살렘의 초대교회처럼 성령의 큰 부흥의 역사를 이루었다고 설명한다. 물론 맞는 말이다.

그렇다면 교회사적으로 그러한 성령님의 강한 역사가 항상 어느 그룹에나 나타났는가? 아니다. 동시대에 일본에서는 일어나지 않았다. 그리고 아프리카 흑인에게는 일어나긴 했지만 세계로 뻗어나갈 만한 큰 파워의 물결은 유지되지 않았다. 그런데 하나님은 모든 민족을 다 사랑하시는데 왜 특별히 한민족에게 성령의 부흥 운동이 강하게 일어나게 하셨는가?

〈저자 주: 한국 교회와 일본 교회에 관한 비교는 저자의 저서 *현용수의 인성교육 노하우* 제2권 제2부 II. 3. 'IQ와 EQ적 측면에서 본 이상적 종교성 토양(한국과 일본 교회의 비교)'와 4. '왜 한국인은 복음을 잘 받아들이고 하나님을 잘 섬겼는가' 참조〉

이것은 특별히 조선인에게 성령님의 강한 역사가 일어날 만한 어떤 중요한 준비된 요소들이 있었다는 것을 시사해준다. 그리고 하나님께서는 그것을 귀하게 여기시고 때가 차매 축복해 주신 것이다. 그런 면에서 하나님께서는 마지막 시대에 한민족을 세계 열방을 위해 사용하시기 위하여 그것을 준비하게 하셨다고도 볼 수 있다.

그것은 무엇인가? 그것은 조선인이 가지고 있었던 한국인 특유의 강한 수직문화였다. 그들의 강한 수직문화에는 어떤 점들이 있어서 특별했는가? 이것을 인성교육학과 종교심리학적인 입장에서 설명해 보자.

저자는 인성교육 교과서를 집필할 때 예수님의 '씨 뿌리는 자의 비유'(막 4:1-25)를 본문으로 4가지 종교성 토양, 즉 ① 길가 ② 돌밭 ③

가시떨기 ④ 옥토(좋은 땅)에 대하여 자세히 설명한 바 있다. 그리고 하나님의 말씀을 씨앗으로, 인간의 마음은 씨를 받아들이는 마음의 밭으로 비유하셨다고 했다. 그것은 일반론이었다.

<저자 주: 자세한 설명은 저자의 저서 *현용수의 인성교육 노하우* 제2권 제2부 Ⅱ. '수직문화와 수평문화가 인성(종교성)의 토양에 미치는 영향'을 참조>

본 주제에서는 한국인이 가지고 있는 수직문화의 특징이 그들의 종교 심리에 어떤 영향을 주는지를 종교심리학적인 입장에서 자세히 설명해 보자. 이를 위해서는 인간의 마음 밭(토양)을 다시 두 가지 토양으로 나누어야 한다. 즉 수직문화에는 두 가지 심리적 토양이 있다.

첫째, 인간의 뼈대와 같은 강한(혹은 약한) 성격 혹은 의지력(strong personality or willpower)을 보이는 '성격의 토양'(personality soil)이 있다. 이를 'PQ(Personality Quotient, 성격지수) 토양'이라고 부를 수 있다. 그리고 'PQ'는 '의지력 지수(Perserverance Quotient)'라고 부를 수도 있다.

둘째, 인간의 살과 같은 측은지심〈인정(人情), compassion〉이라는 '마음(心性)의 토양'(heart soil)이 있다. 이를 'EQ(Emotional Quotient, 감성지수) 토양'이라고 부를 수 있다.

따라서 본서에서 말하는 수직문화에 속한 심리적 '옥토'에는 '성격의 토양'이 옥토라는 것과 '마음의 토양'이 옥토라는 것, 두 가지가 모두 포함한다. 전자는 '강한 의지력(PQ)'을 뜻하고, 후자는 '풍부한 EQ'를 뜻한다. 따라서 한 개인이 두 가지 옥토를 모두 갖추어야 인성교육학적인 입장에서 완전한 옥토를 가졌다고 할 수 있다.

〈저자 주: 본서에서는 편의상 '성격의 토양'을 '의지력 토양' 혹은 'PQ 토양' 그리고 '마음의 토양'을 'EQ 토양'이라고 표기하기도 한다.〉

'마음의 토양(EQ 토양)'은 복음을 받아들이는 데 유익하고, '성격의 토양(PQ 토양)'은 복음을 믿은 이후 그리스도를 본받는 성화의 과정에 유익하다. 과거 왜정시대 조선인(한국인)의 수직문화에는 이 두 가지 심리적 토양이 옥토였다. 따라서 전도하기도 쉬웠고, 교인이 된 이후에 그리스도를 닮아가는 성화(제자화)의 과정도 쉬웠다.

〈저자 주: 자세한 EQ 토양에 관해서는 '현용수의 인성교육 노하우' 제3권 제4부 '인성교육과 EQ(감성지수): IQ보다 EQ가 더 중요하다' 참조 바람〉

2) 조선인의 성격과 마음의 토양(EQ+PQ 토양)

왜 강한 수직문화에 복음이 결합되면 큰 파워가 발생하는가? 그 이유를 설명하기 위해서는 '성격(의지력)의 토양(PQ 토양)'과 '마음의 토양(EQ 토양)'을 좀 더 구체적으로 설명해야 한다.

첫째, 한국인의 성격 토양은 성격지수(PQ)가 높은 특유한 성격(personality)을 말한다. 무엇을 한다면 하는 강한 의지력(strong willpower), 고집(strong personality or bigot), 강한 인내력(strong perserverance or endurance), 그리고 배반하지 않는 충성심 혹은 의리(loyalty, faithful, sense of duty)같은 것들이다.

이것은 인성교육학적인 입장에서 수직문화가 강할 때 얻어지는 깊은 심지(心志)에 기인한다. 수직문화를 '깊은 심연의 문화' 혹은 '뿌리 문화'(deep or root culture)라고 부르는 이유가 여기에 있다. 반면, 수평문화는 '얕은 표면 문화'(surface culture)라고 한다(현용수, 현용수의 인성교육 노하우, 제1권, pp. 222-223).

과거 조선인(한국인)에게는 특유의 강한 수직문화의 영향으로 강한 의지력과 인내력이 많았다. 이것은 과거 한국인의 성격(PQ)의 토양이 옥토였다는 것을 증명해 준다.

둘째, 조선인의 마음의 토양은 EQ 지수가 높은, 즉 풍부한 EQ를 가진 토양, 즉 옥토였다. '마음의 토양'은 한자로 '심성(心性)의 토양'이라고도 할 수 있다. 당시 조선인의 마음은 왜 옥토였는가?

한국인은 본래 1) 정(情)이 많고, 2) 억울한 일을 많이 겪어 한(恨)이 많은 백성이었다. 그래서 눈물이 많았다(현용수, 현용수의 인성교육 노하우, 제2권, pp. 162-164). 이에 더하여 일제의 핍박에 시달려 대부분 경제적 및 심령적으로 가난한 자들이었다. 의지할 때 없는 버려진 고아 같은 민족이었다. 또한 당시에는 현대와 같은 마음의 토양을 해치는 첨단 수평문화가 없었다.

이런 환경은 이집트의 바로의 핍박에 400년 동안 시달렸던 유대인이나, 로마의 압제에 시달렸던 예루살렘의 초대교회 유대인 교인들과 비슷했다. 이것은 하나님께서 사용하시기에 가장 좋은 종교성 토양이었다.

하나님께서는 "무릇 마음이 가난하고 심령에 통회하며 [하나님]의 말씀을 인하여 떠는 자를 권고하셨다"(사 66:2). 예수님께서도 심령이 가난한 자나 애통하는 자는 복이 있다고 말씀하셨다(마 5:3-4).

> 심령이 가난한 자는 복이 있나니 천국이 저희 것임이요. 애통하는 자는 복이 있나니 저희가 위로를 받을 것임이요. (마 5:3-4)

본문에서 '심령이 가난한 자'는 풍부한 EQ의 마음을 가진 자를 뜻한다. 사랑과 정서와 눈물이 많은 자다. 성령님은 이런 심령이 가난한 이들에게 찾아가셔서 쉽게 역사하신다. 따라서 성령님을 '보혜사'라고 하는데 이는 '상담자'(counselor), 혹은 '위로하는 자'(comforter)란 뜻이다(요 14:26).

한국인에게는 단점도 많다. 그러나 다른 어느 민족보다 수직문화의 이 두 가지 심리적 토양(성격의 토양과 마음의 토양)이 좋았던 것은 큰 장점이었다. 하나님께서 한민족을 그토록 사랑하셨던 이유도 바로 이것 때문이라고 생각한다.

풍성한 EQ의 마음은 전도학적인 입장에서 예수님을 믿는 복음전파(evangelism)에 유익했고, 강한 의지의 PQ(성격)는 제자학적 입장에서 그리스도의 형상(하나님의 형상)을 닮는 거룩한 제자 생활(discipleship)에 유익했다. 따라서 한민족은 EQ(마음)와 PQ(성격)의 토양이 모두 옥토이었기에 복음을 믿었을 때에 복음을 받아들이기가 쉬웠고, 그만큼 강한 회심의 파워(역사)도 일어났었다. 믿음의 강도도 그만큼 높았다. 그리고 예수님을 믿은 후 강한 의지력으로 예수님을 본받는 삶을 살기가 쉬웠다. 즉 성화(sanctification)에 대한 의지도 강했다.

그리고 그 파워는 한국인의 정신세계를 깨우는 데 큰 기여를 했다. 그리스도를 닮는 제자 생활을 하는 동안에 유대인처럼 하나님의 백성이라는 강한 선민의식을 가지고 민족주의자들로 바뀌었다. 주님을 위해 순교도 불사하겠다는 믿음의 결단력을 보인 것이다. 즉 강한 수직

조선인 수직문화의 두 가지 심리 토양의 기능

구분	기능	설명
A. 마음의 토양 (풍부한 EQ)	복음 전파에 유익	EQ가 풍부한가, 적은가에 따라 복음을 잘 받아들이느냐 거부하느냐가 결정된다.
B. 성격의 토양 (강한 의지력, PQ)	그리스도를 닮는 제자 생활(성화)에 유익	의지력(PQ)은 수직문화에 정비례 한다. 의지력이 강한 사람이 믿음도 강하다. 강한 믿음은 율법을 잘 지키게 한다. 그리스도를 닮는 제자 생활, 즉 성화가 쉽다.
비고		A와 B는 균형을 이루어야 한다. B가 없고, A만 있을 경우 사랑만 강조하여 정의가 사라진 부패한 사회가 될 수 있고, A가 없고 B만 있을 경우 사랑의 결핍으로 율법주의자가 될 수 있다.

문화를 가진 조선인들에게 복음이 결합된 결과 폭발적인 파워가 나타나게 된 것이었다. 새벽예배도 유대인처럼 가장 열심히 드렸던 민족은 전 세계의 이방인 기독교인들 중에 한국인 기독교인밖에 없다.

그러면서 북미주 선교사들이 가르쳤던 성경의 율법을 배우면서 윤리적 가치 개조 운동에 불이 붙은 것이다. 이것은 이전에 이방인이었을 때의 잘못된 삶을 회개하고 새로운 삶으로 바꾸는, 하나님이 주신 율법을 지키려는 성화 운동이었다.

이것은 무엇을 뜻하나? II항에서 설명했던 소수 개신교가 3.1 운동의 리더가 되었던 신학적 이유, 즉 "개신교인들이 복음을 받은 후 민족주의자들로 바뀌었기 때문이다." 그리고 윤리학적 이유, 즉 "한국의 초대교회 지도자들이 '자기 개조 운동'을 했기 때문이다."를 가능하게 했던 심리적 원동력이 바로 강한 수직문화였다는 것을 증명한다. 물론 이것은 신학적 및 성경적 윤리학적인 입장에 아니라 인성교육학적 및 종교심리학적 이유에서 그렇다는 것이다.

그렇다고 해도 윤리의식이나 준법정신적인 면에서 한국인 기독교인이 평상시 율법을 잘 지키는 것이 생활화되었던 일본인 기독교인을 따라가는 데는 한계가 있다(http://www.sion.or.kr., 2003년, 9월 2일). 이것도 한국인 기독교인이 인식해야 할 또 다른 인성교육의 주제다 (차후 더 논의 함, 현용수, 현용수의 인성교육 노하우, 제2권, pp. 153-158).

조선인의 수직문화에는 두 가지 심리 토양이 옥토였다.
뼈대와 같은 강한 의지력(PQ)과 살과 같은 풍부한 EQ다.

3) 조선인의 강한 성격의 토양이 순교자를 많이 낳게 했다

한국인이 가진 성격의 옥토(PQ), 즉 특유한 강한 의지, 고집, 끈기(인내력) 및 충성심(의리) 같은 성격은 3.1 운동 이후 기독교를 핍박했던 일제와 북한 공산당에 신앙을 지키기 위해 항거했던 고난의 역사에 그대로 나타났다. 수많은 순교자들의 희생이 발생했다.

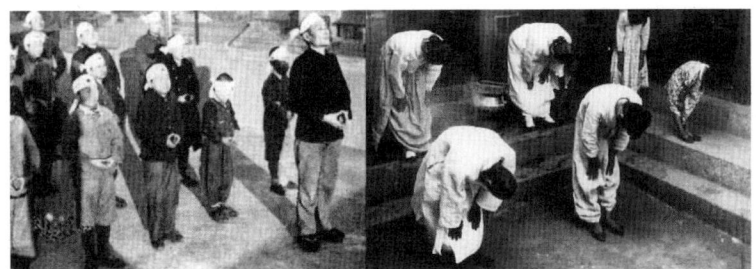

〈황국신민서사 암송〉　　　　〈궁성요배〉

〈학생들의 신사참배 모습〉

사진 출처: http://blog.naver.com/PostView.nhn?blogId=icaruskj&logNo=220042360098

한국 기독교와 순교자에 대한 참고자료 더 보기:
http://callingman.tistory.com/130
http://blog.naver.com/PostView.nhn?blogId=ndsan&logNo=221037569557
http://blog.naver.com/PostView.nhn?blogId=icaruskj&logNo=220042360098

이상규 교수(고신대 역사신학)는 "한국은 짧은 기독교 역사에도 공식적으로 1만명, 비공식적으로는 3만명의 순교자를 배출했다"며 "이는 400여 년 간 핍박받았던 로마 제국의 순교자 수보다 훨씬 많은 수치"라고 밝혔다(한국교회 순교자 수 초대교회보다 많아, http://goodnewschurch.tistory.com/71).

초기 기독교인들은 하나님에 대한 충성심이 강하여, 즉 믿음이 강하여 목숨을 내걸고 십계명을 비롯한 하나님의 율법을 지키려 했기 때문이다. 그 대표적인 예가 신사참배 반대 운동(제1~2계명)이다. 신사참배 거부로 인해 투옥된 이는 대략 2천여 명에 달했다. 순교자만도 50여 명에 달했다. 주기철 목사, 박관준 장로, 안인숙 선생, 최상림 목사, 김익두 목사, 손양원 목사, 주남선 목사, 한상동 목사, 이인재 전도사 등이 순교했다. 교회당 소실도 59채였다(김재준, 장공 김재준 박사의 회고, 한국 기독교사 연구, (5) 1985, pp. 12, 16). 그러나 당시 불교의 사찰이나 천도교의 사당의 피해는 보고되지 않았다.

요약하면, 복음의 파워는 수직문화의 강도에 비례한다. 수직문화가 강한 것만큼 더 강한 회심의 역사가 일어난다. 그리고 믿음의 강도도 그만큼 정비례한다. 이와 함께 강한 선민의식과 결속력을 가질 수 있다. 이것은 바울이 가졌던 그의 수직문화가 강한 것만큼 회심과 믿음의 강도도 다른 기독교인들보다 더 높았던 것과 마찬가지다. 또한 이것은 인성교육이 잘 되어 한국인의 수직문화가 강할수록 제자화도 그만큼 잘 될 수 있다는 것을 말해준다.

그렇다면 독자들은 여기에서 한 가지 질문을 할 수 있다. 한국인의 수직문화는 그들의 정체성이라고 했는데, 수직문화의 두 가지 심리적 토양〈성격과 마음(PQ+EQ)의 토양, personality and heart soils〉이 정체성이라는 뜻인가? 이 질문은 수직문화를 바르게 이해하는 데 매우 중요하다.

본서에서 수직문화를 정체성과 동일시한 것은 수직문화를 형성하는 데 필요한 콘텐츠가 정체성을 형성하는 콘텐츠와 동일하다는 말이다. 따라서 한 인간의 정체성은 그가 가지고 있는 수직문화의 콘텐트 교육에 비례한다. 이 말은 수직문화의 콘텐트 교육을 시키지 않으면 정체성도 없을 수 있다는 것을 뜻한다.

그러나 앞에서 설명한 수직문화의 두 가지 토양은 심리학적인 입장에서 강한 수직문화를 가진 조선인(한국인)들을 분석한 것이다. 물론 한국인의 정체성을 말할 때 콘텐츠 교육이 주류를 이루고 있지만, 심리적인 토양도 한민족의 성격을 다른 민족과 구별하는 데 대단히 중요한 역할을 한다. 왜냐하면 후자의 성격이 형성된 배경에는 전자의 교육이 있었기 때문이다. 따라서 큰 틀에서 전자와 후자 모두 한국인의 정체성 교육에 필요하다고 할 수 있다.

B. 수직문화의 마음과 성격의 토양으로 본 4가지 신앙 타입

앞에서 한국인 수직문화의 두 가지 심리적 토양을 설명했다. 즉 1) 마음의 토양(EQ의 마음)과 2) 성격의 토양(의지력이 강한 성격, PQ)이다. 이것을 근거로 복음을 전하기 위한 전도학적 입장과 그리스도의 형상(하나님의 형상)을 닮아가기 위한 제자학적 입장에서 인간들을 네 가지 타입으로 분류해 보자(도표 참조).

1) A타입(옥토): EQ의 마음도 풍부하고, PQ(의지력)도 강한 사람

[씨가] 더러는 좋은 땅에 떨어지매 자라 무성하여 결실하였으니 삼십 배와 육십 배와 백 배가 되었느니라 하시고…(막 4:8)

[말씀이] 옥토(좋은 땅)에 뿌리웠다는 것은 곧 말씀을 듣고 받아 삼십 배와 육십 배와 백 배의 결실을 하는 자니라. (막 4:20)

EQ의 마음도 풍부하고, PQ(성격지수, Personality Quotient)도 높은, 강한 의지력을 가진 사람은 마음의 토양과 성격의 토양이 모두 옥토(좋은 땅)다. 따라서 복음을 받아들이기도 쉽고(막 4:20), 그리스도를 닮는 제자 생활도 잘 할 수 있는, 가장 이상적인 사람이다.

왜냐하면 전도학적 입장에서 EQ의 마음이 풍부한 사람은 사랑이 많고 심령이 가난하여 마음 문을 열고 예수님을 영접하기 쉽기 때문이다. 그리고 인성교육학적인 입장에서 성격이 옥토인 사람은 수직문화가 강하여 심지가 깊고 의지력과 인내력이 강하여 율법을 잘 준수하여 그리스도를 닮는 제자가 되기 쉽기 때문이다.

〈저자 주: '의지력'과 '인내력'은 성격의 토양을 더 구체적으로 설명하기 때문에 이후 두 단어를 함께 사용한다〉

따라서 그는 마음이 착하여 불쌍한 사람을 돌보고자 하는 마음도 많지만, 신앙을 지키기 위해 순교도 할 수 있는 강한 믿음의 사람이다. A타입(옥토) 사람은 말씀을 듣고 받아 많은 결실을 맺는다(막 4:20).

예를 들면, 예수님이 가장 좋은 모델이다. 나사로의 죽음을 불쌍히 여기시어 살려내시고(요 11:11-44), 우리와 같은 죄인을 위해 십자가까지 지신 순교자이시다(롬 5:6-8). 한국인 중에는 손양원 목사 같은 사람이다. 그는 "너는 내[하나님] 외에는 다른 신들을 네게 두지 말라"는 제1계명을 지키기 위해 일제가 강요했던 신사참배에 항거하다가 옥살이도 했다. 그리고 소록도에서 일평생을 불쌍한 한센병자들을 돌보아 주었던 의인이었다. 예루살렘의 초대교회 유대인들이나 조선인들 중에도 A타입의 인물들이 많았다.

예수님이 가장 좋은 모델이다.

2) B타입(돌밭): EQ의 마음은 풍부하지만, PQ(의지력)가 약한 사람

더러는 [씨가] 흙이 얇은 돌밭에 떨어지매 흙이 깊지 아니하므로 곧 싹이 나오나 해가 돋은 후에 타져서 뿌리가 없으므로 말랐고…. (막 4:5-6)

또 이와 같이 [말씀이] 돌밭에 뿌리웠다는 것은 이들이니 곧 말씀을 들을 때에 즉시 기쁨으로 받으나 그 속에 뿌리가 없어 잠깐 견디다가 말씀을 인하여 환난이나 핍박이 일어나는 때에는 곧 넘어지는 자요. (막 4:14-17)

EQ의 마음은 풍부하지만, PQ(의지력)가 약한 사람은 마음의 토양이 옥토라서 복음을 받아들이기는 쉽지만(막 4:20), 성격의 토양이 안 좋아 그리스도를 닮는 제자 생활을 잘 지탱하기가 힘든 사람이다. 뿌리가 없어 신앙생활을 할 때 빨리 뜨거워지고 빨리 식는 사람이다.

왜냐하면 B타입의 사람은 전도학적 입장에서 EQ의 마음이 풍부하여 사랑이 많고 심령이 가난하여 마음 문을 열고 예수님을 영접하기 쉬우나, 인성교육학적 입장에서 보면 수직문화가 약하여서 성격의 토양(PQ)이 좋지 않아 심지가 얕고 의지력과 인내력이 약하기 때문이다. 이런 이들은 율법을 잘 지키지 못한다. 또한 자주 실족하고 (backsliding) 회개도 자주한다.

본문에서 '흙이 얇은 돌밭'(v. 16), '그 속에 뿌리가 없어'(v. 17)는 인성교육학적 입장에서 수직문화가 약하여 심지가 깊지 못하고 의지력과 인내력이 약하다는 것을 뜻한다.

이런 사람은 말씀을 들을 때에 즉시 기쁨으로 받으나, 잠깐 견디다가 말씀을 인하여 환난이나 핍박이 일어나는 때에는 곧 넘어지는 자다. 대표적인 예로 베드로를 들 수 있다. 그러나 그는 넘어질 때마다 예수님과 성령님이 붙잡아 주셔서 믿음 생활을 잘 마무리 지을 수 있었다.

B타입은 주로 마음은 착하나 논리적이고 조직적인 수직문화의 콘텐츠가 약한, 즉 전통과 역사 및 고전에 관한 학식이 짧거나 관심이 없는 이들에게 많다. 따라서 지식수준이 낮은 저개발국에 속하는 아프리카 흑인들이나 중남미 사람들 중에 많다. 물론 의지력과 인내력이 얼마나 강하고 약하냐는 상대적이기 때문에 그들 중에도 의지력이 강한 성격을 가진, 아프리카 남아공의 만델라 같은 A타입 지도자들이 있을 수 있다.

3) C타입(길가): EQ의 마음은 적지만, PQ(의지력)가 강한 사람

[씨를] 뿌릴 새 더러는 길가에 떨어지매 새들이 와서 먹어 버렸고…. (막 4:4)

말씀이 길가에 뿌리웠다는 것은 이들이니 곧 말씀을 들었을 때에 사탄이 즉시 와서 저희에게 뿌리운 말씀을 빼앗는 것이요. (막 4:15)

예수님께서 말씀하신 '길가'(막 4:4, 15)라는 마음의 토양은 자아가 너무 강하여 마음 문이 돌처럼 굳게 닫힌 '묵은 땅'(호 10:12)을 말한다. 이런 사람에게는 말씀이란 씨앗을 뿌려도 땅에 박히어 싹을 틔울 수가 없다.

따라서 EQ의 마음은 적지만, PQ(의지력)가 강한 사람은 마음의 토양이 안 좋아 복음을 받아들이기가 힘들다(막 4:4, 15). 그러나 한번 받아들이면 성격의 토양이 좋아 그리스도를 닮는 제자 생활을 잘 할 수 있는 사람이다.

왜냐하면 전도학적 입장에서 EQ의 마음이 적은 사람은 사랑이 적고 심령이 메마르고 강퍅하여 마음 문을 열고 예수님을 영접하기가 쉽지 않기 때문이다.

그러나 C타입은 인성교육학적인 입장에서 수직문화가 강하여 심지가 깊고 의지력과 인내력이 강한 성격의 토양을 가졌기 때문에 한번 복음을 받아들이면 율법을 잘 준수하여 그리스도를 닮는 제자가 되기 쉽다. 신앙을 지키기 위해 순교도 할 수 있는 강한 믿음의 사람이다.

C타입은 마음의 토양은 돌처럼 굳어 있으나 논리적이고 조직적인

수직문화의 콘텐츠가 강한, 지식층이라고 자처하는 엘리트 그룹에 많다. 그들 대부분은 깊은 생각이나 바른 행동을 한다.

그러나 단점도 있다. 그들은 율법만 너무 강조하는 율법주의자가 되어 사랑이 적고 심령이 메말라 마음이 강퍅하기 쉽다. 자긍심이 너무 강하여 자신은 죄가 없는 의인이라고 칭하기 쉽고, 교만하여 남을 업신여기는 경향이 많다. 고집이 세다. 따라서 남의 말을 들으려 하지 않는 경향이 많다.

그 예로는 예수님 시대에 율법주의가 강했던, 엘리트 바리새인이었던 바울이나 유학(儒學)을 많이 공부했던 엘리트 청년 이승만을 들 수 있다. 그들은 처음에 예수님을 강하게 배척했었다. 그러나 하나님의 강권으로 성령님의 은혜를 체험한 이후에는 주님을 위해 큰일을 많이 했다.

바울은 다메섹 도상에서(행 22장), 이승만 박사는 한성감옥에서 하나님의 강권적인 은혜를 체험했다. 청년 이승만이 초기 미국 선교사를 만났던 목적은 예수님에 대한 호기심이 아니고, 영어를 배우기 위함이었다. 그는 그 조건으로 영어를 배웠다고 했다(이정식, *청년 이승만 자서전*, 신동아, 1979년 9월호).

대부분 일본인의 종교성 토양도 길가에 속한다. 일본인의 복음화율이 아직도 1% 미만인 이유도 EQ 마음이 한국인처럼 풍성하지 않기 때문이다. 그러나 복음을 받아들인 일본인 기독교인들은 평상시 윤리의식이 강했기 때문에 기독교윤리도 한국인 기독교인보다 잘 지킨다(현용수, *현용수의 인성교육 노하우*, 제2권, pp. 153-158).

4) D타입(가시덤불): EQ의 마음도 적고, PQ(의지력)도 약한 사람

더러는 [씨가] 가시떨기에 떨어지매 가시가 자라 기운을 막으므로 결실치 못하였고…. (막 4:7)

또 어떤 이는 [말씀이] 가시떨기에 뿌리우는 자니 이들은 말씀을 듣되 세상의 염려와 재리의 유혹과 기타 욕심이 들어와 말씀을 막아 결실치 못하게 되는 자요. (막 4:18-19)

'세상의 염려와 재리의 유혹과 기타 욕심'(막 4:19)은 인생의 재미를 찾는 수평문화, 즉 물질, 권력, 명예 및 유행 등 "육신의 정욕과 안목의 정욕과 이생의 자랑"(요일 2:16)을 뜻한다. 이런 이들은 하나님의 신령한 말씀과 그리스도를 닮는 제자 생활에 무관심한 사람들이다.

따라서 EQ의 마음도 적고, PQ(의지력)도 약한 사람은 복음을 받아들이기도 힘들지만, 설사 받아들였다 해도 성격의 토양(PQ)이 안 좋아 그리스도를 닮는 제자 생활을 하기가 힘든 편이다.

왜냐하면 전도학적 입장에서 EQ의 마음이 적은 사람은 마음이 세상적인 정욕에 취하여 사랑도 적고 영적인 하늘나라에 관한 관심이 없어 예수님을 영접하기가 쉽지 않기 때문이다. 예수님께서 가시덤불의 비유에서 "가시가 자라 기운을 막는다"(막 4:7)는 말씀은 사람이 유혹과 욕심에만 몰두하게 되면 사탄이 건전한 정신이나 영적인 일에 대한 관심을 막는다는 뜻이다.

그리고 D타입은 인성교육학적 입장에서 보면 수직문화가 약하여서 성격의 토양(PQ)이 좋지 못하기 때문에 심지가 얕고 의지력과 인

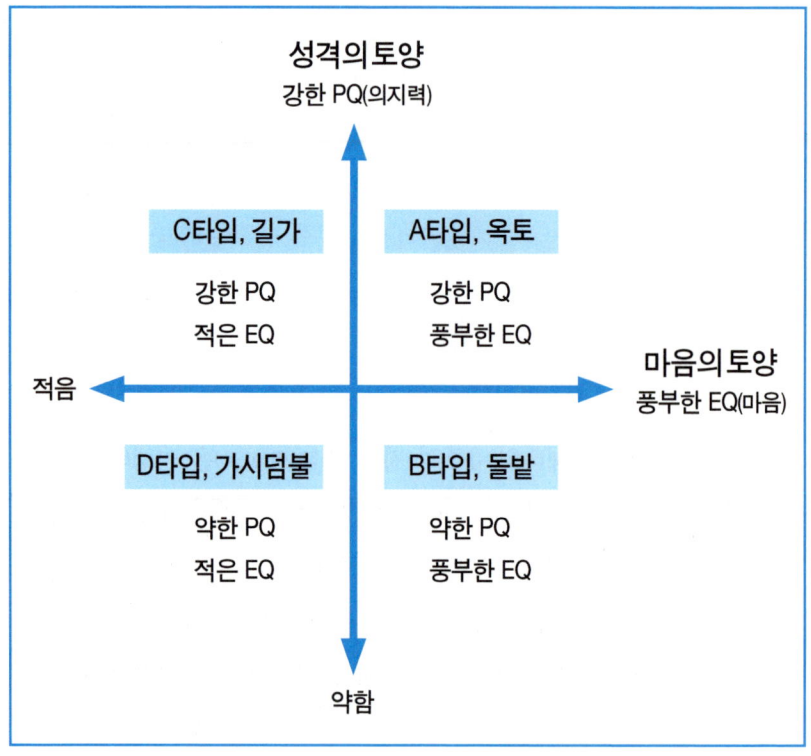

내력이 약하여 율법을 지키기도 힘든 사람이다.

이런 사람은 가장 나쁜 타입이다. 예를 들면 육신의 쾌락을 즐기기 위해 만든 수평문화에 많이 오염되어 권위에 대해 불순종하고 폭력이나 성적 문란에 빠지기 쉬운 사람들이다. 이런 이들은 인생의 재미를 찾는 데는 좋아하지만 인생의 의미를 찾는 수직문화는 싫어하는 편이다.

따라서 인성교육이 제대로 된 깊은 생각과 바른 행동 대신에, 얕은 생각과 제멋대로의 행동을 하기 쉬운 사람이다. 따라서 그들은 좋은 결실을 맺기 힘들다(막 4:19b).

C. 4가지 신앙 타입 비교 분석

앞에서 수직문화의 두 가지 심리 토양으로 네 가지 타입의 사람을 구분했다. 이제 그들의 공통점과 차이점을 살펴보자. 그리고 자녀교육에 대한 방향을 제공해 보자.

첫째, A타입(옥토)과 C타입(길가)은 모두 성격의 토양(PQ)에서 의지력과 인내력이 강하다는 공통점이 있다. 그런데 마음의 토양(EQ)의 차이로 하나님 앞에서 매우 다른 사람이 된다. 왜, 얼마나 다른가?

A타입(옥토)은 EQ의 마음, 즉 사랑이 풍부한 옥토의 마음 밭을 가지고 있으면서도, 성격의 토양은 의지력과 인내력이 강한 옥토의 사람이다. 반면, C타입(길가)은 성격의 토양은 의지력과 인내력이 강한 옥토의 사람이지만, EQ의 마음, 즉 사랑이 메말라, 딱딱한 마음의 토양을 가지고 있다.

전자는 예수님을 믿은 후의 바울의 심리 토양이고, 후자는 예수님을 믿기 이전의 율법주의자였던 엘리트 바리새인 사울(바울의 이전 이름)의 심리 토양이다. 바울은 예수님을 믿고 성령세례를 받은 후 마음의 토양이 옥토로 변했다. 이런 면에서 전자와 후자의 대표적인 모델이 사도 바울이다.

그는 예수님을 믿기 이전에는 외재적 종교성(extrinsic religiosity)이 현저히 높았고, 영적 만족감(spiritual well-being)은 현저히 낮았다. 그러나 예수님을 믿은 후에는 내재적 종교성(intrinsic religiosity)과 영적 만족감이 현저히 높았다(현용수, 문화와 종교교육, 1993, pp. 166-181). 따라서 A타입의 모델은 예수님이지만 C타입(옥토)도 하나님의 강권적인 역사가 있을 경우에는 예수님을 믿게 된 후 바울과 같은 큰 인물이 될 수 있다는 점에 주목해야 한다.

둘째, C타입(길가)과 D타입(가시덤불)은 둘 다 마음의 토양에서 EQ의 마음이 적다는 공통점이 있다. 그러나 EQ의 마음이 적은 원인은 각각 다르다는 점에 주목해야 한다. 그 원인의 차이점은 무엇인가?

C타입은 율법만 너무 강조하는 사랑이 메마른 율법주의자가 되어 마음이 강퍅해진 것이 원인이지만, D타입은 육신의 욕심과 쾌락을 즐기기 위해 만든 수평문화에 많이 오염되어 영적인 하늘나라에 관한 관심이 없는 것이 원인이다. 그들은 아예 인생의 재미를 찾는 수평문화에 취하여 인생의 의미를 찾는 수직문화에는 관심이 거의 없을 수 있다.

우리는 전자와 후자의 교육 차이에 주목해야 한다. 전자는 그래도 윤리적인 면에서는 수직문화 교육을 받아 깊은 생각과 바른 행동은 하지만, 후자는 수직문화 교육을 받지 못해 얕은 생각과 제멋대로의 행동을 하기가 쉽다. 따라서 C타입보다는 D타입을 가장 경계해야 한다. 자녀들을 나쁜 수평문화로부터 격리시키고 수직문화를 가르쳐야 하는 이유가 여기에 있다.

셋째, B타입(돌밭)과 D타입(가시덤불)은 둘 다 성격의 토양(PQ)에서 의지력이 약하다는 공통점이 있다. 그러나 의지력이 약한 원인은 각각 다르다는 점에 주목해야 한다. 그 원인의 차이점은 무엇인가?

B타입은 주로 논리적이고 조직적인 수직문화의 콘텐츠가 약한, 즉 전통과 역사 및 고전에 관한 학식이 짧거나 관심이 없는 것이 원인이지만, D타입은 주로 육신의 욕심과 쾌락을 즐기기 위해 만든 수

평문화에 많이 오염되어 깊은 생각이나 바른 행동을 하지 못하는 것이 원인이다.

따라서 전자의 마음의 토양(EQ)은 착하고 순진하다고 할 수 있으나, 후자는 EQ 마음이 사라지고 수평문화의 폭력이나 성적 문란 등으로 인해 도덕과 윤리적으로 타락하기 쉽다는 점에 주목해야 한다. 물론 성격의 토양(PQ)이 B타입이기 때문에 D타입의 성격 토양으로 더 빨리 변할 수도 있을 것이다.

따라서 인성교육학적 입장에서 앞에서 설명한 4가지 타입을 가장 좋은 것부터 가장 나쁜 것까지 순서를 정한다면 다음과 같을 것이다.

① A타입(옥토) 〉② C타입(길가) 〉③ B타입(돌밭) 〉④ D타입(가시덤불)

그러나 복음 전도학적인 입장에서는 가장 좋은 것부터 가장 나쁜 것까지 순서를 정한다면 다음과 같을 것이다.

① A타입(옥토) 〉② B타입(돌밭) 〉③ C타입(길가) 〉④ D타입(가시덤불)

왜냐하면 인성교육학적 입장에서 C타입은 B타입보다는 도덕과 윤리적 측면에서 건전한 사람들이 많을 것이지만, 복음 전도학적인 입장에서 B타입은 C타입보다는 복음을 받아들이기가 용이하기 때문이다.

D. 요약 및 결론

앞에서 소수 개신교가 3.1 운동의 리더가 되었던 인성교육과 종교심리학적 이유에 대해 설명했다. 특히 당시 조선인이 가지고 있었던 강한 수직문화의 순기능에 대해 설명했다.

전체 내용을 간단히 설명해보자. "조선인의 수직문화는 '마음과 성격의 토양'(EQ+PQ 토양)이 옥토였다"는 주제에서 저자는 두 가지 토양(EQ+PQ 토양)에 두 가지 옥토를 구분하여 설명했다. 성경에는 '옥토'(좋은 땅)라는 단어 하나만 있는데 왜 저자는 '옥토'를 두 가지, 1) 마음의 토양적 입장에서 옥토(풍부한 EQ)와 성격의 토양적 입장에서 옥토(강한 PQ=의지력)로 구분을 하는가? 그래야 하나님의 뜻을 더 명확하게 설명할 수 있기 때문이다.

이것을 에스겔서 말씀을 근거로 답변해보자.

> 그 포도나무를 큰 물가 옥토에 심은 것은 가지를 내고 열매를 맺어서 아름다운 포도나무를 이루게 하려 하였음이니라. (겔 17:8)

여기에 나타난 '옥토'의 종교적 토양은 두 가지 토양, 즉 1) 마음의 토양, 즉 EQ의 마음도 풍부하고, 2) 성격의 토양(PQ), 즉 심지가 깊고 의지력과 인내력도 강한 사람을 말한다. 왜냐하면 그 포도나무가 싹만 난 것이 아니고, 계속 자라 가지를 내고 열매를 맺기까지 했기 때문이다.

이것은 포도나무가 자라는 동안 외풍의 시련에 끝까지 견디는 강한 의지력과 인내력이 있었기 때문에 가능하다고 생각할 수 있다. 저자가 큰 틀에서 수직문화는 복음을 받아들이고 그리스도를 닮는 제자 생활을 잘 하게 하는 종교성 토양이라고 말하는 이유가 여기에 있다.

그런 면에서 인성교육학적인 입장에서의 수직문화와 수평문화는 한 개인이나 공동체의 종교 심리에 지대한 영향을 미칠 수 있다고 할 수 있다.

어떤 이는 인성교육학적인 입장에서 수직문화의 중요성을 강조하는 저자에게 이렇게 묻는다. '복음'과 '수직문화' 중에 어느 것이 더 중요합니까?"이 질문은 잘못되었다. '복음'과 '수직문화'는 비교의 대상이 아니다.

왜냐하면 그 목적이 각각 다르기 때문에 용도도 다르다. '복음'의 용도는 영혼 구원이 목적이고, '수직문화'의 용도는 복음을 잘 받아들이게 하고 믿음을 자라게 하는 마음과 성격의 토양(EQ+PQ)을 옥토로 만드는 것이 목적이다.

따라서 천국을 가기 위해서는 복음이 최고이고, 마음 밭을 옥토로 만드는 수직문화가 최고다. 따라서 복음을 열심히 전하는 전도도 중요하지만, 전도가 효율적으로 잘 되게 하기 위해서는 마음의 토양(EQ)을 옥토로 만드는 것도 중요하다.

결론적으로 침체된 한국교회가 한국의 초대교회와 같은 부흥을 어떻게 다시 볼 수 있을 것인가에 대해 답변한다. 그 방법은 초대교회 교인들이 가졌던 하나님께서 일하실 수 있는 한국인 특유의 수직문화의 두 가지 요소, 즉 강한 PQ의 성격과 풍부한 EQ의 마음(A 타입 옥토)을 다시 준비해야 한다. 이를 위해서는 부모들이 가정에서 자녀들에게 수평문화를 차단하고 초대교회 교인들이 실천했던 한국인의 고유 전통 수직문화 교육을 시켜야 한다. 그렇지 않고서는 초대교회의 부흥이 다시 올 수 없다.

〈저자 주: 마음의 옥토를 준비하는 자세한 내용은 저자의 저서 *현용수의 인성교육 노하우(전4권)*, 참조 바람〉

수직문화를 마음(EQ)과 성격(PQ) 토양으로 본 여러 인물 비교

구분	성격의 토양 〈PQ, 의지력〉 그리스도를 본받는 성화에 유익	마음의 토양 〈EQ의 마음〉 복음 전파에 유익	설 명
조선인 〈A타입, 옥토〉	강한 의지력	풍부한 EQ	하나님이 쓰시기에 좋은 수직문화를 소유함. 복음을 잘 받았고 주님을 믿은 후 그리스도를 닮는 제자 생활을 잘 했다. 그러나 윤리의식은 일본인 기독교인보다 낮다.
회심 이전 바울1 〈C타입, 길가〉	강한 의지력	적은 EQ	율법주의자이기에 마음의 토양이 굳어서 예수님을 믿기 힘들었다.
회심 이후 바울2 〈A타입, 옥토〉	강한 의지력	풍부한 EQ	예수님을 만난 후 그리스도를 닮는 제자 생활을 잘 했다. 순교까지 했다
일본인 〈C타입, 길가〉	강한 의지력 〈평상시 윤리의식 강함〉	적은 EQ	예수님을 믿기 힘들다. 그러나 한번 믿으면 한국인보다 그리스도를 닮는 제자 생활을 더 잘 한다.
베드로 〈B타입, 돌밭〉	약한 의지력	풍부한 EQ	예수님을 믿기 쉽지만, 그리스도를 닮는 제자 생활(성화)에서 자주 넘어지고 자주 회개했다.
수평문화 사람들 〈D타입, 가시덤불〉	약한 의지력	적은 EQ	복음을 받기도 힘들고, 받았다 해도 그리스도를 닮는 제자 생활(성화)이 싶지 않다.
비고	베드로는 마음의 토양은 옥토였으나 성격의 토양은 돌밭이었다.		

본 논문은 침체된 한국교회가 한국의 초대교회와 같은 부흥을
어떻게 다시 볼 수 있을 것인가에 대해 답변한다.
그 방법은?

인성교육학적인 입장에서 수직문화와 수평문화는
한 개인이나 공동체의 종교 심리에 지대한 영향을 미친다.

2. 수직문화에 대한 이론을 증명했던 저자의 연구 논문

수직문화에 대한 이론은 저자의 박사학위 연구 논문에서도 그 정당성이 입증되었다. 저자는 미주 한인 대학생들이 한국의 전통적인 수직문화(Vertical Culture)를 가지고 있을 경우와 미국 문화(수평문화, Horizontal Culture)에 동화되었을 경우, 종교성(Religiosity)과 영적만족감(Spiritual Well-Being)에 어떤 상관관계가 있는지를 실험적으로 연구(empirical research)한 바 있다. 간단하게 말하면, 이 논문은 한국인의 '수직문화와 종교성 및 영적만족감과의 상관관계'를 연구한 것이다.

〈출처: Hyun, Yong Soo. (1990). The Relationship between Cultural Assimilation Models, Religiosity, and Spiritual Well-Being Among Korean-American College Students and Young Adults in Korean Churches in Southern California. Doctoral dissertation, Biola University, Talbot School of Theology, La Mirada CA. Ann Arbor: University Microfilms International.; 한국어 번역판; 현용수, *문화와 종교교육*, 1993(초판); 2007년(수정증보판)〉

통계 자료에 의한 결과는 이렇게 나왔다.

한국의 수직문화를 더 많이 가지고 있으면 가지고 있을수록 바울과 같은 내면적인 종교성(Intrinsic Religiosity)이 현저히 높았고, 영적 만족감도 현저히 높았다. 반면 미국 문화에 동화되면 될수록 바리새인과 같은 외재적 종교성(Extrinsic Religiosity)이 현저히 높았고, 영적 만족감은 현저히 낮았다(Hyun, 1990, Biola, pp. 211-215).

이 결과를 쉽게 설명하면 한국의 대학생들이 한국의 전통적인 수직문화(정체성)를 많이 가지고 있으면 있을수록 바울과 같은 내재적 종교성이 현저히 높고, 영적 만족감도 현저히 높다는 것이다. 즉 정체성의 본질인 수직문화가 개인의 신앙 생활에 그만큼 긍정적인 영향을 현저히 끼친다는 것이다.

이것이 바로 한국인 기독교인은 자신들의 수직문화를 더 많이 갖도록 노력해야 한다는 저자의 주장을 뒷받침해주는 근거가 되었다. 이것이 인성교육의 원리에 기초하여 논리적으로 정리된 생활이 습관화되었으면 한국인 기독교인의 새로운 수직문화가 탄생될 수 있었다.

그러나 불행하게도 한국인 기독교인은 그 이후 미국의 신학문이 밀물처럼 들어오면서 한국인의 수직문화는 모두 잘못된 구시대의 낡은 문화, 혹은 기독교에서는 사탄 문화로 치부하여 버리고 서구 문화에 동화됨으로 수직문화의 저력을 잃어 가고 있다. 저자가 이점을 인성교육학적인 입장에서 왜 이것이 잘못되었는지 그 이유를 밝히고 대안을 제시한 책이 '*현용수의 인성교육 노하우*'(전4권)이다.

이 저서의 이론을 근거로 우리가 잃어 버렸던 한국인의 수직문화를 되찾아 더 강한 신본주의 사상을 가진 한국인 기독교인이 되기를 소원한다.

〈저자 주: '수직문화와 기독교', 혹은 '기독교와 민족주의'를 더 이해하려면 저자의 저서 *현용수의 인성교육 노하우* 제1-2권의 제2부 '인성교육의 본질과 원리: 수직문화와 수평문화'를 참조하기 바란다. 특히 제2권의 제2부 제4장 Ⅲ. 인성교육 원리 적용 Ⅰ - 현실 적용, '왜 수직문화가 개인과 민족에게 그리고 기독교인에게 필요한가'에 질문 7 참조 바람. pp. 196-199〉

IV
소수 개신교가 3.1 운동의 리더가 되었던 교육신학적 이유: 선교사들의 바른 신학교육 때문이었다

앞에서 당시 1.4%(이만열 통계)의 기독교가 한민족의 리더 역할을 하게 된 세 가지 이유를 설명했다.

1) 개신교인들이 복음을 받은 후 민족주의자들로 바뀌었기 때문이다.
2) 한국의 초대교회 지도자들이 '자기 개조 운동'을 했기 때문이다.
3) 조선인에게 강한 수직문화가 있었기 때문이다.

저자는 이 세 가지가 가능하게 했던 뒤에는 북미주 선교사들의 피눈물 나는 헌신과 공헌이 있었다는 사실을 잊어서는 안 된다고 생각한다. 1885년 4월 5일 미국의 두 젊은 선교사들, 호레이스 언더우드(Horace Underwood, 장로교)와 헨리 아펜젤러(Henry Appenzeller, 감리교)가 한국에 들어왔다(Grayton, 1985; Hunt, 1980). 연이어 각 교단별로 해외 선교사들이 들어왔다.

아무리 당시 조선인들이 하나님이 기뻐하시는 종교적 토양인 옥토를 준비했다고 해도 당시 하나님의 말씀의 씨앗을 뿌렸던 농부들의 자질이 좋지 않았다면, 그리고 뿌려진 씨앗, 하나님의 말씀이 좋지 못했다면 좋은 열매를 기대하기 힘들었을 것이다. 당시 하나님의 말씀의 씨를 뿌렸던 선교사들은 대부분 인성교육학적인 입장에서 최고의 인품과 신학적인 입장에서 최고의 신앙과 보수신학을 가지고 있었다.

그들은 수평문화에 물들지 않았다. 자신들이 거주하고 있었던 나라의 강한 수직문화를 가지고 있었다. 그리고 하나님과 조선인을 사랑했던 젊은 경건한 신앙인들이었다. 이것은 그들이 그만큼 인성교육이 잘 되어 있었다는 것을 증명한다. 그리고 가장 중요한 것은 그들이 구 프린스턴 학파에 속하는 보수 신학을 가졌던, 바른 구원론(바른 조직신학)을 가졌던, 성경을 바르게 해석할 수 있었던, 바른 주경신학을 가졌던 이들이었다.

당시 동일한 성경을 믿었던 천주교도 있었는데, 유독 개신교에서 일제로부터 독립을 강하게 주장했던 민족주의자들이 많이 나왔던 것과 순교자들이 많이 나왔던 것은 선교사들의 바른 가르침이 있었기 때문이라고 생각된다.

당시 많은 조선인 기독교인들이 하나님이 주신 십계명이란 율법을 지키기 위해 정통파 유대인처럼 순교는 할망정 신사참배는 거부했고, 안식일을 철저하게 지켰던 것은 선교사들의 바른 보수 신학이 없었다면 불가능한 일이었다.

또한 선교사들은 조선인들에게 바른 복음과 신학만 전했던 것이 아니라, 기독교인들과 생사를 같이하며 조선 독립을 도왔다. 자신들이 전도하여 얻은 하나님의 백성, 양무리를 지키기 위해 최선을 다했던, 바른 목자들이 많았다.

특히 캐나다 장로교 선교사 스코필드 박사(Frank W. Scofield, 한국 이름은 석호필, 1889-1970), 미국 감리교 선교사 헐버트(Homer B. Hulbert, 1863-1949) 그리고 감리교 선교사 노블(William Arthur Noble, 1866-1945) 등은 3.1 운동의 실체를 사진에 담고 제암리의 만행을 세계에 알려 그 여론을 환기하는 데 공헌했다(김문기, 스코필드 박사에 대한 교회사적 평가). 실로 이들은 하나님께서 조선을 위해 준비하신 천사들이었다.

그리고 미개했던 조선인들에게 그들이 가르쳐 준 서구의 발전된 학문과 성경에 기초한 기독교 윤리는 조선을 개화할 수 있는 놀라운 도구가 되었다. 따라서 그들의 교육을 받은 많은 이들이 반만년 역사에 길이 남을 조선의 민족주의자들이 되었다.

그 대표로 이승만(초대 건국 대통령), 김구(독립운동가), 안창호(독립운동가), 조만식(독립운동가), 윤치호(애국가 작사자) 등을 들 수 있다. 참고로 이들의 특징은 대부분 10대나 20대의 젊은 나이에 큰일을 시작한 분들이었다. 현대 젊은이들에게는 기대하기 힘든 현실이다. 본서는 그 이유에 관해 설명을 했다.

V
요약 및 결론

1. 요약

1920년대 개신교인은 1.4%였는데(서문의 이만열 통계), 어떻게 그들이 3.1 독립만세운동에서 지도적 역할을 감당했는가? 즉 왜 한민족의 민족주의자들 중에 유독 기독교인들, 특히 개신교인들이 다수를 차지했는가? 앞에서 그 이유를 몇 가지로 설명했다.

1) 개신교인들이 복음을 받은 후 민족주의자들로 바뀌었기 때문이다. 저자는 특히 왜 개신교인들이 민족주의자들로 많이 바뀌었는지, 그 이유를 신학적인 입장에서 설명했다.

성경의 중요 신앙의 인물들이 이스라엘과 유대인을 사랑했던 민족주의자들이었기 때문이다. 구약시대의 모세, 다윗, 다니엘, 예레미야, 에스라 등이 그 예다. 신약시대의 예수님 및 바울 등도 하나님과 이스라엘 및 동족을 매우 사랑하셨던 민족주의자들이었다(마 23:37;

롬 9:1-4). 따라서 개신교인들은 유대인처럼 하나님과 조국 조선 그리고 한국인을 사랑했던 민족주의자들로 변했다.

더구나 당시 조선시대에는 국가의 왕에게 충성하고 부모에게 효도하는 충효를 매우 강조했던 시기였기 때문에 한국인 기독교인들이 더 애국 애족을 강조했을 것이다. 그리고 유대인처럼 하나님의 백성이라는 강한 선민의식을 가지게 되었을 것이다.

2) 한국의 초대교회 지도자들이 '자기 개조 운동'을 했기 때문이다. 저자는 당시 조선인들이 왜 기독교인이 된 이후 이전의 잘못된 생활 습관을 성경적인 윤리의 삶으로 바꾸었는지를 성화 및 제자학의 입장에서 설명했다.

개신교식 민족주의가 나오게 된 배경은 안창호, 윤치호, 조만식 선생 등이 '자기 개조 운동'을 했기 때문이라고 했다. '자기 개조 운동'은 "자신의 기존의 잘못된 생각과 생활 방식을 개조하자는, 즉 바꾸자"는 운동이었다. 따라서 케네스 웰즈는 한민족 기독교인의 민족주의를 '자기 개조 민족주의'라고 이름을 붙였다(크리스천투데이, 2017년 9월 25일).

3) 조선인에게 강한 수직문화가 있었기 때문이다. 저자는 왜 개신교가 다른 종교에 비해 극소수인데도 불구하고 3.1 운동을 이끈 지도자 역할을 할 수 있었는지에 대한 답을 인성교육학적 및 종교심리학적 입장에서 설명했다.

저자는 한국인의 수직문화에 존재하는 두 가지 특별한 심리적 토양, 즉 1) '성격의 토양'(personality soil)과 2) '마음의 토양'(heart soil)을 소개했다. 따라서 본서에서 말하는 '옥토'에는 '성격의 토양이 옥토'라는 뜻과 '마음의 토양이 옥토'라는 두 가지 옥토가 모두 포함한다. 그래서 한 개인이 두 가지 옥토를 모두 갖추어야 인성교육학적인 입장에서 완전한 옥토를 가졌다고 할 수 있다. 한국인에게는 두 가지 토양이 모두 매우 좋은 옥토(좋은 땅)(막 4:20)였다.

마음의 옥토, 즉 풍성한 EQ의 마음은 전도학적인 입장에서 예수님을 믿는 복음전파(evangelism)에 유익했고, 성격의 옥토, 즉 강한 의지는 제자학적 입장에서 그리스도의 형상(하나님의 형상)을 닮는 거룩한 제자 생활(discipleship)에 유익했다. 즉 의지력이 강한 것만큼 복음을 믿었을 때에 그만큼 강한 회심의 파워(역사)가 일어났었다. 믿음의 강도도 그만큼 높았다. 그리고 성화(sanctification)에 대한 의지도 강했다.

그리고 그 파워는 한국인의 정신세계를 깨우는 데 큰 기여를 했다. 그리스도를 닮는 제자 생활을 하는 동안에 유대인처럼 하나님의 백성이라는 강한 선민의식을 가지게 했다. 주님을 위해 순교도 불사하겠다는 믿음의 결단력을 보인 것이다. 즉 강한 수직문화를 가진 조선인들에게 복음이 결합된 결과 폭발적인 파워가 나타나게 된 것이다.

그리고 저자는 인성교육학적 입장에서 성격의 토양과 마음의 토양을 근거로 4가지 신앙의 타입을 설명했다. 그리고 가장 좋은 것부터 가장 나쁜 것까지를 다음과 같은 순서로 정했다. (단 ②번과 ③번은 시각에 따라 순서가 바뀔 수 있다.)

① A타입(옥토) 〉② C타입(길가) 〉③ B타입(돌밭) 〉④ D타입(가시덤불)

4) 북미주 선교사들의 바른 신학 교육 때문이었다. 저자는 앞의 세 가지를 가능하게 했던 것은 북미주 선교사들의 헌신과 바른 보수 신

학 교육이 있었기 때문이라는 것을 교육신학적 입장에서 설명했다.

한 마디로 당시 한국인은 일제의 핍박에 시달려 대부분 경제적 및 심령적으로 가난한 자들이었다. 의지할 데 없이 버려진 고아 같은 민족이었다. 그래서 그들은 수직문화가 강한 것만큼 삶에 대한 의지력도 강했고 애통하는 눈물도 많았다.

이런 환경은 로마의 압제에 시달렸던 예루살렘의 초대교회 유대인 교인들과 비슷했다. 이것은 하나님께서 사용하시기에 가장 좋은 종교성 토양이었다(마 5:3-4). 그래서 나머지 3가지 이유가 가능했던 것이다.

따라서 저자는 하나님께서 수많은 큰 민족, 큰 나라들 중에서 하필 가장 수효가 적은 노예민족, 유대인을 택하셨던 것처럼(신 7:6-7), 당시 비슷한 처지에 있었던 한국인을 택하셨다고 생각한다. 하나님께 더욱 감사해야 할 이유가 여기에 있다.

2. 결론

저자는 서론에서 연구를 위한 몇 가지 보조 질문을 했다.

1) 왜 현재는 전도가 잘 되지 않는가? 왜 1920년대처럼 복음의 파워가 나타나지 않는가? 그리고 왜 기독교인이 된 이후 그리스도를 닮아가는 제자화가 쉽지 않는가? (한국기독공보, 2017년 10월 9일)

2) 왜 현재 개신교인은 19.7%(2015년 통계청 종교인구 현황)인데도 불

구하고 나라와 민족을 위하여 큰 리더십을 발휘하지 못하고 오히려 사회로부터 비난을 받고 있는가?

3) 그리고 한국교회의 미래를 걱정하는 많은 교계 지도자들이 1920년대 한국의 초대교회를 본받자고 한다. 그런데도 왜 그것이 실현될 수 없는가? 현재는 1920년대와 어떤 면에서 다르기 때문인가?

그 답은 본 논문에서 논했던 3.1 운동의 리더 역할을 하게 되었던 한국인의 네 가지 장점들이 기독교역사 100여년을 지나는 동안 점점 사라지고 없어지고 있기 때문이다.

왜 없어지는가? 그 이유는 큰 틀에서 인성교육학적 및 종교심리학적인 입장에서 한국인의 수직문화가 많이 없어졌기 때문이다. 따라서 현대인의 성격의 토양과 마음의 토양이 옥토에서 가시덤불로 많이 변했다. 그 결과 이에 비례하여 다음 세 가지 현상이 나타났다. 왜냐하면 아래 세 가지도 수직문화의 속성에 포함되기 때문이다.

1) 충효 사상이 많이 없어졌다. 따라서 기독교인들 중에 나라와 민족을 사랑하는 민족주의자들이 적어졌다.
2) 율법을 지키려는 성경적 윤리 의식이 많이 약화되었다.
3) 보수 신학이 자유주의 신학으로 많이 바뀌었다.

그렇다면 왜 수직문화가 없어지면서 이 3가지 현상이 나타났는가? 가장 큰 원인은 한국교회가 풍요해지면서 고난의 눈물이 없어졌기 때문이다. 그렇다고 유대인처럼 자녀들에게 고난의 역사를 기억하는 교육도 시키지 않았기 때문이다. 이것이 바로 풍요의 저주다.

설상가상으로 인간의 본능, 즉 "육신의 정욕과 안목의 정욕과 이생의 자랑"(요일 2:16)을 자극하는 인생의 재미를 찾는 수평문화가 대한민국을 도도하게 휩쓸게 되었다. 개인이나 교회는 변변한 논리적 방어가 없는 틈을 타서 점점 육을 자극하는 수평문화에 빠져들고 있다.

그러면서 개인이나 교회가 강한 신본주의 삶에서 세속의 인본주의 삶으로 변하기 시작했다. 말씀 중심의 깊이 있는 수직문화적 예배보다는 가벼운 경배와 찬양 위주의 얕은 수평문화적 예배로 변했다. 엄격했던 도덕적 및 윤리적 기준도 느슨해지고 있다.

결론적으로 현재 교회에서 1920년대처럼 복음의 파워가 나타나고 제자화가 잘 되기 위해서는 어떤 종교성 토양을 갖추어야 하는가? 즉 어떻게 옥토를 만들 수 있는가? 이제부터라도 자녀들에게 고난의 역사를 기억시키는 교육을 시켜야 한다. 보수 말씀 중심의 예배와 기도생활을 회복해야 한다. 그리고 자녀들에게 수평문화를 차단하고 한국인 인성교육의 본질인 고유의 수직문화를 가르쳐 당시의 정신 세계를 회복해야 한다. 그래야 주님 다시 오실 때까지 계속 쓰임 받는 한국 교회가 될 수 있을 것이다.

참고자료 (References)

한국 자료

기독신보, *조선기독교회통계*, 1922년 2월 15일.

김재준, 장공 김재준 박사의 회고, *한국 기독교사 연구*, (5) 1985, pp. 12, 16.

김문기, *스코필드 박사에 대한 교회사적 평가*, http://cafe.daum.net/jangdalsoo/hjOx/293?q=%B5%B6%B8%B3%C0%BB%20%B5%B5%BF%D4%B4%F8%20%BD%BA%C4%DA%C7%CA%B5%E5.

성경, (1984). *현대인의 성경*. 생명의 말씀사.

성경, (1956). *한글판 개혁*. 대한성서공회.

성경, (2015). *개역개정*. 서울: 대한성서공회.

오승훈, *3.1 만세운동과 기독교의 역할*, http://cafe.daum.net/hanachurch1/ptC5/139?q=3.1%B.

웰즈, *새 하나님, 새 민족: 1896~1937년 한국 개신교와 자기 개조 민족주의에 대한 고찰*, 순교자의 소리, 2017 개역증보판.

이만열, *3·1운동은 기독교의 정의·사랑·평화에 기초*, http://cafe.daum.net/InHissteps/ZTAz/2385.

이상규, *한국교회 순교자 수 초대교회보다 많아*, http://goodnewschurch.tistory.com/71.

종교학 벌레, *2%의 기독교와 26%의 기독교*, http://bhang813.egloos.com/1876602.

통계청 종교인구 현황, 2015년, http://cafe.daum.net/mahanaim3927/Vj8B/846?q=한국%20기독교%20인구.

크리스천투데이, *남한 기독교의 힘 연구하다 일제시대 기독교 민족주의 재발견*, 2017년 9월 25일.

한국기독공보, *한국교회 주요교단 교세 현황, 다음세대 큰 폭 감소*, 2017년 10월 9일.

현용수, (1993). *문화와 종교교육*, 서울: 쿰란 출판사.

_____, (2006). *잃어버린 구약의 지상명령 쉐마*, 제1권. 서울: 쉐마.

_____, (2006). *잃어버린 구약의 지상명령 쉐마*, 제2권. 서울: 쉐마.

_____, (2006). *잃어버린 구약의 지상명령 쉐마*, 제3권. 서울: 쉐마.

_____, (2015). *현용수의 인성교육 노하우*, 제1권. 서울: 쉐마.

_____, (2015). *현용수의 인성교육 노하우*, 제2권. 서울: 쉐마.

_____, (2015). *현용수의 인성교육 노하우*, 제3권. 서울: 쉐마.

_____, (2015). *현용수의 인성교육 노하우*, 제4권. 서울: 쉐마.

외국 자료

Grayton, J. (1985). *Early Buddhism and Christianity in Korea*. Leiden: E. J. Brill.

Holy Bible. (NIV, KJV). (1985).

The Jewish Bible, *TANAKH*, The Holy Scriptures by JPS, 1985.

Hunt, E. (1980). *Protestant Pioneers in Korea*. Maryknoll: Orbis Books.

Hyun, Yong Soo. (1990). *The Relationship between Cultural Assimilation Models, Religiosity, and Spiritual Well-Being Among Korean-American College Students and Young Adults in Korean Churches in Southern California*. Doctoral dissertation, Biola University, Talbot School of Theology, La Mirada CA. Ann Arbor: University Microfilms International.

인터넷 자료

http://creamchoco.tistory.com/35.

http://cafe.daum.net/InHissteps/ZTAz/2385?q=%C0%CC%B8%B8%BF%AD%20%B1%B3%BC%F6%BF%CD%203%2C1%BF%EE%B5%BF.

http://www.sion.or.kr., 2003년, 9월 2일.

http://blog.naver.com/PostView.nhn?blogId=icaruskj&logNo=220042360098

http://callingman.tistory.com/130

http://blog.naver.com/PostView.nhn?blogId=ndsan&logNo=221037569557

http://blog.naver.com/PostView.nhn?blogId=icaruskj&logNo=220042360098

〈저자 주: 본서의 본문은 이전 페이지에서 끝이 났다. 여기에서는 본서와 관계는 없지만, 저자가 연구했던 유대인과 관련된 중요한 논문 한 편과 쉐마지도자클리닉의 증언들 일부를 수록한다. 특히 논문의 주제는 구원론과 관계된 신약교회의 난제 중 하나다. 독자들에게 도움이 되기를 바란다.〉

부록 1

유대인의 '비디온 슈바임 자금'(속전)을 통해 본 '아사셀 염소'와 그리스도 십자가의 의미 연구
〈사탄 배상설의 성경적 근거 제시〉

현용수 교수
2018년 5월 30일

요약(Abstract)

사탄 배상설에 대한 오해로 이단 시비가 많다. 기독교에서 '교회'를 "하나님이 예수님의 피 값으로 산 교회"(행 20:28)라고 하는데, 하나님은 교회를 사신 구매자인데, 판매자는 누구인가? 본 논문은 유대인의 속전 개념을 설명하고, 사탄 배상설의 성경적 근거를 제시한다. 그리고 판매자가 사탄임을 증명한다.

대속죄일에 대제사장이 이스라엘 자손의 죄를 사하기 위하여 두 염소를 취했다(레 6-10, 20-22). 첫째 염소는 여호와를 위하여 속죄제로 드리고, 둘째 염소는 아사셀을 위하여 광야로 내보내졌다(레 16:10). 전자는 하나님의 공의를 만족시키기 위한 것이고, 후자는 광야에 거주하는 사탄의 요구, 즉 이스라엘 자손의 죄의 값을 배상하기 위함이다. 그리스도는 두 염소의 이중 대속 의식; 1) 하나님의 공의를 만족시키기 위하여, 2) 사탄의 요구, 즉 온 인류의 죄의 값을 배상하기 위하여 십자가에서 보혈을 흘리셨다(막 10:45).

성도인 우리는 사탄에게 포로되어 '죄의 종'(롬 6:17)이 되었던 자들이었다. 그러나 하나님께서는 사탄에게 '죄의 삯'(롬 6:23), 즉 '비드온 슈바임 자금'(유대인이 적에게 잡힌 동족 포로를 사올 때 지급하는 속전)을 지불하시고 우리를 사오셔서 하나님의 자녀로 삼으셨다. 하나님께서 사탄에게 비드온 슈바임 자금을 지불하신 방법은 하나님의 독생자이신 예수님을 십자가상에서 죽이신 것이다(요 3:16). 그 대금이 바로 그 십자가상에서 예수님이 흘리신 보혈이다. 따라서 예수님이 십자가상에서 마지막 운명하시기 전에 "다 이루었다"(요 19:30)고 하신 말씀은 헬라어로 '테텔레스타이'인데, 그 뜻은 "다 갚아졌다"는 의미다.

유대인이 포로된 자를 사기 위하여 그토록 귀한 토라(하나님의 말씀)까지 팔도록 허락한 것은 바로 말씀이 육신이 되신 독생자(요 3:16)까지 아끼지 않으시고 희생시키신 하나님이, 죄인인 우리를 사랑하신 것과 비유될 수 있다(요 3:16; 롬 5:8). 따라서 사탄 배상설에는 이단성이 없다.

키워드: 아사셀 염소, 비드온 슈바임 자금, 속죄, 사탄, 테텔레스타이, 그리스도의 십자가

차 례

I. 서론
    1. 문제제기: 사탄 배상설을 주장하면 이단인가
    2. 연구의 범위
    3. 용어 사용 설명

II. 유대인의 속전의 개념
    1. 유대인이 포로를 사올 때 지불하는 '비드온 슈바임 자금'
    2. 기독교인에게 적용되는 '비드온 슈바임 자금' 개념

III. 구약에서 찾은 사탄 배상설의 근거
    1. 유대인의 대속죄일
    2. 유대인을 속죄하는데 필요한 두 염소의 의미
    3. 둘째 염소(아사셀 염소)의 의미
    4. 아사셀 염소가 사탄의 요구를 배상하는 속전인 이유
        A. 죄를 지은 아담과 그의 후손은 사탄의 소유다
        B. 대속죄일에 대제사장이 취한 첫째 염소와 둘째 염소의 기능 차이

IV. 그리스도는 십자가에서 두 염소의 이중 대속의식을 성취하셨다
    1. 그리스도가 둘째 염소(아사셀 염소)의 기능을 성취하신 근거
    2. 기독교인이 사탄을 물리칠 수 있는 법적 근거

V. 요약 및 결론: 사탄 배상설은 성경적이다

I. 서론

1. 문제제기: 사탄 배상설을 주장하면 이단인가

개혁주의 신학자들은 류광수 목사의 사탄 배상설에 이단성이 있다고 정죄했다. 이단으로 정죄한 가장 큰 이유는 속죄론적으로 그리스도의 십자가 사건은 하나님의 공의를 만족시켰던 사건이라는 것이다.

> "사탄 배상설은 성경적이지 않다. 그리스도께서 자신을 대속 제물로 내어주신 것은 하나님의 공의를 만족시키기 위한 것으로 하나님께 드린 것이요, 결코 마귀에게 지불한 것이 아니다." (개혁공보, 2017년 10월 2일)

개혁주의에서 주장하는 '하나님의 공의를 만족시켰던 그리스도의 십자가 사건'이란 학설은 다음과 같다.

십자가 사건은 하나님께서 인간을 향하신 공의와 사랑의 표현이다. 인류의 죄를 정죄하시어 사망에 이르게 하신 것은 하나님의 공의가 나타난 것이다(롬 5:12). 그러나 한편 그리스도께서 인류를 구원하시기 위해서 사람으로 성육신하셔서(요 1:14), 고난의 십자가를 지신 것은 하나님의 사랑이다(롬 5:8; 골 1:20). 따라서 십자가 사건은 그리스도께서 인류를 위한 화목제물이 되심으로 하나님의 공의를 만족시키신 사건이다(엡 2:12-16; 골 1:20-23; 히 13:11-12; 요일 2:2, 4:10).

이 논리가 잘못되었는가? 아니다. 정확하다. 그렇다면 사탄 배상설도 옳다는 것을 증명하기 위해서는 인류가 사탄의 포로가 된 것을 대속하기 위하여 그리스도께서 십자가에서 보혈을 흘리셨다는 것을, 즉 십자가의 보혈이 속전(贖錢, Ransom Money)으로 사용되었다는 것을 증명해야 한다. 이것이 증명되면 그리스도께서 인류의 죄를 사하시기 위해 지셨던 십자가 사건에 이중적 의미가 있다는 것을 증명하는 것이다.

〈저자 주: 참고로 사탄 배상설은 초기 신학자 이레니우스와 오리게네스도 주장한 학설이다. 인류를 사탄의 세력으로부터 구출하기 위해서 배상금을 지불하였는데 그 속전이 바로 예수 그리스도라는 것이다(http://kcm.kr/dic_view.php?nid=41168)〉

본 논문이 중요한 이유는 기존의 개혁주의 학설이 실제 한국교회의 목회 현장을 설명하는 데는 미흡했기 때문이다. 한국교회는 초대교회부터 성령님이 강하게 역사했다. 성령님의 능력이 강하게 나타나면서 귀신을 내쫓는 축사(逐邪)가 많이 일어나기도 했다(황대우, 한국 초대교회의 교회성장, 개혁정론, 2017년 5월 22일). 부흥회 강사들이 기도회 시간에 귀신 들린 자들이나 중환자들을 앞으로 나오게 하여 머리에 손을 얹고 "예수님의 이름으로 명하노니 악하고 더러운 사탄(귀신)아 물러갈 지어다"라는 명령을 많이 했다.

실제로 많은 이들이 1960년대 이후 귀신들이 나가는 현장들을 목격했다. 부흥회 강사들은 사탄에게 매인 몸을 예수님의 피 값을 지불하고 풀어 자유케 해주었다고 설명했다.

이를 비판하는 사람들은 그리스도의 십자가 사건은 하나님의 공의를 만족시킨 것이지, 사탄에게 죄의 값을 배상한 것, 즉 '속전'(贖錢)이 아니라고 설명한다. 만약 이것을 주장한다면 사탄 배상설인데 이것은 이단성이 있다고 주장했다. 이 잣대를 들이대면 대부분 목사들은 내가 몰라서 실수했다고 자인하고(개혁공보, 2017년 10월 2일) 뒤돌아서서는 다시 습관적으로 축사를 또 해왔다. 그리고 왜 귀신이 나갔는지 뚜렷한 이유도 설명하지 못하는 경우가 대부분이다.

그렇다면 예수님의 이름으로 사탄을 물리칠 때, 그 사탄이 물러나는 이유가 무엇인지를 성경에서 찾아야 한다. 이것은 사탄 배상설이 왜 이단이 아닌지를 증명하는 열쇠가 될 것이다. 따라서 본 논문은 몇 가지 연구를 위한 질문을 제기한다.

연구를 위한 질문 1:

구약시대 하나님의 선민인 유대인의 '속전'(贖錢, Ransom Money)의 개념은 무엇인가? 이 질문에 답하기 위하여 유대인이 자신의 동족이 적에게 포로로 잡혔을 경우 돈을 주고 그 포로를 사오는 예를 들어 설명하겠다.

왜냐하면 구약은 신약의 그림자이기 때문이다. 대부분 유대인의 역사와 전통 그리고 문화는 구약성경에 기초하여 형성되었다. 따라서 유대인의 역사와 전통 그리고 그들의 삶을 이해하지 못하면 성경을 바로 해석할 수 없다. 뿐만 아니라 하나님의 진정한 뜻이 무엇인지도 잘 모르고 하나님이 원하시는 삶이 무엇인지도 잘 알 수도 없다. 즉 하나님의 뜻대로 살기도 힘들다.

연구를 위한 질문 2:

첫째 아담은 뱀의 유혹에 빠져 죄를 범하고 에덴에서 쫓겨났다(창 3장; 롬 5:12-19; 고전 15:22). 죄를 짓는 자는 마귀(사탄)에게 속한 자다(요일 3:8a). 죄를 지은 아담과 그의 후손은 하나님의 소유인가, 사탄의 소유인가? 누가 그들의 주인인가?

연구를 위한 보조 질문 2-1:

사탄에게 속한 자는 어떻게 해야 구원을 받아 하나님께로 속할 수 있는가?

연구를 위한 질문 3:

앞에서 개혁주의 학자들은 사탄 배상설의 오류를 이렇게 지적했다. "사탄 배상설은 성경적이지 않다. 그리스도께서 자신을 대속 제물로 내어주신 것은 하나님의 공의를 만족시키기 위한 것으로 하나님께 드린 것이요, 결코 마귀에게 지불한 것이 아니다."(개혁공보, 2017년 10월 2일). 이 지적에 신학적 오류가 있다.

"그리스도께서 자신을 대속 제물로 내어주셨다"고 했는데, 예수님의 말씀에 의하면 '대속제물'이 아니라 '대속물'(a ransom)이다(막 10:45). '대속물'의 용도는 하나님의 공의를 만족시키기 위한 속죄 제사용이 아니다. 그렇다면 어떤 용도로 사용되었는가?

연구를 위한 질문 4:

기독교에서는 '교회'를 "하나님이 예수님의 피 값으로 산 교회"(행 20:28)라고 했는데, 하나님은 누구에게 피 값을 지불하셨는가? 하나님은 교회를 사신 구매자이신데, 판매자는 누구인가? 하나님인가? 아니면 사탄인가? (참고: 현재까지 판매자의 정체는 밝혀지지 않았다)

연구를 위한 보조 질문 4-1:

또한 '대속물'은 '예수님의 피 값(보혈)'인데 그것으로 누구에게 진 빚을 갚았다는 것인가? 하나님에게인가, 아니면 사탄에게인가? 사탄에게 배상했다면 왜 배상해야 했는가?

연구를 위한 보조 질문 4-2:

예수님은 십자가상에서 마지막 운명하시기 전에 "다 이루었다"(요 19:30)고 말씀하셨다. 이 말씀은 헬라어로 '테텔레스타이'(τετέλεσται, tetelestai)라는 상업적인 용어다. 그 뜻은 '다 갚아졌다'이다 [TETELESTAI-Paid in Full, '(4) MERCHANTS' 참조]. 누구에게 갚았다는 뜻인가? 하나님에게인가, 아니면 사탄에게인가?

연구를 위한 질문 5:

그리스도의 십자가 사건이 하나님의 공의를 만족시키는 것 이외에, 사탄의 요구를 들어주었다는, 즉 사탄 배상설에 관한 신학적 근거는 구약성경에서 대속죄일에 대제사장이 두 염소를 취하여 두 가지 속죄 의식을 치르는 것이다. 첫째 염소는 하나님의 공의를 만족시키기 위함인데, 둘째 염소는 무엇을 위함인가?

연구를 위한 보조 질문 5-1:
둘째 아사셀 염소와 그리스도의 공통점은 무엇인가?

연구를 위한 보조 질문 5-2:
대속죄일 두 염소의 속죄의식은 왜 그리스도 십자가의 이중 속죄의식의 표상인가?

본 논문은 이 질문들에 답하면서 사탄 배상설이 매우 성경적이라는 것을 증명할 것이다. 그리고 이것을 근거로 차후부터는 더 이상 성령운동과 전도운동을 하며 예수님의 이름으로 사탄을 내쫓는 사역자들이 사탄 배상설로 인하여 이단으로 몰려 고초를 당하는 일이 없도록 해야 할 것이다. 또한 이것은 시들어져가는 한국교회에 다시 성령운동과 전도운동에 불을 붙이어 교회성장에 도움이 되었으면 하는 바람이다.

2. 연구의 범위

본 연구를 위해서는 기독론, 구원론 및 귀신론 등에 관한 조직신학이 필요하다. 그런 전문 분야는 이미 수많은 학자들이 연구를 많이 했다. 때문에 본 논문에서는 유대인 교육을 연구한 학자로서 유대인의 속전의 개념에 대해 설명하고, 속죄론적 입장에서 왜 사탄 배상설이 이단이 아니라는 것을 증명하는 것에 연구의 범위를 제한하고자 한다. 즉 저자는 류광수 목사의 다른 이단시비에 대해서는 언급을 회피한다.

또한 예수님의 삼중직은 1) 선지자직, 2) 왕직, 그리고 3) 제사장직이다. 예수님의 성육신의 목적은 첫째, 선지자로서는 복음을 선포하여 가르치는 것이요, 둘째, 왕으로서는 교회를 보호하고 통치하되 자기 백성들이 영적 대적들 곧 악령들을 대항하여 이기게 하는 것이며, 셋째, 제사장으로서는 속죄 제물로 자신의 몸을 드릴 뿐 아니라, 자기 백성을 위하여 중보기도하기 위함이었다(참고, 칼빈, *기독교강요*, II. xv).

예수님은 3년 공생애 동안 이 세 가지 직분을 실천하셨다. 예수님께서 귀신들린 자들에게 다가가셔서 귀신을 내쫓는 사역(마 8:28-34; 막 5:1-17; 눅 8:27-29)은 제2항 왕직에 속한다. 예수님께서 자기 백성을 저희 죄에서 구원하고(마 1:21), 그를 믿는 자마다 영생을 얻게 하기 위하여(요 3:16) 십자가에서 보혈을 흘리신 것은 제3직 제사장직에 속한다.

사탄 배상설은 그리스도의 십자가 사건에 속한 속죄론에 관한 주제다. 따라서 본 연구 논문은 주로 예수님의 제3직 제사장직에 관해서만 논한다.

3. 용어 사용 설명

본 논문에서 사용하는 용어의 혼동을 막기 위하여 몇 가지 언급한다. 성경에서 사용되는 '뱀'(창 3:1; 계 12:9), '귀신'(마 8:16), '마귀'(신 32:17; 마 13:39) 등은 모두 '사탄'이라는 용어 속에 포함시켰다. 그리고 본 논문은 '귀신론'이 아니기 때문에 각각의 자세한 용어 풀이는 하지 않았다. 그리고 '예수님'이란 용어는 그 분을 개인적인 용도로 사용할 때 표기했고, '그리스도'(Χριστός 크리스토스, anointed, 기름부음을 받은 자)

라는 용어는 제사 및 제사장과 관련 되었을 때 표기했다.

또한 보통 학문적인 논문에는 '예수님' 대신에 '예수'라고 표기하는데, 저자는 모두 '예수님'이라고 표기했다. 그것은 그분이 너무나 지고(至高) 지존(至尊)하신 분(빌 2:9-10)이기 때문에 그분의 함자조차 언급하는 것이 황송하기 때문이다.

유대인은 우주를 창조하시고 역사를 주관하시는 '여호와'(יהוה)라는 하나님의 함자가 너무 지고 지존하셔서 입으로 읽지를 못한다. 그래서 '하셈'(HaShem, השם, 그 이름)이라고 표기하고 '하셈'이라고 읽는다. 저자는 유대인의 방법이 맞다고 생각하여 '예수님'이라는 존칭어를 사용한다. '님'자를 붙여도 '예수'라는 이름이 들어가 신앙인으로서 매우 황송하다. 저자는 학자 이전에 신앙인임을 더 강조하고 싶다.

〈저자 주: 하나님의 이름에 관해서는 저자의 저서 '*신앙명가 이렇게 세워라*', (2011, 쉐마), 제1권 제2장 I. 2. A. '유대인이 여호와의 이름을 부르지 못하는 이유' 참조〉

II 유대인의 속전의 개념

1. 유대인이 포로를 사올 때 지불하는 '비드온 슈바임 자금'

타민족이 유대인을 못마땅하게 생각하는 이유 중 하나는 자기네끼리 너무 똘똘 뭉친다는 것이다. 누가 왜 이렇게 교육 시켰는가? 그 뿌리를 찾아가면 하나님이시다. 하나님이 하나님의 목적을 위하여 하나님의 방법대로 유대인이 단결하도록 교육시키셨다.

유대교의 가르침에 의하면 하나님은 서로 헤어져 떨어지지 않는 사람들에게 상(賞, reward)이 돌아오는 체제를 고안하셨다. "양쪽 다 경제적 이윤이 생기는 인적인 교류"에 해당하는 '가게(shop)'와 '군사 진지(encampment)'에 해당하는 단어와 같은 뿌리를 갖고 있다. '바이칸(vayichan)'이다. 이 단어는 유대인이 시내산 밑에서 토라를 받게 된다는 뜨거운 열망과 기대로 진을 쳤다는 것을 표현하는 '켐프'라는 단어다. 이 단어는 단수다. 그 이유는 당시 2-3백만명(장정만 60만명)이 하나처럼 연합하여 한 마음을 품게 했다는 것을 암시한다(Lapin, *Thou Shall Prosper*, 2002, p. 86).

현재도 유대인은 전 세계에 흩어져 살고 있는 동족의 평화와 번영을 위하여 항상 기도하고 돕고자 노력한다. 위치적으로는 떨어져 있지만 마음은 하나로 붙어 있다. 유대인은 동족이 어디에 있든지 그곳에서 어떤 재난을 만나면 방관하는 법이 없다. 소식이 들어오는 대로 무슨 수를 써서라도 구하려고 노력한다. 몇 가지 예를 들어 보자.

1976년 6월 27일 프랑스 항공기가 이스라엘 수도 텔 아비브(Tel Aviv)에서 파리로 향하던 중 PLO 납치범들에 의하여 공중 피랍되어 아프리카의 심장부 우간다에 착륙한 사건이 있었다. 승객 대부분이 유대인이었다. 이 때 독재자로 악명 높았던 우간다의 대통령 이디 아민은 PLO의장 야시드 아라파트와 함께 세계 언론에 큰소리를 쳤었다. 유대인이 자기 손안에 있다는 것이다. 그러나 7월 24일 새벽 이스라엘의 특공대는 90분 만에 미국의 거대한 허큘레스 수송기로 무려 2,500마일이나 되는 거리에서 최소의 인명 피해로 모든 인질들(102명의 유대인과 승무원들)을 구출하는 데 성공했다(Stevenson, 1977). 이를 '엔테베 기습(Entebbe Raid)' 혹은 '번개 작전'이라고 한다. 당시 미국의 국무장관도 유대인인 키신저였다.

1990년 5월 24일과 25일 양일 36시간 동안 '솔로몬 작전(Operation of Solomon)'이라는 것이 있었다. 아프리카 에티오피아에 거주하고 있던 1만 4천 명의 유대인이 위기에 처했을 때에 이스라엘 정부가 단 3일 만에 이들을 이스라엘로 공수(空輸)해 온 작전을 말한다. 당시 747 보잉 항공기 내부의 모든 시설을 제거하고 그 속에 유대인을 빼곡히 채워 독수리처럼 그들을 구출한 작전이었다(Encyclopaedia of Judaica, 1993).

그뿐만이 아니다. 1990년대에도 옛 소련으로부터 약 50만 명의 유대인 이민자들을 흡수하였다(Agron, 1992). 당시 세계 유대인 인권단체들은 소련에서 고난당하는 동족들이 이스라엘에 무사귀환 하도록 소련과 끊임없이 압력을 넣으며 교섭하였다. 일부는 미국에 난민 신분으로 들어 왔다.

유대인은 실제로 단 한 명의 동족이라도 이방인에게 포로로 잡히면 어떠한 대가를 치르고라도 그를 구원하고자 노력한다. 이때 사용하는 돈을 히브리어로 '비드온 슈바임(פִּדְיוֹן שְׁבוּיִים, Pidyon Shevuyim) 자금'이라고 한다. 영어로는 '랜섬 머니[ransom money, or ransom of captives, 속전(贖錢)]'라고 한다.

'비드온 슈바임'이란 히브리어의 뜻은 "유대인은 악인의 손에 포로된 동족을 해방시켜 줄 의무가 있다"는 뜻이다. 글자 그대로 옮기면 "사로잡힌 자를 사온다"란 뜻이다. 비드온 슈바임 자금은 평소에 그들이 저축하여 헌금한 돈이다. 동족을 구출하는 일에는 부자나 가난한 자나 누구든지 그 몸값을 위하여 헌금한다. 이 헌금을 위해서라면 가장 존귀한 두루마리 성경인 '토라'까지 팔도록 허락한다(Lamm, 1993; Solomon, 2005; Telushkin, 1991).

유대인은 "동족 포로를 구출하는 것보다 더 큰 선행은 없다"고 가르친다(there is no mitzvah greater than the redeeming of captives.). 만약 이를 위해 헌금을 하지 않는 사람은 아래의 율법을 어기는 것이 된다.

"네 하나님 여호와께서 네게 주신 땅 어느 성읍에서든지 가난한 형제가 너와 함께 거하거든 그 가난한 형제에게 네 마음을 강퍅히 하지 말며 네 손을 움켜쥐지 말고"(신 5:7), "반드시 네 손을 그에게 펴서 그 요구하는 대로 쓸 것을 넉넉히 꾸어 주라"(신 5:8), "원수를 갚지 말며 동포를 원망하지 말며 이웃 사랑하기를 네 몸과 같이 하라 나는 여호와니라"(레 19:18), "너는 사망으로 끌려가는 자를 건져 주며 살륙을 당하게 된 자를 구원하지 아니치 말라"(잠 24:11). (Maimonides, Mishneh Torah, Hilchot Matanot Aniyim 8:10-11; https://en.wikipedia.org/wiki/Pidyon_Shvuyim에서 재인용).

유대인은 서로가 개인에 대하여 책임을 진다. 먼 타국에서 유대인이 오면 그 곳에 거주하는 유대인이 공항까지 마중 나가서 집으로 데려오고 가족처럼 안식일 식사를 함께 나눈다. 이것이 "유대인은 하나다"라는 개념이다. "안식일(사바스)과 비드온 슈바임 사이에는 '거리'가 없다. 이 둘 사이에는 '관계'가 있을 뿐이다"(Solomon, 옷을 팔아 책을 사라, 2005, p. 232). 이 말은 "나그네 유대인과 안식일 식사를 함께 나누는 일이나 포로 유대인을 위한 자금 모금에 자선을 하는 일은 별개의 일이 아니라 유대인 공동체를 위한 서로 같은 일이다"라는 뜻이다.

이러한 유대인의 속전에 관한 개념은 사탄 배상설을 이해하는데 큰 도움이 된다. 이것은 어디에 근거하는가? 구약성경이다. 이제 구약성경에서 그 근거를 제시해보자. 그리고 사탄 배상설이 성경적이라는 사실을 증명해보자.

유대인은 동족을 구출하는 일에는 누구든지 그 몸값을 위하여 헌금한다. 가장 존귀한 두루마리 성경인 '토라'까지 팔도록 허락한다.

2. 기독교인에게 적용되는 '비드온 슈바임 자금'의 개념

앞에서 유대인은 왜 결속력이 강한지에 대하여 알아보았다. 하나님으로부터 선택 받은 하나님의 백성이기 때문이다. 그래서 한 사람의 유대인이 이방인에게 포로를 잡히면 그토록 귀하게 여기는 두루마리 성경인 토라(하나님의 말씀)까지 팔아서라도 비드온 슈바임 자금을 마련하여 포로를 잡은 적(敵)에게 주고 동족을 해방시켜야 한다.

이것에 대한 신약적인 의미는 무엇인가? 예수님의 피로 구원받은 모든 기독교인은 영적으로 모두 아브라함의 후손, 즉 영적 유대인이다(갈 3:6-9). 따라서 전 세계 어디에 흩어져있던지 한 가족이라는 뜻이다. 바울이 "유대인이나 헬라인이나 종이나 자주자나 남자나 여자 없이 다 그리스도 예수 안에서 하나다"(갈 3:28)라고 말했다. 차별이 없다(롬 10:12). 바울이 모든 기독교인을 형제와 자매라고 부르는 이유가 여기에 있다(고전 7:15; 히 3:1; 약 2:15).

기독교인 사이에는 '거리'가 없고, '관계'가 있을 뿐이다"(Solomon, 옷을 팔아 책을 사라, 2005, p. 232). 따라서 유대인처럼 기독교인들이 서로가 귀하게 여기고 결속력을 가져야 한다. 모두 하나님의 자녀이며 권속(엡 2:19)이기 때문이다.

> 그러므로 이제부터 너희가 외인도 아니요 손도 아니요 오직 성도들과 동일한 시민이요 하나님의 권속이라. (엡 2:19)

III. 구약에서 찾은 사탄 배상설의 근거

1. 유대인의 대속죄일

그리스도의 십자가 사건이 하나님의 공의를 만족시키는 것 이외에 사탄이 요구하는 죄의 값을 갚아주었다는, 즉 사탄 배상설에 관한 신학적 근거를 구약성경에서 찾아보자. 이것은 사탄 배상설이 이단이 아니라는 것을 증명하는 것이기 때문에 대단히 중요하다.

그리스도의 십자가 사건은 인류의 죄를 속죄해준 역사적 대 사건이다. 이것을 설명하기 위해서는 구약시대에 이스라엘 자손의 죄를 사하기 위하여 어떤 의식을 행했는지에 대해 알아야 한다. 유대인의 속죄에 관한 가장 중요한 절기는 대속죄일이다. 구약의 대속죄일은 그리스도의 죽음을 예표하는 것이다. 먼저 대속죄일은 어떤 절기인지 알아보자.

유대인의 대속죄일은 매년 '로쉬하샤나'(רֹאשׁ הַשָּׁנָה) Rosh Hashanah,

신년절기, 나팔절)부터 시작하여 10일째 되는 날이다. 그 날은 히브리어로 '욤키푸어'(יוֹם כִּפּוּר, Yom Kippur)다. '욤키푸어'는 '대속죄일'(the Day of Atonement)이라고 한다. '속죄하다'(atone)라는 단어는 '하나님과 하나 됨(at one)'이라는 말에서 기원한다.

죄를 온전히 회개할 때 하나님의 용서함을 받고 하나님과 하나가 될 수 있다. 하나님과 인간과의 사이에 막혔던 죄의 담이 허물어져 화목해졌기 때문이다. 이는 구약의 속죄일에 이스라엘 민족이 죄를 회개했던 규례(레 16:1-34, 23:26-32, 민 29:7-11)에서 유래한다.

> 너희는 영원히 이 규례를 지킬지니라. 칠월 곧 그 달 십일에 너희는 스스로 괴롭게 하고 아무 일도 하지 말되, 본토인이든지 너희 중에 우거하는 객이든지 그리하라. 이 날에 너희를 위하여 속죄하여 너희를 정결하게 하리니, 너희의 모든 죄에서 너희가 여호와 앞에 정결하리라. 이는 너희에게 안식일 중의 안식일인즉, 너희는 스스로 괴롭게 할지니 영원히 지킬 규례라. (레 16:29-31)

본문 말씀은 대속죄일이 얼마나 중요한 절기인지를 설명해준다. '안식일 중의 안식일', 즉 '큰 안식일'(v.30)이라고 했다. 이것은 유대인이 회개하며 죄악이 떠나는 날이며 속죄를 받으므로 하나님과 화목하게 되는 날이다. 그리고 각자의 이름이 생명책에 인봉되는 두렵고 떨리는 심판의 날이기도 하다. 유대인은 욤키푸어 절기를 매년 지킴으로 자신의 도덕성을 자가 측정하여 주행 기록을 다시 제로로 되돌려 놓는다(Lapin, *Thou Shall Prosper*, 2002, p. 21).

이스라엘 백성들은 이 날은 아무 것도 하지 말고(레 23:28; 느 9:1; 슥 8:19), 자신을 괴롭게 함으로 자신들의 죄를 정결하게 해야 한다(레 16:30). 자신을 괴롭게 하는 방법으로 그들은 온종일 금식을 한다. 자신의 죄를 속죄 받는 것은 성령 충만함을 받는 것이기 때문이다. 그리고 영혼을 사망에서 생명으로 옮기어 생명책에 기록되는 것이기 때문이다.

> 대속죄일은 유대인이 회개하며 죄악이 떠나는 날이며
> 속죄를 받으므로 하나님과 화목하게 되는 날이다.
> 각자의 이름이 생명책에 인봉되는 두렵고 떨리는
> 심판의 날이기도 하다.

2. 유대인을 속죄하는데 필요한 두 염소의 의미

AD 70년 로마에 의해 예루살렘 성전이 파괴되기 이전 구약시대에는 대속죄일을 어떻게 지키었나? 그 날은 이스라엘 자손이 일 년 동안 지었던 죄를 사함 받는 두렵고 떨리는 절기였다. 본 논문의 주제는 구약시대의 대속죄일 의식에 근거한다.

대제사장은 대속죄일에 이스라엘 자손의 죄를 사하기 위하여 무슨 일을 어떻게 했는가? 레위기 16장에는 이것에 대하여 자세히 설명하고 있다(레 6-10, 20-22).

> 아론은 자기를 위한 속죄제의 수송아지를 드리되 자기와 권속을 위하여 속죄하고 또 그 두 염소를 취하여 회막문 여호와 앞에 두고 두 염소를 위하여 제비뽑되 한 제비는 여호와를 위하고 한 제비는 아사셀을 위하여 할찌며 아론은 여호와를 위하여 제비 뽑은 염소를 속죄제로 드리고 아사셀을 위하여 제비 뽑은 염소는 산대로 여호와 앞에 두었다가 그것으로 속죄하고 아사셀을 위하여 광야로 보낼지니라. (레 16:6-10)

본문 말씀에는 대속죄일 절기에 대제사장이 이스라엘 자손의 죄를 사하기 위하여 행해야 할 특별한 두 가지 의식을 소개하고 있다. 두 염소를 취하여 제비를 뽑아 첫째 것은 '여호와 앞에'라는 팻말 앞에 두고, 둘째 것은 '아사셀 앞에'라는 팻말 앞에 두라고 하셨다. 전자나 후자 모두 모양과 크기 그리고 구매 가격과 구매 시기도 동일해야 한다(Hirsch, *The Pentateuch*, 1990, p. 436).

두 마리 속죄 염소의 기능과 나아가는 방향은 다르다(김의원, *레위기 주석*, 기독교문서선교회, 2013년 9월 15일, p. 477). 기능적인 면에서 전자는 여호와를 위하여 속죄제(a sin-offering)로 드리고, 후자는 아사셀을 위하여 광야로 보내진다(레 16:10). 즉 후자는 제물이 아니다. 유대인 랍비들도 속죄 염소를 제사라고 보지 말라고 했다(p. 476)

이것은 무엇을 뜻하나? 이스라엘 자손의 죄를 사하기 위해서는 속죄제만 필요한 것이 아니고, 아사셀을 위한 의식이 더 필요하다는 것이다. 중요도면에서는 동일하다. 여기에서 이런 질문을 할 수 있다. 왜 이스라엘 자손의 죄를 사하기 위해서 속죄제 이외에, 아사셀을 위한 의식이 더 필요한가?

순서로 볼 때 대제사장은 전자를 먼저 속죄제로 드리고, 후자는 그 다음에 처리한다. 전자는 칼로 목을 따 죽여야 하지만, 후자는 산채로 광야로 내보낸다. 후자는 전자와 같은 고통을 당하지는 않는다. 전자는 성소 안에서 처리되지만, 후자는 성소 밖에서 처리된다(Hirsch, p. 436).

산 염소를 광야로 보내기 전에 대제사장은 이스라엘 자손의 모든 죄를 그 염소에게 전가하는 의식을 치른다.

> 아론은 두 손으로 산 염소의 머리에 안수하여 이스라엘 자손의 모든 불의와 그 범한 모든 죄를 고하고 그 죄를 염소의 머리에 두어 미리 정한 사람에게 맡겨 광야로 보낼찌니 염소가 그들의 모든 불의를 지고 무인지경에 이르거든 그는 그 염소를 광야에 놓을지니라. (레 16:21-22)

본문 말씀을 요약하면 1) 아론은 두 손으로 산 염소의 머리에 안수하여 이스라엘 자손의 모든 불의와 그 범한 모든 죄를 염소에 전가하는 의식을 치른다. 2) 염소는 그들의 모든 불의를 진다. 3) 그 염소는 광야의 무인지경에 이르러 죽게 한다. 즉 그곳에서 굶어죽거나 사나운 짐승들에게 찢기어 죽게 한다.

탈무드에 의하면 후기 유대에서는 아사셀 염소를 예루살렘에서 동남편 90리스(Ris, 20Km) 떨어진 사해 방향의 쥬크까지 데리고 가서 그곳 절벽에서 뒤를 향하여 그 염소를 밀어 떨어뜨렸다고 한다[이상근, *레위기-민수기(상) 주석*, p. 148]. 그 이유는 더 이상 이스라엘 백성들이 살고 있는 공동체에서 완전히 분리되어 죄를 가지고 오지 못하게 하기 위함이다. 그렇다면 대제사장은 그 염소를 누구에게 왜 보냈는지 알아보자.

> 이스라엘 자손의 죄를 사하기 위해서
> 왜 속죄제 이외에 아사셀을 위한 의식이 더 필요한가?

3. 둘째 염소(아사셀 염소)의 의미

여호와를 위하여 속죄제(a sin-offering)로 드리기 위하여 바쳐진 첫 번째 염소는 세상죄를 짊어지고 십자가를 지신 그리스도를 상징한다. 이것은 그리스도께서 인류를 위한 화목제물이 되심으로 하나님의 공의를 만족시키신 사건이다(롬 8:2; 고후 5:21; 엡 2:12-16; 골 1:20-23). 이 이론에 대해서는 무수한 학자들이 이미 정론으로 정했기 때문에 본 논문에서는 더 이상 논하지 않는다.

문제는 두 번째 아사셀 염소는 사탄 배상설과 어떠한 관계가 있느냐 하는 것이다. 이것을 알아보기 위하여 먼저 아사셀은 어떤 뜻을 갖고 있으며, 아사셀 염소의 임무는 무엇인지 알아보자. 그리고 아사셀 염소는 그리스도의 십자가에서의 죽음과 어떤 관계가 있는지에 대해 알아보자.

본 주제에서 가장 중요한 것은 성경적으로 1) '아사셀'은 무엇을 상징하고, 2) '광야는 무엇을 상징하느냐 하는 것이다. 그리고 3) 아사셀 염소는 무엇을 뜻하는가 하는 것이다.

히브리어로 '아사셀'(עֲזָאזֵל, Azazel)은 '높고 강한 절벽'(a lofty and hard cliff)이란 뜻이다(Scherman & Zlotowitz, The Chumash, 2005, p. 639). 따라서 유대인의 랍비들은 이 아사셀이라는 단어가 '장소'를 의미한다고 해석하기도 한다. 본문에서 그 장소는 광야다. 그곳은 '물이 없는 곳', 즉 사막이다. 마태복음에 더러운 귀신이 사람에게서 나갔을 때에 물 없는 곳으로 다녔다고 기록되었다. 이것은 광야는 귀신이 거처하는 곳이라는 뜻이다(마 12:43, 눅 11:24).

> 더러운 귀신이 사람에게서 나갔을 때에 물 없는 곳으로 다니며 쉬기를 구하되 얻지 못하고…. (마 12:43)

총신대 전 총장이었던 김의원 박사는 그의 레위기 주석에서 다른 학자들의 의견을 이렇게 요약했다.

> [많은 성경 주석자들은] 아사셀을 여호와와 병행된 인격체로 해석한다. 서로 정 반대의 영역에 거한다고 본다. 여호와는 그의 백성들과 함께 거하나 아사셀은 진영 밖 광야에 사는 악마의 이름이라고 주장한다(예, RSV. TEV, NAB, NJB 등의 많은 성경 번역). (김의원, *레위기 주석*, 기독교문서선교회, 2013년 9월 15일, p. 475)

그들의 주장을 소개하면 이렇다.

1) 아사셀은 여호와와 직접 대조되었다. 여호와가 인격자라면 아사셀도 인격자여야 한다. 2) 구약은 광야를 악마

와 그와 유사한 자들이 사는 곳으로 본다(레 17:7; 사 13:21, 34:14; 마 12:43 등). (상게서, p. 475)

또한 주석학자 이상근 박사는 "역사적으로 다수의 학자들은 '아사셀'을 '광야에 거하는 악령', 혹은 '사탄'의 상징으로 해석한다"고 했다. 왜냐하면 구약의 외경 에녹서(Enock, 주전 180년 경 저작)에도 창 6:1절 이하에 나오는 타락한 자들의 자손으로서, 타락한 천사(마귀) 중에 '아사셀'이란 이름이 있기 때문이다(Enock, 10:4-5)(이상근, *레위기-민수기 (상) 주석*, pp. 143-144).

따라서 광야에 거주하는 '아사셀'은 '강한 사탄'을 상징한다고 볼 수 있다. 그러면 아사셀 염소는 무엇을 뜻하는가? 영어 성경에는 레위기 16장 8절에 나오는 '아사셀 염소'를 'Scapegoat'(속죄 염소)라고 번역했다. 그 히브리어 어원은 'la-azazel' (לעזאזל)인데, 'azel'은 '제거'(remove)란 뜻이다. 따라서 'la-azazel'은 '전체 제거를 위해'(for entire removal)란 뜻이다(Brown-Driver-Briggs Hebrew Lexicon). 헬라어 구약성경에는 '죄를 멀리 지고 가는 자'[the sender away (of sins)]로 기록되어 있다 (https://en.wikipedia.org/wiki/Scapegoat).

결론적으로 '아사셀'을 단지 광야의 이름이기만 한다면, 아사셀 염소를 광야에 내보낸다는 것은 별 의미가 없을 것이다. 따라서 '아사셀'은 광야에 거주하는 '강한 사탄'을 뜻하고, 아사셀 염소는 '이스라엘 자손의 죄를 대신 지고 광야에 버려진 속죄 염소'를 뜻한다고 해석할 수 있다.

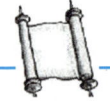

> 아사셀은 광야에 거주하는 사탄,
> 아사셀 염소는 '이스라엘 자손의 죄를 대신 지고
> 광야에 버려진 속죄 염소'를 뜻한다.

4. 아사셀 염소가 사탄의 요구를 보상하는 속전인 이유

A. 죄를 지은 아담과 그의 후손은 사탄의 소유다

대제사장은 아사셀 염소를 1) 누구에게 2) 왜 광야로 보냈는가? 아사셀 염소를 보낸 이는 하나님의 대리자인 대제사장인데, 받는 수신자는 누구인가? 앞의 논리에 의하면 수신자는 광야에 거주하는 사탄이다. 왜 보냈는가? 그 이유에 대해서는 유대인 학자나 신약 학자들도 명확한 답을 제시하지 않고 있다. 그 이유를 설명하기 위해서는 사탄의 존재 목적을 설명해야 한다.

하나님은 자신이 영광을 받으시기 위하여 인간을 창조하셨다(창 1:26-28; 사 43:7). 그리고 허다한 무리로부터 영광받기를 소원하신다(계 19:1). 따라서 하나님의 나라(천국)를 더욱 확장하시기를 원하신다(눅 9:60). 그 분은 인간이 없으면 견디지 못하시는 분이시다.

반면, 사탄(마귀)은 하나님의 원수다(마 13:39). 사탄은 하나님의 나라를 멸하려고 한다. 왜 멸하려고 하는가? 하나님 나라에서 하나님의 거룩한 백성이 하나님께 영광을 돌리는 것을 막기 위함이다. 그리고 그들을 자신의 노예로 만들기 위함이다. 하나님의 나라를 멸하는 방법은 무엇인가? 하나님께 영광을 드리는 하나님의 나라에 속한 거룩한 백성이나, 혹은 속하려고 하는 사람들의 영혼을 공격하여 사망에 이르도록 한다.

공격하는 방법은 무엇인가? 사탄(뱀)은 하나님의 사람에게 다가가 계속 미혹하거나 참소하여 죄를 짓게 한다. 인류의 조상 아담과 하와도 뱀(사탄)의 미혹에 빠져 죄를 지었다(창 3:1-13; 사탄의 참소를 당했던 욥 참조, 욥기 1-2장). 죄를 지은 이후 아담과 그의 후손은 하나님의 소유인가, 사탄의 소유인가? 사탄의 소유가 되었다. 왜냐하면 죄를 짓는 자마다 마귀(사탄)에게 속한 자가 되기 때문이다.

> 죄를 짓는 자는 마귀에게 속하나니 마귀는 처음부터 범죄함이니라. (요일 3:8a)

사탄에게 속한 자가 되면 사탄처럼 살인한 자요, 거짓말쟁이요, 거짓의 아비가 된다(요 8:44). 예수님은 사탄의 속성을 이렇게 말씀하셨다.

> 너희는 너희 아비 마귀에게서 났으니 너희 아비의 욕심을 너희도 행하고자 하느니라 저는 처음부터 살인한 자요 진리가 그 속에 없으므로 진리에 서지 못하고 거짓을 말할 때마다 제 것으로 말하나니 이는 저가 거짓말쟁이요 거짓의 아비가 되었음이니라. (요 8:44)

하나님과 사탄의 일 대조

구분	하나님	사탄
관계	- 하나님은 사탄의 원수다(요일3:8b)	- 사탄은 하나님의 원수다(마13:39)
목표	- 하나님의 나라(천국)를 확장시키신다(눅9:60) - 마귀의 일을 멸하려 하신다(요일3:8b)	- 사탄의 영역을 확장시키려한다 - 하나님의 나라를 멸하려 한다 - "우는 사자같이 두루 다니며 삼킬 자를 찾는다"(벧전5:8)
목적	- 하나님은 자신이 영광을 받으시기 위하여 인간을 창조하셨다 (창1:26-28; 사43:7) - 허다한 무리로부터 영광받기를 소원하신다(계19:1)	- 성도가 하나님께 영광을 드리는 일을 방해한다(롬1:21). - 사탄의 노예로 만들고자 한다 (롬5:12-19; 고전15:22). * 역사적인 예: 애굽의 바로 왕은 이스라엘 백성을 노예로 삼았다.
방법	- 사망에 처한 죄인을 구원하시어 생명을 주신다(롬5:12-19; 고전15:22) 구원 방법 - 구약시대: 대속죄일에 두 염소의 속죄 의식 - 신약시대: 둘째 아담 독생자 예수님을 이 땅에 보내셨다(요일3:8b)	- 성도를 미혹하거나 참소하여 죄를 지어 사망에 이르게 한다 (롬6:23; 약1:15) - 예: 아담의 타락; 마귀에게 참소 당하는 욥 참조(욥기 1-2장)

첫째 아담의 후손인 모든 인간은 사탄(마귀)의 지배를 받아왔다(롬 5:12-19; 고전 15:22). 즉 모든 죄인의 주인은 사탄이어서 사탄의 포로 (종)가 되었다는 것을 뜻한다.

왜 죄인은 하나님께 영광을 드릴 수 없는가? 인간이 죄를 범하게 되면, 그의 영혼은 사망에 이르게 되기 때문이다. 죄의 값은 사망이기 때문이다(롬 6:23; 약 1:15). 따라서 죄인은 하나님의 영광에 이를 수 없다(롬 3:23). 그래서 그들은 하나님을 영화롭게도 아니하며 감사하지도 않게 된다(롬 1:21)(현용수, *신앙명가 이렇게 세워라*, 2011, pp. 56-57).

> 모든 사람이 죄를 범하였으매 하나님의 영광에 이르지 못하더니 그리스도 예수 안에 있는 속량으로 말미암아 하나님의 은혜로 값없이 의롭다 하심을 얻은 자 되었느니라. (롬 3:23~24)

따라서 사탄[마귀]은 우는 사자같이 두루 다니며 삼킬 자를 찾는다(벧전 5:8). 하나님의 나라를 멸하기 위함이다.

반면, 하나님은 마귀의 일을 멸하려고 하신다(요일 3:8b). 그래서 둘째 아담 독생자 예수님을 이 땅에 보내셨다(요일 3:8b). 그 이유는 사망에 처한 죄인을 구원하시어 생명을 주기 위함이다(롬 5:12-19; 고전 15:22).

> 아담 안에서 모든 사람이 죽은 것같이 그리스도 안에서 모든 사람이 삶을 얻으리라. (고전 15:22)

이것은 하나님께서 더 많은 사람으로부터 영광을 받으시기를 원하시기 때문이다(계 19:1).

B. 대속죄일에 대제사장이 취한 첫째 염소와 둘째 염소의 기능 차이

구체적으로 하나님은 어떻게 죄인을 구원하시나? 구약시대와 신약시대의 죄인 구원에 관한 논리는 동일하지만, 방법은 다르다. 구약시대에 죄를 지은 이스라엘 자손을 구원하시는 방법은 앞에서 언급했다. 대속죄일에 대제사장이 이스라엘 자손의 죄를 사하기 위해 행하는 특별한 의식 두 가지를 설명했다(레 6-10, 20-22).

두 염소를 취하여 첫째 염소는 여호와를 위하여 속죄제(a sin-offering)로 드리고, 둘째 아사셀 염소는 광야로 보내진다(레 16:10). 전자는 하나님의 공의를 만족시키기 위함인데, 후자는 무엇을 위함인가? 저자는 사탄이 요구하는 것을 배상하기 위함이라고 주장한다. 즉 사탄이 포로로 잡고 있는 인간들을 사오기 위함이라는 뜻이다.

〈저자 주: 여기에서는 하나님의 공의를 만족시키는 첫째 염소의 속죄제사에 관해서는 생략하고, 후자에 관해서만 논한다.〉

왜 이 주장이 옳은지를 증명해보자. 앞에서 대속죄일에 대제사장이 아사셀 염소를 광야로 내보낸다고 했다(레 16:6-10). 이때 아사셀은 광야에 거주하는 사탄을 뜻하고, 아사셀 염소는 '이스라엘 자손의 죄를 대신 지고 광야에 버려진 속죄 염소'를 뜻한다고 했다. 이스라엘 자손의 죄를 제거하기 위함이다.

그렇다면 광야에 거주하는 사탄은 아사셀 염소, 즉 '이스라엘 자손의 죄를 대신 짊어진 속죄 염소'를 요구했다고 볼 수 있다. 즉 사탄이 원하는 것은 이스라엘 자손이 지은 죄의 값이고, 아사셀 염소는 그 죄의 값을 지불하는 방법으로 사용되었다. 대제사장은 아사셀 염

대속죄일에 대제사장이 취한 첫째 염소와 둘째 염소의 기능 차이

구분	하나님	사탄
구별	앞에 '여호와 앞에'라는 팻말을 둔다	앞에 '아사셀 앞에'라는 팻말을 둔다
정체성	속죄염소(레16:6-10) 여호와를 위한 속죄 제물이다	속죄염소(레16:6-10) - 아사셀을 위하여 광야로 보내진다(레 16:10) - 제물이 아니다
속죄 대상	이스라엘 자손의 죄를 사하기 위함	이스라엘 자손의 죄를 사하기 위함
속죄 방법	이스라엘 자손의 죄를 대신 지고 여호와께 제물로 드려 죽게 함	이스라엘 자손의 죄를 대신 지고 광야에 버려져 죽게 함
죽는 방법	대제사장이 칼로 죽여 제단에서 여호와께 속죄제로 드려진다	1) 사탄에 의해, 즉 광야에서 굶거나 짐승에 찢기어 죽는다 2) 아사셀은 강한 사탄을 상징한다
목적	여호와의 공의를 만족시키기 위함이다	사탄의 요구를 만족시키기 위함이다
공통점	- 대제사장이 두 염소를 제비 뽑는다. - 두 염소 모두 모양과 크기 그리고 구매 가격과 구매 시기도 동일하다. - 대제사장이 이스라엘 자손의 모든 죄를 염소에게 전가하는 의식을 치른다.	

소를 사탄에게 죄의 값을 지불함으로 사탄의 포로였던 이스라엘 자손은 풀려날 수가 있었다는 것으로 해석할 수 있다. 이것은 죄로 말미암아 사탄에게 속했던 이스라엘 자손의 법적 소유권을 하나님께로 변경했던 구약시대의 방법이다.

앞에서 설명했던 유대인의 '속전'(贖錢, Ransom Money, 비드온 슈바임 자금)의 개념은 이런 신학적인 근거에 의해 형성되었다고 볼 수 있다. 그 예화에 나오는 '포로된 자'는 누구이며 누구에게 포로된 자인가? '포로'는 하나님의 백성(유대인)이며 포로를 잡고 있는 자는 유대인을 괴롭히는 '죄악을 행하는 자들'(시 53:4), 즉 사탄이다. 구약에서는 유대인을 결박하여 노예로 삼았던 애굽의 바로가 사탄을 상징한다(계 11:8).

〈더 자세한 것은 저자의 저서 '*하나님의 독수리 자녀교육*'(현용수의 고난교육신학, 제1권), 제1부 제1장 II. 1. '애굽, 홍해, 광야, 요단강 및 가나안의 신약적 예표' 참조〉.

> 첫째 염소는 하나님의 공의를 만족시키기 위함인데,
> 둘째 염소는 무엇을 위함인가?

IV
그리스도는 십자가에서 두 염소의 이중 대속의식을 성취하셨다

1. 그리스도가 둘째 염소(아사셀 염소)의 기능을 성취하신 근거

앞에서 구약시대에 사탄에게 속한 죄인의 법적 소유권이 하나님에게로 변경시키는 방법을 소개했다.

신약시대에는 그리스도가 두 염소, 첫째 염소(속죄 염소)와 둘째 염소(아사셀 염소)의 표상이다. (여기서는 첫째 염소에 관해서는 논하지 않는다) 아세라 염소가 이스라엘 자손의 죄를 대신 지고 광야로 쫓겨나간 것처럼, 그리스도는 온 인류의 죄를 대신 지시고 십자가를 지시고 영문 밖으로 쫓겨나셨다.

예수님이 영문 밖으로 쫓겨난 것을 히브리서 13:12절은 이렇게 표현했다.

> 예수님은 자기 피로써 백성을 거룩하게 하려고 성문 밖에서 고난을 받으셨느니라. (히 13:12)

아사셀 염소가 광야에서 사탄으로부터, 즉 온갖 짐승들의 공격과 굶주림을 당한 것처럼, 예수님도 영문 밖에서 사탄으로부터 온갖 능욕을 다 당하셨다. 예수님은 군병들에게 채찍질을 당하시고, 그들은 가시 면류관을 엮어 씌우고, 갈대로 그의 머리를 치며 침을 뱉으며 꿇어 절했다(막 15:16-20). 그리고 십자가 위에서도 온갖 조롱을 당하셨다(마 27:39-42). 마침내 옆구리에 창으로 찔림을 당하셨다(요 19:34). 그들은 모두 사탄에게 속한 무리들이었다.

> 지나가는 자들은 자기 머리를 흔들며 예수를 모욕하여 가로되 성전을 헐고 사흘에 짓는 자여 네가 만일 하나님의 아들이어든 자기를 구원하고 십자가에서 내려오라 하며 그와 같이 대제사장들과 서기관들과 장로들도 함께 희롱하여 가로되 저가 남은 구원하였으되 자기는 구원할 수 없도다 저가 이스라엘의 왕이로다 지금 십자가에서 내려올지어다 그러면 우리가 믿겠노라. (마 27:39-42)

구약시대에는 온 이스라엘 자손들이 일 년 동안 지은 죄를 사함받기 위하여 대제사장이 아사셀 염소에게 그들의 죄를 전가한 후 광야로 내보내어 사탄이 요구하는 죄의 값을 배상해 준 것처럼, 예수님께서는 치욕의 십자가를 지심으로 온 인류가 받을 죽음의 저주를 대신 받으시고 사탄이 요구하는 죄의 값을 배상해주셨다(갈 3:13).

예수님 스스로도 이 땅에 오신 목적은 "자기 목숨을 많은 사람의 대속물(a ransom for many)로 주기 위함이다"(막 10:45)라고 말씀하셨다.

> 인자의 온 것은 섬김을 받으려 함이 아니라 도리어 섬기려 하고 자기 목숨을 많은 사람의 대속물로 주려 함이니라. "For even the Son of Man did not come to be served, but to serve, and to give His life a ransom for many." (막 10:45)

예수님은 십자가상에서 마지막 운명하시기 전에 "다 이루었다"(요 19:30)고 말씀하셨다. 이 말씀은 헬라어로 '테텔레스타이'라는 상업적인 용어다. 그 뜻은 "다 갚아졌다"이다. 유대인이 동족 포로를 구출할 때 사용하는 '비드온 슈바임(Pidyon Shevuyim) 자금', 즉 '랜섬 머니[Ransom Money, 속전(贖錢)]'다. 유대인이 포로된 자를 사기 위해서는 그들이 최고의 존엄인 토라(두루마리 성경)까지 팔도록 허락한 것은 바로 말씀이 육신이 되신 독생자(요 3:16)까지 아끼지 않으시고 희생시키신 하나님이, 죄인인 우리를 사랑하신 것에 비유될 수 있다(요 3:16; 롬 5:8). 왜냐하면 예수님은 하나님의 말씀이 육신이 되어 오신 분이기 때문이다(요 1:14).

이것은 무엇을 뜻하는가? 예수님이 십자가에서 보혈을 흘리심은 사탄이 요구하는 대속물을 주신 것이다. 이 경우에는 개혁주의 학자들의 주장처럼(개혁공보, 2017년 10월 2일), 하나님의 공의를 만족시키기 위해 하나님께 대속 제물로 드린 것이 아니다. 왜냐하면 죄인들은 하나님의 포로가 아니라 사탄의 포로였기 때문이다. 그리고 하나님의 공의를 만족시키는 속죄 제사는 이미 첫째 염소가 담당했기 때문에 더 이상 필요가 없다.

또한 사도행전에는 하나님의 교회를 '하나님이 자기 피로 사신 교회' (the church of God which He purchased with His own blood)(행 20:28)라고 정의했다. 이 말씀은 하나님께서 독생자 예수 그리스도를 십자가의 대속물로 주시고 사신 교회라는 뜻이다(마 20:28)(그랜드종합주석, *사도행전 주석*.)

뿐만 아니라 바울은 하나님께서는 기독교인의 몸도 예수님의 피 값으로 산 것이라고 말했다. 따라서 "너희는 너희의 것이 아니니", "너희 몸으로 하나님께 영광을 돌리라"(고전 6:20)고 했다.

> 너희 몸은 너희가 하나님께로부터 받은 바 너희 가운데 계신 성령의 전인 줄을 알지 못하느냐 너희는 너희의 것이 아니라 값으로 산 것이 되었으니 그런즉 너희 몸으로 하나님께 영광을 돌리라. (고전 6:19-20)

본문에서 하나님은 교회를 사신 구매자인데, 판매자는 누구인가? '예수님의 피 값'을 누구(판매자)에게 지불하셨다는 말씀인가? 하나님은 구매자이신데, 판매자가 동시에 될 수는 없다. 따라서 본문에서 판매자는 사탄으로 보는 것이 합리적이다.

그리스도께서 두 염소의 기능을 성취하신 결과, 누구든지 예수님을 믿으면 그의 영혼이 사망에서 생명으로 옮겨진다. 그리고 심판을 받지 않는다.

> 내가 진실로 진실로 너희에게 이르노니 내 말을 듣고 또 나 보내신 이를 믿는 자는 영생을 얻었고 심판에 이르지 아니

> 하나니 사망에서 생명으로 옮겼느니라. (요 5:24)

이것은 신약시대에는 이방인을 포함한 모든 인류를 지배하는 소유권이 사탄에게서 하나님께로 변경될 수 있다는 것을 뜻한다. 이후 예수님을 믿는 기독교인은 더 이상 사탄의 종이 아니라, 그리스도 예수님의 종으로 신분이 바뀐다.

따라서 예수님을 믿기 이전에는 사탄이 주인이어서 사탄이 시키는 대로 죄를 행했지만, 이제는 예수님이 주인이 되셨기 때문에 그분이 시키시는 대로, 즉 말씀대로 거룩하게 살아야 한다. 그리고 "그리스도께서 우리로 자유케 하려고 자유를 주셨으니 그러므로 굳세게 서서 다시는 종의 멍에를 메지 말아야 한다(갈 5:1).

2. 기독교인이 사탄을 물리칠 수 있는 법적 근거

신약시대에는 누구든지 예수님을 믿으면 더 이상 사탄의 종이 아니라, 그리스도 예수님의 종으로 신분이 바뀐다. 신분이 바뀐 결과 하나님의 자녀로서 사탄을 내쫓을 수 있는 권세도 갖는다(막 3:15). 예수님께서는 성도들에게 더러운 귀신을 제어하는 권세(막 6:7)와 뱀과 전갈을 밟으며 원수의 모든 능력을 제어할 권세를 주셨기 때문이다(눅 10:19).

〈저자 주: 구약시대에도 이스라엘 자손은 하나님으로부터 사탄을 제어하고 내쫓는 권세를 받았다(삼상 16:23의 다윗의 예 참조)〉

> 이에 열둘을 세우셨으니 이는 자기와 함께 있게 하시고 또

> 보내사 전도도 하며 귀신을 내어 쫓는 권세도 있게 하려 하심이러라. (막 3:14-15)

어떻게 성도들이 이런 놀라운 권세를 갖게 되었는가? 예수님께서 하나님의 자녀들이 사탄을 물리칠 수 있는 법적 근거, 즉 축사의 근거를 마련해 주셨기 때문이다.

그렇다면 기독교인이 예수님의 이름으로 사탄을 물리칠 때, 그 사탄이 선선히 물러나게 할 수 있는 성경적 근거는 무엇인가? 즉 사탄은 하나님 앞에서 기독교인들을 밤낮 참소를 한다(욥 1:6-11; 슥 3:1; 눅 22:31; 계 12:10). 죄를 짓게 하고 괴롭힌다. 그럴 때 기독교인은 어떤 논리로 대처해야 하는가? 사탄에게 정정 당당하게 이렇게 명령해야 한다.

> "나의 주님, 나사렛 예수님이 이미 나의 죄 값을 십자가에서 너에게 지불하지 않았느냐? 이것은 법적으로 이미 끝난 거래다. 그런데 네가 무엇이건대 또 다시 나를 죄인이라고 참소하느냐! 나사렛 예수님의 이름으로 명하노니 사탄아 물러가라!"

이렇게 사탄에게 그리스도 어린양의 피를 증거하면, 사탄은 물러간다(계 12:11). 그럴지라도 예수님은 "귀신들이 너희에게 항복하는 것으로 기뻐하지 말고, 너희 이름이 하늘에 기록된 것으로 기뻐하라"(눅 10:20)고 하셨다. 그 이유는 예수님이 이 땅에 오신 근본 목적은 사탄을 물리치시는 것보다도 온 인류를 구원하려 오셨다(요 3:16)는, 즉 인류 구원에 방점을 찍어야 하기 때문이다.

구약시대 아사셀 염소와 신약시대 그리스도의 공통점

구분	아사셀 염소(구약시대)	그리스도(신약시대)
정체성	속죄염소(레16:6-10)	속죄양(요1:29)
속죄 대상	이스라엘 자손의 죄를 사하기 위함	온 인류의 죄를 사하기 위함
속죄 방법	이스라엘 자손의 죄를 대신 지고 여호와께 제물로 드려 죽게 함	온 인류의 죄를 대신 지고 영문밖에 버려져 십자가에서 죽게 함(요1:29)
보낸 대상	아사셀 염소: 사탄에게 보냈다 (여호와에게 드려진 첫째 염소의 기능과 구별된다)	사탄에게 보냈다 (cf. 여호와에게 드려진 속죄 제물의 기능과 구별된다)
보낸 목적	- 사탄의 요구를 만족시키기 위해 광야로 보내진다(레 16:10) - 제물이 아니다	사탄의 요구를 만족시키기 위해 영문 밖으로 쫓겨나셨다(히13:12) (cf. 하나님의 공의를 만족시키기 위한 속제제물의 목적도 포함됨)
이유	- 사탄이 요구하는 죄의 값을 배상하기 위함임 - 아사셀 염소는 '비드온 슈바임 자금'(속전)으로 사용됨	- 사탄이 요구하는 죄의 값을 배상하기 위함임 - 그리스도는 '비드온 슈바임 자금'(속전)으로 사용됨
죄 값 배상법	광야에서 굶거나 짐승에게 찢기어 죽게 함	영문 밖에서 조롱당하고 찢기시고 십자가에서 고난을 당해 돌아가심. "다 이루었다"(요19:30)
성경 본문	"아론은 두 손으로 산 염소의 머리에 안수하여 이스라엘 자손의 모든 불의와 그 범한 모든 죄를 고하고 그 죄를 염소의 머리에 두어… 광야로 보낼지니라"(레16:21)	"인자의 온 것은 섬김을 받으려 함이 아니라 도리어 섬기려 하고 자기 목숨을 많은 사람의 대속물로 주려 함이니라"(막10:45) - 예수님이 십자가에서 하신 말씀 "다 이루었다"(요19:30) = "다 갚아졌다"

〈다음 페이지에 계속됨〉

〈앞 페이지에서 이어짐〉

결과	1. 이스라엘 자손은 대속죄일에 생명책에 기록된다(출 32:33) 2. 사탄에게서 놓임을 받아 자유인이 된다 3. 이스라엘 자손은 사탄을 제어하고 내쫓는 권세를 받았다 (다윗의 예; 삼상16:23).	1. 누구든지 예수님을 믿으면 사망에서 생명으로 옮겨짐 2. 사탄에게서 하나님께로 소유권이 변경되어 자유함을 얻음 3. 신분 변경: 사탄의 종에서 예수님의 종으로 바뀐다 4. 생명책에 기록된다(계20:15). 심판 면제 5. 성도는 예수님으로부터 사탄을 제어하고 내쫓는 권세를 받았다 (막6:7; 눅10:19).
유효 기간	1년, 매 대속죄일마다 반복함	영원히, 단번에 끝났음
참조	- 그리스도의 십자가는 아사셀 염소의 표상이다 - 유대인은 두 염소를 매년 바쳤지만, 그리스도는 두 염소의 기능을 단번에 성취하셨다 - 그리스도는 하나님의 자녀들이 사탄을 물리칠 수 있는 법적 근거를 마련하셨다 - '비드온 슈바임 자금'은 유대인이 적에게 잡힌 동족 포로를 사올 때 지급하는 속전임	

때문에 바울은 구원 받은 백성들은 물론 자신까지 늘 죄 때문에 고통스러워하는 모습(롬 7:24-25)을 보고 이렇게 단언한다.

> 그러므로 이제 그리스도 예수 안에 있는 자에게는 결코 정죄함이 없나니 이는 그리스도 예수 안에 있는 생명의 성령의 법이 죄와 사망의 법에서 너를 해방하였음이라. (롬 8:1~2)

결론적으로 예수님께서는 구약성경 이사야서를 인용하시며 포로된 자에게 자유를 주시기 위하여 이 땅에 오셨다고 말씀하셨다(눅 4:18-19).

하나님께서 유대인을 노예로 잡고 있었던 바로에게 명령하신 법적 근거도 양의 피를 문설주에 발랐기 때문이다(출 12장). 양의 피는 세상 죄를 지고 가는 하나님의 어린 양 예수님의 피를 상징한다(요 1:29). 그래서 모세는 바로에게 유대인은 나의 백성이니 그들을 놓아주어 가게 하라고 했다(Let my people go!, 출 5:1, 7:16, 8:20).

구약시대와 신약시대의 차이는 무엇인가? 전자에는 매년마다 아사셀 염소(속죄 염소)를 사탄에게 죄 값으로 배상했지만, 신약시대에는 하나님의 본체(빌 2:6)이신 예수님께서 속죄양이 되셔서 십자가에서 피를 흘리심으로 단번에 사탄에게 죄 값으로 배상해 주셨다(히 7:27, 9:28).

V. 요약 및 결론: 사탄 배상설은 성경적이다

성령운동과 전도운동을 하며 예수님의 이름으로 사탄을 내쫓는 사역자들이 사탄 배상설로 인하여 이단으로 몰려 고초를 당하고 있다. 본 논문은 사탄 배상설이 왜 이단이 아닌지를 증명하기 위하여 다음 몇 가지 증거를 제공했다.

1) 구약시대 하나님의 선민인 유대인의 '속전'(贖錢, Ransom Money)의 개념을 설명했다.
2) 죄를 지은 첫째 아담과 그의 후손은 왜 사탄의 소유인지를 성경적으로 증명했다.
3) 그리스도의 십자가 사건이 하나님의 공의를 만족시키는 것 이외에 사탄의 요구를 들어주었다는, 즉 사탄 배상설에 관한 신학적 근거를 구약성경에서 찾아 설명했다.
4) 구약성경에서 찾은 사탄 배상설에 관한 신학적인 근거는 그리

스도의 십자가 사건과 어떤 관계가 있는지에 대하여 설명했다.

5) 사도행전에서 '교회'를 하나님이 예수님의 피 값으로 산 교회(행 20:28)라고 하는데, 누가 누구에게 피 값을 지불했는지에 대해 설명했다.

본 논문은 구약시대에 대속죄일 절기에 대제사장이 이스라엘 자손의 죄를 사하기 위해서 무엇을 어떻게 했는지에 대하여 설명했다. 대속죄일 절기에 대제사장이 이스라엘 자손의 죄를 사하기 위하여 두 염소를 취했다. 두 염소가 모두 이스라엘 자손의 죄를 전가 받았다는 점에서는 동일하다. 그러나 기능적인 면에서 첫째 염소는 여호와를 위하여 속죄제(a sin-offering)로 드리고, 둘째 염소는 아사셀을 위하여 광야로 내보내졌다(레 16:10).

전자는 하나님의 공의를 만족시키기 위한 것이고, 후자는 광야에 거주하는 사탄의 요구, 즉 이스라엘 자손의 죄의 값을 배상하기 위함이다.

이것은 무엇을 뜻하나? 이스라엘 자손의 죄를 사하기 위해서는 이중적 대속의 의식이 필요했다는 것을 증명한다. 따라서 신약시대에 예수님도 대제사장의 직분을 가지고 십자가에서 두 염소의 역할, 즉 이중적 대속의 의식을 치루셨다고 해석해야 맞다.

그리스도는 하나님과 인간을 화해시키기 위하여, 인류의 모든 죄를 대신 지시고(요 1:29), 여호와께 희생제물이 되셔서 인간의 속죄를 이루신 것(예수님의 제사장 직무 수행)은 첫째 염소의 기능을 성취하신 것이고, 영문 밖에서 고난을 당하시고 죽으신 것은 둘째 염소의 기능을 성취하신 것이다. 전자는 그리스도께서 하나님의 공의를 만족시킨 의식이고, 후자는 사탄의 요구를 만족시킨 의식이다.

구약시대에는 매년마다 대속죄일에 이스라엘 자손의 속죄를 위하여 두 염소의 의식을 실시했지만, 신약시대의 그리스도는 온 인류의 죄를 속죄하기 위하여 단번에 십자가에서 보혈을 흘리심으로 두 염소의 의식을 성취시키셨다. 따라서 기독교에서 '교회'를 하나님이 예수님의 피 값으로 산 교회(행 20:28)라고 하는데, 여기에서 구매자는 하나님이고 판매자는 사탄이다. 그러므로 교회는 하나님이 사탄에게 예수님의 피 값으로 산 교회라는 뜻이다. 기독교인의 몸도 마찬가지다(고전 6:20).

<u>요약하면</u> 구약시대에 대속죄일날 이스라엘 자손의 죄를 전가받은 속죄 염소 두 마리(레 16장 참조)는 이중적 대속의 의식과 의미를 갖고 있다. 그리고 신약시대에 두 마리 속죄 염소의 기능은 예수님께서 십자가에서 보혈을 흘리심으로 모두 단번에 성취되었다. 따라서 그리스도의 십자가 사건에 두 마리 속죄 염소의 의식과 의미가 모두 포함되어 있다.

그렇다면 기독교인이 예수님의 이름으로 사탄을 물리칠 때, 그 사탄이 선선히 물러나게 할 수 있는 성경적 근거는 무엇인가? 즉 사탄은 하나님 앞에서 기독교인들을 밤낮 참소를 한다(욥 1:6-11; 슥 3:1; 눅 22:31; 계 12:10). 그럴 때 기독교인은 어떻게 대처해야 하는가? 사탄에게 정정 당당하게 이렇게 명령해야 한다.

> "나의 주님, 나사렛 예수님이 이미 나의 죄 값을 너에게 지불하지 않았느냐? 이것은 법적으로 이미 끝난 거래다. 그런데 네가 무엇이건대 또 다시 나를 죄인이라고 참소하느냐! 나사렛 예수님의 이름으로 명하노니 사탄아 물러가라!"

대속죄일 두 염소의 속죄의식과 그리스도 십자가의 이중 속죄의식

구약시대 〈대속죄일의 두 염소 의식〉		신약시대 〈그리스도 십자가의 두 의식 성취〉	
대제사장이 매년 택하는 두 염소 (레16:6-10)		하나님이 택하신 독생자 예수님 (요1:29, 3:16)	
첫째 염소의 기능: - 이스라엘 자손의 죄를 속죄하기 위하여 여호와에게 드려진 속죄 제물 - 하나님의 공의를 만족시키기 위한 속죄염소	두 마리 속죄 염소가 두 가지 속죄 의식을 치름	첫째 염소 기능의 성취: - 온 인류의 죄를 속죄하기 위하여 여호와에게 드려진 속죄제물 (요3:16; 히13:11-12) - 하나님의 공의를 만족시키기 위한 속죄양 (요 1:29; 엡2:12-16)	한 마리 속죄양이 두 마리 속죄의식을 단번에 성취
둘째 아사셀 염소의 기능: - 광야에 버려져 죽게 함 (레16:10, 22) - 사탄이 요구하는 죄의 값을 배상하기 위한 속죄염소 [속전(비드온 슈바임 자금)]		둘째 염소 기능의 성취: - 영문 밖으로 쫓겨나 죽게 함 (히13:11-12) - 사탄이 요구하는 죄의 값을 배상하기 위한 속죄양 [속전(비드온 슈바임 자금)] (막10:45) - "다 이루었다"(요19:30) = "다 갚아졌다"	

참조
- 그리스도는 대속죄일에 대제사장이 택한 첫째 염소와 둘째 염소(아사셀 염소)의 표상이다
- 대속죄일의 두 염소의 속죄의식은 그리스도 십자가의 이중 속죄의식의 표상이다
- 그리스도는 두 염소의 기능을 영문 밖 십자가에서 단번에 성취하셨다
- 그리스도는 하나님의 자녀들이 사탄을 물리칠 수 있는 법적 근거를 마련하셨다
- '비드온 슈바임 자금'은 유대인이 적에게 잡힌 동족 포로를 사올 때 지급하는 속전이다
〈* 아사셀 염소와 예수님과의 비교는 앞의 도표 참조 바람〉

결론적으로 성도인 우리는 사탄에게 포로되어 '죄의 종'(롬 6:17)이 되었던 자들이었다. 그러나 하나님께서는 사탄에게 '죄의 삯'(롬 6:23), 즉 '비드온 슈바임 자금'을 지불하시고 우리를 사 오셔서 하나님의 자녀로 삼으셨다. 하나님께서 사탄에게 비드온 슈바임 자금을 지불하신 방법은 하나님의 독생자이신 예수님을 십자가상에서 죽이신 것이고, 그 대금이 바로 그 십자가상에서 예수님이 흘리신 보혈이다. 따라서 예수님이 십자가상에서 마지막 운명하시기 전에 "다 이루었다"(요 19:30)고 하신 말씀은 헬라어로 '테텔레스타이'인데, 그 뜻은 "다 갚아졌다"는 의미이다.

유대인이 포로된 자를 사기 위하여 토라까지 팔도록 허락한 것은 바로 독생자까지 아끼지 않으시고 희생하시면서 하나님이 택하신 우리를 사랑하신 것과 비유될 수 있다(요 3:16). 따라서 사탄 배상설은 이단이 아니다.

참고자료 (Selected Bibliography)

외국 자료

Agron, David. (1992). *Soviet Jews: A Field God Has Plowed*, Fuller Theological Seminary School of World Mission, Th.M. Thesis. Pasadena, California.

Brown, Driver & Briggs. (1979). *The New Brown-Driver-Briggs-Genesis Hebrew and English Lexicon*. Peabody, Ma: Hendrickson Publishers.

Encyclopaedia of Judaica. (1993). *Decennial Books 1983-1992*. NY: Mc Millan.

Dimant, Devorah. (2017). *From Enoch to Tobit*, Enoch, 10:4-5. Tubingen, Germany: Mohr Siebeck.

Hirsch, Samson Raphael. (1988). *Collected Writings of Rabbi Samson Raphael Hirsch*. Jerusalem, Israel: Feldheim Publishers Ltd.

_____. (1989a). *Genesis; the Pentateuch*, Vol. I. Gateshead: Judaica Press Ltd.

_____. (1989b). *Exodus; the Pentateuch*, Vol. III. Gateshead: Judaica Press Ltd.

_____. (1989c). *Leviticus; the Pentateuch*, Vol. III. Gateshead: Judaica Press Ltd.

_____. (1989d). *Numbers; the Pentateuch*, Vol. IV. Gateshead: Judaica Press Ltd.

_____. (1989e). *Deuteronomy, the Pentateuch*, Vol. V. Gateshead: Judaica Press Ltd.

_____. (1990). *The Pentateuch*. Edited by Ephraim Oratz, New York, NY: Judaica Press, Inc.

Holy Bible. (NIV, KJV). (1985).

The Jewish Bible, TANAKH, The Holy Scriptures by JPS, 1985.

Lamm, Maurice. (1993). *Living Torah in America*. West Orange, NJ: Behrman House, Inc.

Lapin, Daniel. (2002). *Thou Shall Prosper(Ten Commandments for Making Money)*. Hoboken, NJ: John Wiley & Sons, Inc.

Lapin, Daniel. (2004). 선한 부자를 위한 10계명[원제: *Thou Shall Prosper(Ten Commandments for Making Money)*]. Translated into Korean by Jae Hong Kim. Seoul: Siat Publishing Co.

Maimonides, *Mishneh Torah*, Hilchot Matanot Aniyim 8:10-11.

Stevenson, William. (1977). *90 minutes at Entebbe Airport*. Translated into Korean by Yoon Whan Jang. Seoul: Yulwhadang.

Solomon, Victor M. (2005). *Sell Clothes and Buy Books(옷을 팔아 책을 사라, Original book title: The Secret of Jewish Survival)*. Translated and re-edited into Korean by Yong Soo Hyun, Seoul: Shema Books.

Talmud, Babylonian Edition.

TANAKH. (1985). The Jewish Bible, The Holy Scriptures by JPS.

Telushkin, Joseph. (1991). *Jewish Literacy*. New York, NY: William Morrow and Company, Inc.

_____. (1994). *Jewish Wisdom*. New York, NY: William Morrow and Company, Inc.

Scherman, Nosson & Zlotowitz, Meir. General Editors. (2005). *The Chumash*. Brooklyn, NY: Mesorah Publication, Ltd.

한국 자료

개혁공보, 개혁총회 신학위원회 류광수 목사 이단 아니다. 평가 3, http://cafe.daum.net/ghgongbo/SIg3/11?q=사탄%20배상설, 2017년 10월 2일.

그랜드종합주석, (2010). *사도행전 주석*. 서울: 제자원.

김의원. (2013). *레위기 주석*. 서울: 기독교문서선교회.

류광수, *평신도 기초 전도이론 강의 테이프 6*.

성경전서, 개혁개정. (2005). 서울: 대한성서공회.

이상근. (1961). *레위기-민수기(상) 주석*. 서울: 성등사.

_____. (1961). *사도행전 주석*. 서울: 성등사.

칼빈. (2006). *기독교강요*. II. xv. 서울: 기독교문화사.

황대우, *한국 초대교회의 교회성장*, 개혁정론, 2017년 5월 22일.

현용수. (2011). *신앙명가 이렇게 세워라*. 서울: 쉐마.

_____. (2014) '*하나님의 독수리 자녀교육'(현용수의 고난 교육신학, 제1권)*. 서울: 쉐마.

인터넷 자료

http://kcm.kr/dic_view.php?nid=41168.

Pidyon Shvuyim; https://en.wikipedia.org/wiki/Pidyon_Shvuyim.

*Scapegoat*의 뜻: https://en.wikipedia.org/wiki/Scapegoat.

TETELESTAI–Paid in Full,
  http://www.preceptaustin.org/tetelestai-paid_in_full의 '(4) MERCHANTS' 참조.

Yom Kippur: http://www.judaica-guide.com/yom_kippur/

부록 II

쉐마지도자클리닉 참석자들의 증언

편집자 주_ 쉐마클리닉을 수료하신 분들의 간증문들이 대부분 탁월하나, 부득이 몇 분만을 고르게 되어 나머지 분들께 죄송한 마음을 전합니다. 쉐마교육연구원 홈페이지(www.shemaiqeq.org)에 더 많은 간증문이 실려 있으니 참고하시기 바랍니다.

탈북자의 통일 준비, 답을 찾았다
- 탈북민 김예진 의사 (여, 단국대학교 병원 내과의사)

'쉐마'는 구약학계의 Blind Spot을 세계 최초로 발견한 것
- 김상진 박사 (PhD, 구약학)

제2의 종교개혁 태동 느껴
- 김선중 교수 (미국 국제개혁신학대학원 교수)

찬란한 광채를 보는 듯한 감격
- 소강석 목사 (분당 새에덴교회 목사)

미주 한인 2세교육의 문제점에 대한 해결 대안을 찾았다
- 함성택 박사(PhD.) (한미 역사학회 회장)

쉐마교육을 신학교에서도 필수과목으로 채택해야
- 소화춘 감독 (교수, 충주 제일감리교회)

"아, 기독교강요와 종의 기원처럼 이 이론은 교육학의 분기점이 되겠구나!"
- 권혁재 목사 (민들레교회 담임)

참석자들의 증언

탈북자의 통일 준비, 답을 찾았다

탈북민 김예진 의사 (여, 단국대학교 병원 내과 전문의)

- 단국대학교 내과 전문의
- 전문의 자격 취득
- 2011년 탈북

저는 두 딸의 엄마이며 50대의 워킹맘입니다. 북한에서 탈북하여 남한에 와서 큰 딸의 방황과 함께 겪었던 시련의 가정사가 있었기에 유대인들의 자녀교육에 대하여 배운다는 말에 솔깃하여 신청을 했습니다.

첫 시간부터 저에게 울림을 주었고 깨달음을 넘어선 환희였습니다

첫 시간부터 저에게 울림을 주었고 깨달음을 넘어선 환희였습니다. 저는 굶고 있는 두 자녀를 먹여 살리겠다고 탈북했습니다. 중국에서 고난을 겪다가 예수님을 구주로 영접했습니다. 그 후 다시 복음 전도를 위해 북한에 파송되어 갔다가 통일을 위해서 준비해야 한다는 하나님의 강권적인 인도하심으로 남한에 왔습니다.

하지만 이젠 전문의까지 되어서 이제는 빈털터리였던 제가 재산도 하나씩 생기고 남부럽지 않게 살게 되니 저의 마음속에서 시시때때로 들려오는 이 물음, "목숨도 두렵지 않으니 복음을 전하다 죽겠다고 북한으로 갔던 네가 지금 이래도 되는가?" 때문에 이 행복도 그냥 만끽할 수가 없었습니다.

야간으로 성경공부도 하고 기도와 섬김도 열심히 하면서 애쓰고 있지만 북한 감옥과 중국 공안에 잡히는 등 7여 년 동안 엄마의 자리를 지키지 못했습니다. 그동안 상처투성이인 저의 큰딸이 많이 회복은 되었지만 여전히 남아 있는 자녀의 문제에 부딪히면서 내가 지금 놓치고 있는 건 뭘까?

직장에서 크리스천으로 산다는 것은 무얼까? 내가 보아도 대다수의 교회 다니는 사람들이 왜 오히려 다니지 않는 사람들보다 인성이 안 되고 덕이 되지 못할까? 그럼 나는 얼마나 덕이 되고 있으며 어떻게 하는 것이 통일을 위해서 준비하는 걸까?

마 6: 33절, "먼저 그 나라와 그의 의를 구하라 그리하면 이 모든 것을 너희에게 더하시리라"는 말씀에 있는 것처럼 열심히 기도하고 복음 전도를 위해서 헌신하고 살면 하나님이 이 모든 문제도 해결해 주실까?

이런 현실적인 문제와 부딪칠 때마다 답답하기만 했던 저에게 이번 현용수 박사님의 인성교육 강의는 해답뿐 아니라 사명을 되찾아 주었습니다.

"탈북민에게 쉐마교육 인성교육이 왜 필요한가?"라고 묻는다면

자기의 것이라는 건 아무것도 없는 빈털터리 신세인 우리 탈북민은 고난이라는 아주 귀한 자산을 가진, 저력 있는 귀한 존재인 자존감 그 자체라고 할 수 있습니다.

북한에서 보고 배운 건 다 나쁘니 모두 버리고 다시 시작해야 한다는, 바닥을 치는 자존감을 가지고 남한에 와서 빨리 적응하려 하니 눈에 보이는 수평문화를 누구보다도 빨리 흡수하고 받아들이기 위해 피나는 노력을 하고 있습니다.

여기에 더하여 왜곡된 수직문화(당과 수령에 대한 효와 절대 복종)에 의하여 짓밟히며 살아오면서 맺힌 원한이 있어, 그 원한에 대한 심리적인 반작용으로 옳지 않은 남한의 수평문화도 거르지 않고 받아들이고 있습니다.

저의 예를 들어보겠습니다.

저는 친할아버지가 옛날 학당의 훈장이셨고, 그 슬하에서 자라 유교 사상이 강했던 아빠의 엄격한 교육을 받으며 성장했습니다. 무조건적인 복종을 배우며 내조 잘하시는 따뜻한 엄마가 계셨기에 아빠의 뜻을 거스르지는 못했지만 상처 또한 많았기에 내 자식은 아빠처럼 키우지 않겠다고 결심했습니다.

그리고 저의 아빠는 군 보안서의 높은 직책에 있었고, 당 간부에게 아첨할 줄을 몰랐으며, 그 누구의 뇌물도 받을 줄 모르고, 꺾이면 꺾일지언정 굽히지 않는 대바른 성품 때문에 시련도 많았습니다.

이런 아빠를 보면서 너무 안타까웠고 "융통성이 없이 왜 저렇게 힘들게 사실까? 나는 절대로 아빠처럼 살지 말아야겠다."고 다짐했습니다. 그러나 증오하면서 배운다더니 저도 보고 배운 게 그거라, 자녀들에게나 직장생활에서도 딱 아버지처럼 하고 있는 모습을 보면서 저도 놀랐습니다.

그러나 저의 생각은 남한에 와서 이미 수평문화를 선택하였으며 더욱이 하나님을 믿고 교회에 다니면서 더욱이 아빠랑은 다르게 살겠다고 하였던 생각을 굳혔습니다.

왜냐하면 성경에는 오른 뺨을 때리면 왼 뺨도 내대라고 하고, 이웃을 사랑하라고 하기 때문에 김일성 김정일이도 사랑해야 하는 존재라고 말해 주는 전도사님 목사님도 있었기 때문이었습니다. 그 때 저는 사랑이신 예수님을 닮은 듯하여 우러러보기까지 하였으며 편협한 저 자신을 책망하기까지 하였습니다.

그런데 현 박사님이 예수님께서 말씀하신 용서와 사랑은 개인과 개인에게는 적용되지만 국가와 국가에는 적용되지 않는다고 말씀하셔서 놀랐습니다. 더구나 남한의 교회를 말살시키려는 북한 공산주의 정부는 용서의 대상이 아니라 대적할 대상이라는 말에 놀랐습니다. 현 박사님이 "복음만 아는 멍텅구리가 많다."고 하셨는데, 이 말씀은 저보고 하는 말씀이었습니다.

"복음만 알면 멍텅구리가 될 수 있다." 이 말씀은 저보고 하는 말씀이었습니다

북한이라는 나라에서 그리고 엄격한 아빠의 훌륭한 가정교육 덕분에 큰 그릇으로 준비는 되었지만 그 그릇에 자신의 것이 아닌 다른 것을 주섬주섬 담으면서 멍텅구리처럼 우유부단하게 살자니 뭔가 스스로도 이상해 보였습니다.

또한 박사님이 말씀하신 수직문화의 '효' 부분은 북한에서 완전히 왜곡되었습니다. '수령애', '조국애'를 탁아소 시절부터 1년 365일 하루도 빼지 않고 매일 가르치기 때문입니다. '수령', '당', '대중'은 하나의 유기체이기 때문에 개인이 수령, 당 조직을 배반하면 배은망덕한 자가 되며, 한 개인은 더 이상 인간이 아니고 짐승보다도 못한 취급 받게 되는 것입니다.

이렇게 수령, 당, 조직에 대한 효와 충성에 대한 강조는 허구임에도 불구하고 구체적인 논리와 원칙인 '당의 유일사상체계의 십대 원칙'으로 철저히

교육하고 있습니다. 그러나 개개인의 부모에 대한 '효'에 대한 윤리 교육은 없습니다. '사랑'도 오직 수령과 당에만 적용되고 연인과 부부간, 부모 자식 간에는 적용되지 않습니다. 연인이나 부부 및 부자간에 마땅히 해야 할 '사랑'이란 말조차도 빼앗은 북한입니다.

"통일이 되면 북한 백성들에게 쉐마교육이 왜 절실히 필요한가?"라고 묻는다면

남한에도 그러하였듯이 '고난의 행군'이라는 생사의 기로에서 자기 눈앞에서 사랑하는 부모 형제 자식을 굶겨 죽이고 늘 궁핍에 짓눌리던 북한 사람들은 통일이 되어 복음을 받아들인다 할지라도 기복주의 신앙으로 받아들일 위험성이 매우 높습니다.

주체사상이라는 거짓 논리로 수십 년을 전체주의 속에서 속아 살아온 북한 백성들에게는 눈에 보이는 현실적인 수평문화, 즉 현대학문, 유행, 개인주의, 물질주의 등은 그 자체가 당장은 숨통을 트이게 하는 신비 그 자체일 것입니다.

그리고 김일성 김정일 김정은 3대에게 속아서 살아왔다는 반발로 무조건적인 부정 의식이 작동해서 수직문화(효와 고난, 고전, 미풍양식, 우리 것에 대한 전통)의 고유한 값진 가치(자산)도 부정할 수 있습니다.

자신을 먹여주고 입혀주는 수령에 대한 절대적인 충성심으로 잘 훈련된 북한 사람들은 그들이 지닌 '고난과 충성심'이라는 수직문화의 특유한 큰 그릇에 복음이 들어가고 쉐마와 인성교육으로 잘 준비된다면 세계열방을 향한, 특히 이슬람교와 유대교를 복음화하는 데에 마지막 때에 하나님의 군사로 반드시 크게 쓰임 받을 것임을 믿어 의심치 않습니다.

또한 파괴된 가정은 얼마나 많으며 그로 인해 상처받은 자녀들과 여성들은 얼마나 많습니까? 이에 대한 올바른 대안과 가정을 다시 살리는 길은 복음에 근거한 '쉐마 + 인성교육'이라고 생각합니다.

한국에 와서 교회에 다니며 제일 이해하기 힘든 것이 있다면?

북한에서 저는 '김일성' '김정일'이를 이름 그대로 불러 본 적이 없으며, 역시 한국에 와서 '목사님' '권사님'을 '목사' '권사'라고 불러 본 적도 없습니다.

그런데 교회에 가면 목사님들이 설교할 때나 찬양할 때에, 심지어 어린이 찬양 속에도 '예수님'을 '예수'라고 부르는 것이 처음에는 너무나 한심하게 느껴졌는데, 한국에서 살다 보니 멋있어 보이기까지 하였습니다.

저의 남편은 교회 전도사로 찬양을 인도하면서도 '예수님'이 아니고 '예수'라고 쓰인 찬양은 절대 안 부릅니다.

저는 제 아빠 같이 융통성 없는 사람을 또 보는 것 같았으며, "이건 문화의 문제라고, 너무 거기에 집착하지 말라고, 훌륭한 믿음을 가진 분들도 다 그렇게 부르는데 당신의 믿음을 너무 과시하는 것이 아닌가?"하고 반박하였습니다.

그때마다 저의 남편은 우리가 "'김일성'을 '김일성'이라 부른 적 있는가? '수령'이라고도 부른 적이 있는가? '수령님'이라 불러야 했으며 그렇게 안 하는 날에는 유일사상체계에 걸려서 감옥행 지옥행이지 않았냐? '예수님'이 '김일성'이나 '김정일'이보다 못하단 말인가?"라고 반박했습니다. 그때 저는 아무 말도 하지 못하고 잘 못 됐음을 인정하지 않을 수가 없었습니다.

예수님에 대한 호칭은 믿음의 문제이며 믿음의 문제는 경외의 문제이기에 우리 집에서는 무조건 '예수님'이라고 부르기로 하였습니다. 그런데 제가 인성교육 강의를 듣고는 이것이 경외의 문제이기도 하지만 수직문화의 문제

임도 깨달았습니다.

    여기 남한은 말도 서구화가 되어 '예수'라 해도 잘 통하겠지만, 만일 북한에 복음을 전할 때는 큰 문제가 생길 것입니다. 우리는 쉐마교육을 받은 자들로서는 거룩한 선민교육을 해야 하기 때문에 이 호칭부터 고쳐야 한다고 생각합니다.

    명강의로 하나님이 제게 주신 구체적인 사명이 무엇인지 선명하게 알게 해 주시고 멍텅구리가 되어가던 저를 깨우쳐 주신 현용수 박사님, 감사합니다. 이 교육을 듣도록 권해 주신 박영재 원장님, 육유미 집사님, 감사합니다. 제가 그렇게 싫어했던 아빠가 얼마나 훌륭하신지 깨닫게 한 쉐마교육에 감사합니다.

참석자들의 증언

'쉐마'는 구약학계의 Blind Spot을 세계 최초로 발견한 것

김상진 교수 (Ph.D., 구약학)

- 미국 달라스 크리스챤바이블신학교 교수
- 미국 DFC 국제교육국장
- Dallas Theological Seminary(Ph.D.)
- Northwest Baptist Seminary(S.T.M.)
- Faith Seminary(M.Div.)
- 충남대학교영문과(B.A.)

구약의 지상명령 쉐마는 오염된 교육에 희망의 불꽃을 밝혀 주었다

본인은 달라스 신학대학원에서 구약학 중 성경신학을 전공했다. 구약학은 주경신학, 성경신학, 언어학, 역사학, 성경지리, 문학비평 등 다양한 분야로 나눠진다. 하지만 구약학을 교육학적 관점, 특히 교육의 실천과 연결시키는 면이 매우 부족했다. 그래서 늘 구약성경 말씀을 어떻게 삶의 실천에 연결시킬 수 있을까 그 방법을 간절히 찾고 있었다.

그러던 차 하나님의 은혜로 1-2차 교육을 듣고 마지막으로 2009년 2월 3차 학기에 정통파 유대인 공동체 견학과 유대인 랍비들의 강의를 듣고 졸업을 하였다. 한 마디로 현 박사님이 발견하신 구약의 지상명령 쉐마(이스라엘 신앙과 말씀 전수)는 일반 구약신학계에서 간과했던 Blind Spot이었다.

현재 공교육이 흔들리고 교회의 신앙교육도 무신론적 인본주의 쓰나미에 휩쓸려 갈 위기를 느끼는 상황에서 쉐마는 오염된 교육의 순결을 회복할 수 있는 희망의 불꽃을 밝혀 주었다. 쉐마는 하나님 백성이 하나님의 형상을 닮게 하는 성결교육, 세대차가 없는 말씀 전수교육 등을 일깨우는 최선의 성경적 자녀교육의 모델이다. 이것은 구약에서 찾은, 현재 당면한 교육 문제를 근본부터 치료할 수 있는 성경적 교육신학이다.

쉐마는 구약의 중요한 맥을 신약까지 연결해 주는 탁월한 성경신학이다

구약신학적 관점에서 현 박사님의 구약의 지상명령(창 18:19)의 발견은 창세기부터 흐르는 구약 전체의 '복'의 개념을 명쾌하게 정리했다(창 1:26~28). 이 복은 궁극적으로 아브라함의 후손으로 오시는 예수 그리스도를 통한 구원과 축복을 뜻한다.

구약의 지상명령 바로 앞 창세기 18장 18절에 보면 하나님께서 "천하 만민은 그(아브라함)를 인하여 복을 받게 될 것이 아니냐"라고 아브라함을 선택하신 뜻을 선포하고 계신다. 쉐마는 시내산 언약 이후 모세가 아브라함에게 주신 구약의 지상명령을 율법과 함께 이스라엘 민족의 교육철학으로 구체화한 것이다.

어떻게 보면 중심 성구인 신명기 6장 5~9절뿐만 아니라 신명기 전체가 말씀에 근거한 교육철학인 쉐마로 꽉 채워져 있는 셈이다(4:5~6; 11:13; 28:1~2; 30:15~16, 19~20). 이스라엘의 영적인 장래, 축복/번성과 멸망/쇠퇴는 새로운 세대들이 쉐마에 따라 하나님의 율법을 지키고 순종하느냐 아니냐에 달려 있음을 모세는 영적 지도자로서 깊이 인식하고 있었던 것이다(신 11:26).

쉐마는 아브라함에게 약속하신 복의 실체(말씀 전수)를 담고 있다. 유대인이 세대차이 없이 '하나님의 말씀 맡은 자'(롬 3:2)로 후손들을 교육하므로 장차 이방인도 복을 받을 것이기 때문이다. '이방인의 빛'의 신학을 설파하는 이사야는 이스라엘의 이 사명을 잘 선포하고 있다(42:6; 49:6; 60:3).

복음서의 저자들과 사도 바울은 이러한 유대인의 '이방인의 빛' 된 사명의 중요성을 잘 알고 순종하려 했다(눅 2:32; 행 13:47). 따라서 현 박사님이 발견하신 구약의 지상명령 쉐마는 구약의 중요한 맥(coherence)을 신약까지 연결해 주는 탁월한 성경 신학이다.

예수님은 한 유대인 가정에 태어나 쉐마교육을 철저하게 받으신 분이다(눅 2:41~51; cf. 마 5:17~18; 눅 16:16~17; 롬 10:4). 예수님이 받으셨던 교육방법(가정)과 내용 (쉐마)은 오늘날 기독교 교육에서도 마땅히 강조되어야 할 모델인 것은 당연하다.

참석자들의 증언

제2의 종교개혁 태동 느껴

김선중 교수 (미국 국제개혁신학대학원 교수)

- 미국 국제개혁신학대학원 기독교교육학 교수
- 미국 엠마오장로교회 담임
- Trinity and Talbot Theological Seminary에서 기독교교육 Ph.D 과정 수료
- Calvin Theological Seminary 졸업 (Th.M, 조직신학 전공, Grand Rapids 소재)
- 고려대학교 경영학과 졸업

TV 없는 가정에서 자라나는 요셉과 다니엘들

내가 쉐마교육연구원(원장: 현용수 박사)이 주최한 2001년 봄학기 제1회 「쉐마목회자클리닉」에 참석한 데는 두 가지 이유가 있었다. 개인적으로는 평소에도 기독교교육학을 전공하고 교육에 많은 관심을 기울여 왔기 때문이고, 공적으로는 나에게 교회적으로나 총회적(미주한인예수교장로회)으로 2세교육의 정책과 방향에 대해서 성경적, 신학적, 목회적으로 검증된 안을 제시해야 할 의무가 있었기 때문이다.

사실 나는 쉐마교육에 대해서 호기심도 가지고 있었지만 부정적인 생각도 어느 정도 가지고 있었다. 왜냐하면 기독교인이 구약의 유대인을 본받는다는 것은 모순이라는 생각을 했기 때문이다. 그러나 그것은 나의 오해였다. 현 교수님의 주장은 유대인, 또는 유대인의 풍습을 모방(imitation)하자는 것이 아니라 유대인들의 삶, 특히 자녀교육과 가정생활 속에 배어 있는 성경적 철학과 사상, 그리고 성경의 교육 원리 및 방법을 터득하여 한국 크리스천의 삶에 적용(apply)하자는 것이었다.

나는 세미나에 참가하여 받은 소감을 크게 세 가지로 정리해 보려고 한다.

첫째, 이스라엘 유학생이 준 충격

첫 번째 충격은 참석자들의 면모였다. 목회자와 신학교 교수들도 있었고 여전도사들도 있었다. 그들은 한결같이 교육에 대한 깊은 관심과 나름대로 일가견을 가지고 있었다.

한국에서 사당동 총신을 졸업하고 16년 동안 여전도사로 어린이 교육을 담당하다가 이스라엘에 가서 2년 동안 공부하고 지금은 한국에서 십계명 교육을 운영하고 계신 이영희 교수님이 한국에서 참석했다.

그는 이스라엘에서 2년 동안 지냈어도 정작 바라던 성경적인 유대인 자녀교육은 못 배우고 자유주의의 미국식 교육 비슷한 것만 배우고 돌아왔다고 했다. 이스라엘에서는 정통파 유대인 교육을 접할 수 없었기 때문이었다. 그런데 그가 한국에 와서 현 교수님의 'IQ는 아버지 EQ는 어머니 몫이다'의 책을 접하고 밤을 새워 3일 만에 다 읽고 비로소 유대인 자녀교육의 진수를 접했다는 것이다.

또 다른 1.5세 윤수지 여전도사님은 중학교 때 이민 온 목회자의 자녀로서 트리니티 신학교에서 기독교교육학을 공부하고 지금은 동부 뉴

저지에서 '임팩트(Impact)'라는 사역을 하고 계셨다. 그분은 단순히 성경공부를 시키는 사역을 넘어서 극기훈련 프로그램과 현 교수님의 책을 참조하여 15주 성년식 프로그램 같은 것을 개발하여 탁월한 사역을 하고 계셨다.

이와 같이 교육의 현장에서 새로운 지평을 열어 가는 분들이 이 클리닉에 참석했다는 것은 오늘날 교육을 담당하는 실무자들이 지금까지의 기독교교육만으로는 무언가 부족하다는 것을 절실하게 느끼고 있음을 반증한다.

그들의 몸부림은 단순히 교회에 출석하는 착하고 얌전한 학생을 생산하는 교육을 뛰어넘어 전인격을 변화시키고 삶의 전 영역을 변화시켜서 하나님을 향하여 열정적인 삶을 살게 하는 교육, 사명을 자각하고 사명에 헌신하는 이 시대의 큰 인물들을 키워 내는 교육이었다.

참석자들은 하나같이 피아제, 콜버그, 화울러를 다 배워도 현대교육의 이론은 한계가 있다는 데 동의했다. 결국 성경을 기초로 한 유대인의 쉐마교육만이 이 시대의 절박한 요구에 대한 하나님의 해답이라는 확신, 그리고 그 확신이 주는 기쁨이 파도처럼 가슴에 밀려왔다.

많은 분들이 단순한 성경 교수를 넘어선 사상교육, 생활교육, 사명교육에 착안하고 있었다. 또 그런 분들이 본 세미나에 참석했다는 사실은 무엇을 말하는가? 하나님은 이미 많은 사람들의 마음속에 새로운 교육에 대한 절실한 마음을 불러일으키고 계신다는 증거라고 여겨진다.

나는 그들을 보면서 하나님의 손길에 의해 한국교회를 중심으로 다시 하나의 커다란 운동이 태동하고 있음을 강하게 느낄 수 있었다. 바로 제2의 종교개혁 운동이다.

둘째, 클리닉의 내용이 준 충격

세미나의 내용에서 나는 안개가 걷히는 것 같은 신선한 느낌을 받았다. 수직문화와 수평문화의 비교, 사상교육의 필요성, 교육의 이면과 표면에 대한 논리적 설명 등은 그 동안 내가 그렇게 고민해 왔던 2세교육의 문제점들을 아주 뚜렷하고 확신 있게 해결하여 주었다.

나는 미국 신학교에서 교육학을 전공했지만, 화울러(Fowler)의 신앙 성장 단계, 토마스 그룸(Thomas Groom)의 미래지향적 교육 이론, 콜버그(Kohlberg)의 도덕 발달 이론을 넘어가지 못했다. 그 동안 수많은 교육 세미나에 참석했고 유명하다는 학자들을 많이 만났고 그들에게서 배웠지만 마찬가지였다.

그러나 쉐마교육은 피상을 파고 들어가 핵심을 끄집어냈다. 다른 교육 세미나들은 그 나름대로 지엽적인 학문적 논리들이 있었지만, 쉐마교육의 내용은 한마디로 지금까지 개발되지 않았던 하나의 전인교육에 대한 인성교육의 기본적인 원리(principle)이며 공식(formula)이었다.

사상교육, 고난교육, 효도교육 등은 참으로 마음을 시원하게 해 주고 교육의 앞길을 뚜렷하게 밝혀 주었다. 예를 들면, 내가 여태까지 배워왔던 기독교교육이 수박의 겉만 핥았다면 쉐마는 수박의 겉을 깨고 잘 익은 달콤한 속을 먹는 기분이었다.

새로운 전인교육의 패러다임으로써 원리와 공식을 알게 되니까 그 동안 희미하던 것들이 전체적으로 밝고 분명하게 보였다. 그리고 이 원리와 공식의 잣대로 현재 우리의 교육을 측정하니까, 무엇이 옳고 그른지 분별이 되었다. 그리고 나 자신이 의심하던 우리 기독교교육의 많은 허구들이 왜, 무엇이 잘못되었는지 알게 되었다. 그리고 그 문제의 해결 방안도 떠오르게 되었다.

사명이 없는 자는 신앙이 없는 자다. 주님과 민족을 위한 시대적 사명이 수직문화, 특히 역사교육과 고난교육을 통해서 주어진다는 사실을 본 클리닉을 통해서 명확하게 깨달을 수 있었다.

이 역시 성경적인 교육이다. 나는 물론 중고등부 학생들에게 야곱의 열두 아들 이름이나 예수님의 제자들 이름을 암기시키는 것도 중요하다고 생각한다. 그러나 그들에게 "왜 이민 교회가 필요한가?" "왜 부모님과 함께 이민교회를 섬겨야 하는가?"에 대해서 에세이를 쓰게 하고 평가하고 토론하는 것도 매우 중요하다고 생각한다. 나는 이에 대한 효과를 실제 교육현장을 통해서 체험했다.

많은 교회들이 학생들을 교회 안에 잡아 놓기 위해서 단순히 재미있는 프로그램만 찾는 데에 얼마나 분주한가? 그것만으로는 안 된다. 오늘날의 젊은이들이 추구하는 재미를 어떻게 다 충족시켜 줄 수 있겠는가? 학생들에게 인생의 재미(수평문화)보다도 인생의 의미(수직문화)를 주는 교회교육으로 바뀌어야 한다. 성경을 통하여 주어진 '왜?'에 대한 명확한 답변만이 그들의 행동을 결정해 줄 수 있다. 그리고 그 결정은 변하지 않는다.

또한 쉐마클리닉이 유익했던 이유는 머리를 맑게 해 주는 선명한 이론과 함께 구체적으로 성경에 근거한 유대인 가정, 유대인 어머니, 아버지들이 어떻게 교육하는지 잘 설명해 주기 때문이었다. 무엇보다도 개혁주의 신학의 기초에서 유대주의 교육을 조명함으로 그 차이와 공통점을 한눈에 정리할 수 있어서 좋았다.

셋째, TV 없는 유대인 가정이 준 충격: 타임머신을 타고 모세 시대를 방문한 것 같았다

    유대교나 랍비에 대해서 수백 번 책으로 읽는 것보다 오늘 이 시대를 함께 살아가는 정통파 랍비의 강의는 내게 훨씬 흥미롭고 유익했다. 랍비의 눈으로 보는 기록된 성경과 기록되지 않은 구전(탈무드)의 가치, 교육적 효과는 특히 흥미로웠다.

    금요일 해질 무렵에 미국의 LA 서부 지역 한 정통파 회당에서 3대가 함께 모여 기도회를 하는 데에 참석했다. 한 6세쯤 되는 어린아이가, 우리로 말하면, "성경은 어디, 찬송은 몇 장"하는 것을 앞에서 인도하고 있었다.

    그 어린아이는 가끔 코를 후비기도 하고 몸을 비비꼬기도 했지만 1시간 동안 끝까지 잘 해내었다. 또 기도 모임 중에는 연세 드신 할아버지의 순서에 이어 어린 청소년들이 기도를 인도하기도 했다. 그렇다고 해서 아이들이 장난을 치고 이리저리 뛰어다니지도 않았다.

    원래 개혁교회는 유대인처럼 자녀들이 부모와 함께 예배하게 되어 있다. 저자가 칼빈신학대학원(Grand Rapids, 미시간 소재)에서 공부할 때의 경험에 의하면, 지금도 화란개혁교회(CRC)는 부모와 자녀가 함께 예배드린다.

    자녀를 부모에게서 분리하는 것은 유독 미국적 현상이다. 이것은 그렇지 않아도 존재하는 부모와 자녀간의 세대차이를 더 확대하는 주된 요인이 된다. 예배의 분리는 정신적, 문화적, 신앙적 분리를 초래하기 때문이다.

가장 큰 충격은 회당을 떠나 한 정통파 랍비의 가정에 방문했을 때 일어났다. 우선 7살부터 21살까지의 아들 일곱, 딸 하나라는 많은 자녀를 둔 그 가정이, 그리고 텔레비전 없이 틴 에이저들을 키우는 가정이 LA 서부 지역에 그렇게 많이 존재한다는 사실 자체가 타임머신을 타고 모세 시대를 방문한 것 같아서 기이하기까지 했다.

그런데 이들의 모습은 매우 밝고 친절하고 활기차고 온화하고 부모에게 순종적이었다. 그들은 모두 허리춤에 613개의 율법을 상징하는 찌찌라는 것을 차고 있었지만 조금도 종교에 찌든 모습이 아니었고 그들이 우리를 대하는 친절한 태도는 보통 충격이 아니었다.

그들은 모두 다 미국의 공립학교가 아니라, 이름도 모르는 정통파 유대인학교에서 공부하고 있었다. 그런데 21살된 첫째 아들이 벌써 콜럼비아 법과 대학원을 졸업하고 대형 법률사무소에 근무한다. 나이와 학력이 맞지 않았다.

설명인즉 고등학교를 졸업할 때 이미 대학 과목을 다 마쳤기 때문에 대학원, 그것도 콜럼비아 법과대학원으로 바로 진학했다는 것이었다. 게다가 아들이 이방여인들과 접촉할 것을 염려해서 장가를 들여서 보냈다고 한다. 그들의 수직문화인 신본주의 사상은 모세의 때와 같이 세대 차이가 없는데, 세상학문은 21세기 최첨단인 셈이다.

저녁을 먹은 후에는 랍비가 아이들에게 일일이 성경, 토라, 학교공부에 대해서 물었고 아이들은 아주 진지하게 대답했다(쉐마의 아버지의 질문과 대답식 하브루타 교육). 게다가 랍비의 부인은 가발 상점을 운영하는 사장님이었다. 그렇게 많은 자녀를 낳고 기르면서, 또 사업을 하고 있다니 LA에서 구약의 리브가를 보는 것 같았다.

우리 개신교 목회자 가정에서는 상상도 할 수 없는 일이었다. 주일날 저녁에 어떻게 개신교 목회자가 가정에서 자녀들과 함께 식사를 하고 한가롭게 성경을 가르치고 할 겨를이 있는가? 나는 지난 20여 년간 이민교회에서 2세와 1세의 사역을 감당하면서 목회자의 자녀들이 그 교회에 출석하지 않는 경우도 여러 번 보았다.

그런데 심각한 문제는 그것을 주님을 위한 희생이라고 생각하는 데 있다. 가장 중요한 가정 사역을 소홀히 하고 아무리 엄청난 일을 많이 한다고 해도 인생의 마지막에는 후회하지 않겠는가? 물론 성경 중에는 아비야의 아들 중에 아사왕 같은 인물도 나왔다. 그러나 이런 경우는 극히 예외적인 경우다.

따라서 쉐마교육은 인간교육의 기본 원리를 제공한다. 미리 성경의 원리에 따른 쉐마교육을 철저히 할 때, 후에 가정에서 치유가 필요한 아픔이 나타나지 않는다. 그런 면에서 쉐마교육은 치유보다는 예방적이다.

현용수 교수님은 제2의 마틴 루터라고 생각한다
〈나는 그 가정에서 현대판 요셉, LA의 다니엘을 보았다〉

쉐마교육을 받으며 책만으로는 느껴지지 않던, 저자의 가슴속에 있는 불의 열기를 전수받았다. 그것은 목소리, 몸짓 등을 통해서 전수됐다. 쉐마클리닉 전체를 통해서 받은 충격과 도전을 지금 다 정리할 수는 없다. 마틴 루터가 종교개혁을 일으킬 시기에는 이미 종교개혁의 필요성이 온 유럽에 팽창해 가고 있었다. 그때 루터는 그 기름과 같은 환경에 불을 붙인 것이다. 그 불길은 온 유럽과 세계로 번져 나갔다.

한 개인을 너무 치켜세우는 것 같기도 하지만, 그런 면에서 현용수 교수님을 이 시대에 제2의 종교개혁을 일으키는 제2의 마틴 루터라고 생각한다. 현용수 교수님의 쉐마교육도 현대 교육과 기독교교육이 한계에 다다랐다는 위기가 팽창하는 이때에 불을 붙이는 것과 같기 때문이다. 이것은 전 세계로 번져 나갈 것이다.

내가 아는 모든 분들에게 '쉐마목회자클리닉'을 적극 추천한다. 21세기 자녀교육은 이 길밖에 없음을 확신한다. 클리닉의 내용에 찬성하든 반대하든 일단 누구나 그곳에 가보면 나처럼 커다란 도전과 영감을 얻게 될 것이다. 이 쉐마교육운동이야말로 이 시대에 우리 한국 교회에 내리신 하나님의 큰 축복이라고 생각한다.

> "쉐마만이 현대 교육의 대안이다"
> 참석자들은 하나 같이
> 피아제, 콜버그, 화울러 등을 모두 배웠지만
> 현대 교육의 이론은 한계가 있다는 데에 동의했다.
> 결국 성경을 기초로 한 쉐마교육만이
> 이 시대의 절박한 요구에 대한 하나님의 해답이라는 확신,
> 그리고 그 확신이 주는 기쁨이 파도처럼 밀려왔다.

참석자들의 증언

찬란한 광채를 보는 듯한 감격

소강석 목사 (분당 새에덴교회 목사)

기독교교육의 허점과 정곡을 찌르는 강의

나는 일찍이 신학생 시절부터 서철원 교수님에게서 쉐마의 중요성을 배웠다. 주교 교사강습회나 교사교육에서도 쉐마에 대한 이야기를 많이 했고 장년 성도들에게도 많이 설교한 바 있다. 그러던 중 현용수 교수님께서 미국 '나성 한인교회'(김의환 목사 시무)에서 집회를 하셨고, 1995년 테이프 2개를 선물 받아 그 설교를 듣게 됐다.

또, 현 교수님의 책이 나올 때마다 구입하여 읽었다. 물론 본인이 필요한 부분만 읽어 이용했음을 부끄럽게 생각하지만 그래도 많은 사람들에게 책을 소개했고 쉐마 세미나에 관심을 갖기 시작했다.

특히 나는 가문의 축복과 한국교회와 대한민국의 미래를 위해 인재 양성을 꿈꾸는 목회를 하고 있다. 그런데 나에게 좀 더 현실적이고 구체적인 교육 능력과 훈련 및 교육의 노하우가 필요하다고 생각해오던 중 가장 본질적이고 생명력 있고 교육의 인프라 구성이 잘되어 있는 것이 바로 쉐마 세미나라고 보았다. 그래서 교회 건축 중에도 모든 일을 다 뒤로하고 참석한 것이다.

세미나에 참석해보니 과연 예상했던 대로 기독교교육의 허점과 정곡을 찌르고 해부하는 현 교수님의 강의는 큰 도전과 충격을 주었다. 상투적으로 복음을 전하고 막연하게 복음의 능력을 기대하며 사역의 열매를 맛보지 못한 분들에게는 찬란한 광채를 보는 듯한 감격이 있었을 것이다.

나 또한 이 세미나의 내용이 현장 목회에 너무나 큰 도움과 무기가 될 것이라고 생각한다. 뿐만 아니라 이 쉐마 세미나를 한국교회와 한국 미래 사회를 위해 주께서 예비하신 불가항력적인 은혜요 축복이라고 믿는다.

충격적인 유대인 현장 체험

믿음과 은혜를 담은 수직문화의 그릇이 수평문화라고 하는 거대한 파도 앞에 산산조각이 나버리고 있는 이때 현 교수님의 강의야말로 하나님께서 한국을 다시 일으켜 세우시려고 예비하신 여호와 이레의 축복임을 믿고 감사한다.

더구나 미국의 유대인 현장 체험은 충격 그 자체였다. 현 교수님의 책과 강의를 통하여 큰 은혜를 받았지만 하나님의 말씀대로 살려는 그들의 노력은 게으른 우리의 신앙생활을 부끄럽게 만들었다. 마침 가던 때가 안식일과 부림절이어서 그들의 생생한 신앙생활을 엿볼 수 있었다. 그들은 아버지는 아버지대로 어머니는 어머니대로 자녀는 자녀대로 세대차이 없이 말씀에 의거한 삶을 살고 있었다.

이 세미나를 통한 사역의 꿈, 열매들이 다 이루어지길 빈다. 나는 앞으로 사역의 현장에서 쉐마 사역을 실행할 것이며 먼저 설교(쉐마 축복 시리즈)를 통해 도전과 꿈을 주고 쉐마교육반을 조직해서 담임 목사인 내가 먼저 교육하려고 한다. 다시 한 번 현용수 교수님께 감사를 드린다.

참석자들의 증언

미주 한인 2세교육의 문제점에 대한 해결 대안을 찾았다

함성택 박사

- 경기고등학교 졸
- 서울대학교 사학과 1년 수료 후 국립대만대학교 졸업(BA)
- 네브라스카 주립대 졸업(MA, Ph.D.)
- 중부개혁신학교 부학장
- 한미 역사학회 회장

나는 미국의 2세 교육자로서 일반 교육기관 및 교회에서 봉사할 때 교육 목적이나 방향의 제시점에서 문제점을 발견했다. 교육이란 무엇을 가르치고 또 그것을 어떻게 가르치는가도 중요하지만, 그 교육의 목적이나 환경은 교육자가 설정해야 하는 것이다. 이제 이민 역사가 깊어지면서 한국교회, 가정 및 동포사회도 2세와의 세대차이, 대화의 단절, 세대교체에 심각한 문제가 있다. 자녀들이 대학을 졸업하면 90% 이상이 교회를 떠나 신앙의 전승도 힘들게 됐다.

그 이유는 준비되지 않은 상태에서 1세들이 우리 후손에게 제대로 된 교육을 못했기 때문이다. 자녀들에게 한국인의 정체성을 심어주지 못했고, 한국인의 전통 기독교 신앙 및 민족문화의 유산을 넘겨주지 못했기 때문이다. 그 대안을 어디에서 찾아야 하는가? 유대인이다. 어떻게 유대인은 수천 년 동안 전 세계를 유랑하면서도 그들의 신앙과 전통을 자자손손 전수하는데 성공할 수 있었나?

2002년 9월 16일부터 시작된 2주에 걸친 쉐마교육에 관한 강의와 유대인 가정과 회당 및 학교 등 그들의 현장 견학은 2세교육의 문제들을 해결하는데 충분했다.

현용수 박사님은 기독교교육의 학자이면서 교육가로서 왜 유대인의 쉐마교육이 기독교인에게 필요한가를 성경적이며, 교육학적으로 잘 설명해 주었다. 그리고 민족의 정체성의 필요성에 대해서는 철학적 및 인류문화학적으로 명료하게 설명해 주었다. 현 교수님의 강의 "왜 가정은 성전인가?"에서는 가정이 어떠한 개념을 갖고 있으며, 왜 중요한지에 대한 신학적 답을 제시했고, 유대인의 지혜로운 아버지 교육, 유대인의 어머니 교육 및 유대인의 효도 교육은 나에게 지금까지 보지 못했던 새로운 교육의 영역을 눈뜨게 했다. 강의 때마다 현 교수님은 "자는 아이 다시보자. 세대차이 있나 없나!" "먼저 나의 자녀를 제자 삼자"고 외쳤다.

이 쉐마교육은 우리 이민 가정과 교회에서 실제적으로 사용할 수 있으며 우리가 자녀를 효자로 만들 수 있고, 또 우리 수직문화의 계승자로 교육시킬 수 있다. 또한 가정교육과 성경교육을 통해 복음을 성공적으로 전하고 교회성장과 랄프 윈터 교수의 '땅끝 선교 (E-3)'를 함께 이룰 수 있는 최상의 대안이다.

적절한 2세 교육 없이는 동포사회의 교회 발전과 세대교체 및 우리의 전통문화를 이어갈 수가 없다. 왜냐하면 미국은 다문화권(Multi-cultural) 사회이고, 세계는 Globalization화 되어 가고 있기 때문이다. 교육이란

한 개체의 인간이 그 사회 속에서 어떻게 적응하고, 그 사회의 규범과 문화를 내면화하여 살아가게 하는 역할을 하여야 한다. 또한 민족의 일원으로서 그 정체성을 지켜 나아가며 타문화를 존경해야하는 것도 가르쳐야 한다. 여기에 서로의 배움과 협조가 있고 평화가 유지된다.

유대인의 고난의 역사교육을 배우면서도 매우 중요한 사실을 깨달았다. 유대인은 고난의 역사를 가정교육과 쉐마교육, 또 박물관 교육을 통해 후손에게 가르쳐 올바른 민족적인 인성교육의 가치관을 갖게 했다. 이에 비해 우리는 유대인과 같이 고난의 역사를 가졌지만 그것을 어떻게 자녀에게 가르쳐 교육학적 열매를 맺었느냐 하는 데는 매우 회의적이다. 우리 자신의 가치나 과거의 문화를 높이 평가하는 데 인색한 결과 자녀들에게 전수하는데 실패했다.

현 박사는 이런 우리에게 기독교적, 역사적인 면에서 가정과 교회의 2세 교육의 중요성을 강조했다. 특히 한국의 발전과 교회성장이 여기에 달려있다고 주장한다. 그 이유는 "우리도 영적 유대인"(롬2:25-29)이며 이스라엘 민족이 자녀들에게 쉐마교육을 가르치고 지켰을 때 하나님의 축복이 있었던(신 28장) 것처럼, 우리도 쉐마교육을 가르치고 지켰을 때 하나님의 복을 받을 수 있다는 것을 알기 때문이다. 안타까웠던 것은 우리는 성공한 민족으로 이스라엘 민족을 연상하지만 그들의 성공 뒤에 역사적 쉐마교육이 있었다는 것은 깨닫지 못했다는 것이다.

우리는 유대인처럼 우리 후손에게 우리의 전통문화의 가치, 사상 그리고 한국식 전통 신앙의 우수성을 알려주고 자부심을 가지게 해야 한다. 우리 2세들이 우리 기독교적 전통문화에 대한 애착심과 민족적 긍지가 생길 때 그들도 정체성을 가지게 된다. 쉐마교육 방식은 그들에게 이러한 수직문화를 가르침으로 민족의식과 역사적 운명의 공동의식을 갖게 하여 한국 자손의 자아를 찾게 한다. 여기서 그들은 문화적 자부심과 교육의 방향제시를 갖고 종교적 또는 영적 만족감을 배우게 된다.

나는 쉐마클리닉을 통하여 재미 2세 교육의 교육철학과 방법의 문제점을 발견하고 그 대안을 유대인의 쉐마교육에서 찾았다. 그리고 이의 중요성과 시급성을 동시에 발견했다. 따라서 많은 지도자들이 쉐마교육 운동에 동참하여 한국민족의 2세교육을 살리는 데 협력하기를 간절히 소원한다.

'쉐마'라는 말은 일찍이 알고 설교에도 많이 인용했지만 자세한 내용에 대하여는 확실히 몰랐습니다. 이번 제1차 목회자 쉐마 클리닉에 참석하여 성경적인 바탕에서 전개되는 비밀스런 내용들을 성경을 이해하는 데에 더욱 풍성한 소득이 되었습니다. 현용수 교수님께서 시대적인 큰 공헌을 했다고 생각합니다.

> 안타까웠던 것은 우리는 성공한 민족으로
> 이스라엘 민족을 연상하지만
> 그들의 성공 뒤에 역사적 쉐마교육이 있었다는 것은
> 깨닫지 못했다는 것이다.
> 쉐마교육은 복음을 성공적으로 전하고
> 교회성장과 랄프 윈터 교수의 '땅끝 선교 (E-3)'를
> 함께 이룰 수 있는 최상의 대안이다.

참석자들의 증언

쉐마교육은 신학교에서도 필수 과목으로 채택해야 (제1차 학기)

소화춘 감독

- 충주 제일 감리교회
- 전 연세대학교 이사
- 연세대학교(BA)
- 목원대학교(M. Div)

유대인이 수천 년에 걸쳐서 박해와 방랑에도 불구하고 생존하여 올 뿐만 아니라 여러 면에서 세계적으로 많은 영향을 주는 나라가 되었는데 수직문화와 수평문화로 정리하여 3대가 세대차이 없는 수직문화 전승에 따라서 이 세상문화인 수평문화의 영향을 받지 않는다는 교육방법은 이미 수천 년간 검증된 내용으로 그 내용과 방법을 알고 그대로 적용한다면 가정과 교회 그리고 학교의 실패된 교육에 대안 중에 대안이 될 것을 확신합니다.

이미 현용수 교수님께서 여러 권의 저서를 내었거니와 세미나를 통하여 유대인의 생존 비밀은 물론 교육의 비밀에 대하여 깨닫게 되는 것은 충격적이었습니다. 우리 감리교회의 모든 교역자들이 이 비밀을 깨닫고 실시한다면 자녀를 살리고 교회를 살리며 가정을 살리는 해답이 되리라고 확신합니다. 그리고 더 나아가 나라를 살리는 기회가 될 것도 확신합니다.

쉐마교육! 기독교 교육에서는 필수적으로 적용할 내용이며 신학교에서도 교과목으로 채택한다면 좋은 내용이 될 것을 확신합니다. 지금까지는 유대인에 대하여 장님 코끼리 말하듯 부분적으로 말하여 왔으나 현용수 교수님께서 랍비 신학교에서 학문적으로 만이 아니라 정통파 유대인의 탈무드 학교와 정통파 유대인 가정에서 그들과 함께 생활까지 하면서 그들의 교육의 비밀을 캐내는 데는 오랜 세월을 투자 했습니다.

이런 사실이 신뢰와 확신을 갖게 했고 세미나를 통하여 좋은 지도자도 될 수 있는 기회가 될 것이며 널리 보급하고 확산 시킬 수 있는 쉐마교육운동이 되리라고 믿으면서 세미나 장소도 이남인 목사님께서 샬롬하우스를 기꺼이 제공하여 주셔서 쾌적한 환경과 사모님이 직접 만든 식사는 너무나도 감사했습니다.

(제2학기) 쉐마 운동은 성경운동이요, 예수운동이요, 복음운동이다

"사람은 죽을 때 까지 배워야 산다"는 중요성을 이번 쉐마목회자 클리닉에 찾아가고 다시 깨닫고 고백하게 되었습니다. 그것은 "가정이 살아야 교회가 살고, 교회가 살아야 민족이 산다"는 중요성은 오래 전부터 깨닫고 강조도 많이 해온 것이지만 구체적으로 그리고 근원적으로 분명하지가 않았습니다. 이번 쉐마목회자클리닉에 참가하여 성경과 유대인의 쉐마자녀교육을 통하여 확실히 알게 되었습니다.

나는 국민일보를 통해서 광고를 보고 작년 6월에 참석하려고 결심했지만, 감독 재직 시 인지라 중대한 행사가 겹쳐서 참석하지 못해서 안타깝게 생각하던 중 만사 제쳐놓고 제1차에 참석한 후 이번 제2차에도 다른 계획들을 앞으로 뒤로 비켜놓고 우리 내외가 참석하게 되었습니다.

목회자로써 쉐마목회자클리닉에 1차, 2차에 참석하면서 참으로 좋다고 느끼는 것은 성경을 기초로 하여 모든 내용이 정리되고 진행되기 때문에 성경이 더욱 정리되고 메시지에 대한 큰 확신을 갖게 되므로 일차적으로 설교가 힘이 있게 될 것입니다. 다시 말하면 더욱 교인들의 삶에 가까이 다가가는 감동 있는 메시지가 될 것입니다. 그리고 교육을 통하여 여러 분야도 실시 할 수도 있다고 봅니다. 예를 들면 "쉐마 아버지 학교", "쉐마 어머니 학교", "쉐마 효도학교", "쉐마 고난의 역사학교" 등 입니다.

결국 쉐마교육은 성경교육이기 때문에 성경회복을 통한 모든 것의 회복운동이 되는 운동이라고 할 수 있습니다. 다시 말하면 쉐마 운동은 성경운동이요, 예수운동이요, 복음운동이 되는 것입니다. 복음의 맥을 찾고 뿌리를 찾아서 바로 세우는 수직신앙과 수직문화 운동으로 수평문화에 정복당하지 않고 오히려 수평문화까지도 축복의 기회로 이용하고 만들 수 있는 본질 회복 운동이라고 확신 합니다.

구약의 쉐마를 신약의 예수님, 복음운동으로 정리 하면서 증거하고 교육하고 전파한다면 능력 있게 복이 증가 될 것입니다. 저는 부흥회도 인도하는데 제 부흥회 메시지도 업그레이드되는 복을 받았음을 하나님께 영광을 돌리며 현용수 교수님에게 감사한 마음을 갖게 되었습니다.

앞으로 제 목회의 패러다임이 바뀌어 질 것이며 목회의 내실과 풍성함이 제 목회에 유익과 축복이 될 것을 확신합니다. 예를 들면 우선 주일저녁 찬양예배에서 2부 새벽기도회, 절기예배, 속회예배는 제일교회 쉐마 3

대운동으로 진행이 될 것입니다. 어떻게 하면 3대를 묶어서 수직적인 신앙과 문화를 세울 것 인가에 집중적으로 반복적으로 교육하므로 본질적인 문제들을 회복시킴으로 가정이 회복되고 교회가 회복되므로 민족이 회복되는 거대한 파장이 사람 죽이는 해일이 아니라 사람 살리고 가정 살리고 교회를 살리며 민족을 살리는 해일이 일어날 것을 소망하게 됩니다.

차근차근히 구체적으로 나의 목회에 적용을 시켜서 일파만파의 파문이 일어 날 것을 생각하면 가슴이 벅차오르며 이 쉐마 운동을 위하여 시간과 돈과 체력을 아끼지 않고 그 동안에 헌신하신 현용수 교수님께 감사드리며 하나님께 영광을 돌립니다.

에스더를 쓰고 하나님께서 "이때를 위하여" 현용수 교수님을 쓰시는 줄로 믿고 있습니다. 앞으로 많은 계획과 하시는 일이 성령의 인도하심을 따라 하나님의 계획이 이루어지기를 믿고 기도 하겠습니다.

(제3학기) 유대인의 교육 현장 견학은 이스라엘에서도 할 수 없는 일생의 행운

물적 자원보다 인적 자원이 더 중요하다는 것은 이미 결론이 난 명제입니다. 유대인에 대하여 좀 더 알면 알수록 인적 자원을 중요시하여 일꾼을 세우고 지도자를 세우고 있음을 절실히 느낍니다.

이번 제3차 쉐마교사대학 수업을 미국에서 하는 동안 특별히 현용수 교수님의 이론을 들은 후 유대인의 교육의 현장을 견학하며 많은 충격을 받았습니다. 유대인의 박물관과 새벽기도회, 저녁기도회와 유대인 정통파 랍비집의 안식일 절기에 참석한 시간들은 많은 것을 느끼고 배우게 했습니다. 또한 서기관 랍비의 두루마리 성경 필사 현장에 참석한 것은 이스라엘에서도 볼 수 없었던 일생의 행운이었습니다.

첫째로, L.A.에서 두 군데 유대인 역사박물관을 참관하면서 느껴지는 것은 뼈저린 고난의 역사를 깨닫게 하는 내용들이지만 박물관의 이름을 Museum of Tolerance(관용의 박물관)라고 하여 미움과 복수심을 갖게 하는 것보다 고난을 통하여 준비하게 하고, 유비무환의 정신을 갖게 하고, 고난을 이기게 하신 하나님께 감사하게 하고, 고난과 절망을 딛고 미래와 희망을 바라보게 하는 것은 뜻 깊은 일이라고 생각합니다.

그곳에는 슬픔과 고난의 역사를 세밀하게 감동이 되도록 잘 정리했습니다. 비망록에 기록한 어린 학생들의 글을 보면 "Sad", "Never forget", "Very touch" 등의 마음에 새겨진 감동의 모습을 볼 수 있었습니다.

우리나라 한국은 부끄러운 고난의 역사는 지워버리고 파괴해 버리는 데 비하여 유대인들은 자신의 고난의 역사를 자녀와 국민의 교육의 장이 되게 하고 국제 여론을 환기시키는 장으로 계속적으로 알리는 현장이 되게 하는 놀라운 지혜를 발견했습니다.

특히 우리나라는 독도 문제로 일본에 대하여 감정적으로 화를 돋아 놓는 모습을 보면서 화도 내야겠지만 우리는 얼마나 많은 고난의 역사에 대한 자료와 내용이 있는데도 불구하고 유대인 역사박물관처럼 사진으로, 영상으로, 모형으로 세밀하게 우리도 할 수 있는데 총독부 자리라고 중앙청을 헐어 없애 버렸으니 안타깝게 생각합니다. 그 자리에다 고난의 역사박물관을 만든다면 얼마나 좋은가 하는 아쉬운 생각을 가져 봅니다. "아아 잊으랴 어찌 우리 그 날은,,,"이란 노래조차 사라져 버렸습니다. 고난과 슬픔의 역사를 통하여 역사와 미래를 보게 해야겠습니다.

둘째로, 유대인의 새벽 기도회에서 구제 헌금을 매번 하는데 헌금위원을 어린이들이 하면서 어렸을 때부터 이웃을 돌볼 줄 아는 마음을 갖게 한다고 하니 얼마나 후대를 바로 세우려고 세밀한 부분에서부터 쉽고 작은 일에서부터 습관이 되도록 차근차근히 교육하는지를 배우게 했습니다.

셋째로, 유월절에 정통파 유대인 랍비 집을 방문했을 때에 랍비의 말은 유대인이 오늘날까지 살아남을 수 있는 비밀은 이 식탁에 있었다고 하는 데에는 수긍이가고 공감이 되었습니다. 안식일 해질 때부터 시작하여 4시간 내지 5시간을 식탁에서 전 식구가 모여 성경을 중심으로 질문하고 답변하고 토론하는 것이었습니다.

그 집에는 물론 텔레비전도 없었습니다. 이런 시간을 반복적으로 가지면서 수평문화를 이길 수 있는 수직문화를 세우는 것이었습니다. 그리고 철저히 가정 중심이었습니다. 그러나 자녀들이 부모를 두려워하게 하는 것이 아니라 하나님을 두려워하는 것이었습니다. 자녀에게 거룩 교육을 시키는 데 청결 교육을 반복적으로 하며 성결 의식을 철저히 시키고 있었습니다.

자녀들에게 정숙 교육을 시키는데 예를 들면 유대인 어머니는 뉴스위크 같은 건전한 잡지라도 자녀들이 보기 전에 먼저 살펴보고 혹시 여성의 벌거벗은 사진이 있으면 뜯어 낸 후에 보도록 합니다. 여자 아이는 긴팔 옷을 입게 하여 노출이 되지 않도록 하며, 남녀는 구별하여 행동하도록 합니다.

아주 작은 일부터 반복적으로 습관이 되도록 하는데 모든 것은 갑자기 좋아지는 것이 아니라는 것입니다. 그 결과 유대인은 소수민족이지만 세계 모든 분야에서 꼭대기까지 올라가 세계에 영향을 주는 민족이 되었습니다.

　우리나라도 소수 민족이기 때문에 유대인의 쉐마교육 원리를 깨닫고 배우게 된다면 세계를 지배 할 수 있다고 생각합니다. 개인, 가정, 교회를 통하여 민족을 살리고 세계를 지배할 수 있는 날이 올 수 있다는 희망을 가지면서 좋은 기회를 허락하신 하나님께 영광을 돌리며 현용수 교수님께 다시 한 번 감사드립니다.

참석자들의 증언

"아, 기독교 강요와 종의 기원처럼 이 이론은 교육학의 분기점이 되겠구나!"

권혁재 목사 (민들레교회 담임)

- 수원신학교 교수 (성경 해석학, 기독교 역사)
- 총신대학교 신학대학원대원(M.Div.)
- 총신대학교(BA)
- 기독교 전문 번역가(40권)

1996년의 어느 맑은 날, 서울 종로 2가의 종로서적 2층은 제 인생의 분기점이 되었습니다. 딸과 아들이 태어난 지 팔 년과 오 년이 되던 그때, 저는 갑작스레 아버지가 된 두려움에 교육 주제의 온갖 책들을 주유하고 섭렵했습니다.

그런 그 날 그곳 서가에서 뽑아 든 세 권의 책 서문과 목차 등을 훑어 보면서 탄성이 터져 나왔습니다.

"아, 이 이론은 교육학의 분기점이 되겠구나! 기독교강요와 종의 기원과 자본론과 꿈의 해석이 인류 역사의 물꼬를 각각 새로운 방향으로 틀었듯이, 이 이론은 교육학 역사의 신기원이 되겠구나. 틀림없이 이 이름 하의 세계적인 학회가 등장하겠구나."

이런 생각이 뇌리에 번쩍 지나갔습니다. 바로 [문화와 종교 교육], 그리고 [IQ는 아버지 EQ는 어머니 몫이다 1, 2]였습니다. 그 후 대한민국과 저는 현용수 박사님의 저서들에 사로잡혔습니다.

현 박사님의 저서들은 성경과 기독교강요처럼 저의 교과서가 되었습니다. 성경에 천착했던 것처럼, 저는 현 박사님의 인성교육과 쉐마교육 시리즈를 읽고 또 읽고, 자녀들과 교인들에게 가르치고 거듭 가르쳤습니다.

배움과 가르침에 목마른 이들은 수많은 책들 사이에서 헤맵니다. 언제나 그렇습니다. 명백한 것은 읽을 만 한 책들은 지나치게 많고 우리의 시간은 너무나 짧다는 사실입니다. 그러므로 최대한 '교과서'류를 선택하고 읽어야 합니다. 교과서류만 해도 사실 벅차지 않습니까?

교과서류를 선택하는 혜안, 꾸준한 공부, 그리고 묵묵한 실천처럼 생을 든든하게 하는 것은 없습니다. 이것은 이 자체로 참된 즐거움이고, 함께 하는 동지들은 빛나는 기쁨입니다.

공자의 세 가지 명언을 나눕니다.

- 학이시습지불역열호(學而時習之不亦說乎): 책을 통해서 지혜를 배우고 이를 실천하면서 살면 즐겁지 아니한가?

- 학이불사즉망(學而不思則罔), 사이불학즉태(思而不學則殆): 책을 읽되 생각하지 않으면 깨달음이 없고, 생각하되 책을 읽지 않으면 위험해진다.

• 덕불고필유린(德不孤必有隣): 덕이 있는 사람은 외롭지 않다. 반드시 동지가 있다.

* 편집자 주: 이외 다양한 쉐마교육 참가자들의 증언을 보시려면 쉐마교육연구원 홈피(www.shemaiqeq.org)에서 '쉐마교육을 아십니까?'를 클릭하세요.
02-3662-6567

부록 III

우리의 각오
쉐마교사대학 졸업생 선언문

기독교 역사를 되돌아보면, 2000년간 계속 하나님의 말씀과 성령의 촛대를 간직하고 있는 민족이나 국가는 거의 없다. 많은 복음주의자들이 말한다. "초대교회로 돌아가자!"고. 그러나 초대교회였던 계시록에 나타난 터키의 일곱 교회도 모두 죽어 있다. 그렇다면, 현재교회가 초대교회로 돌아가 마침내 죽자는 얘기인가? 이것은 교회개척이나 성령운동은 초대교회처럼 해야 하지만, 기독교교육을 초대교회처럼 하면 살아남지 못한다는 것을 뜻한다.

이러한 현상은 이제 남의 일이 아닌 우리의 일이 되었다. 한국은 1885년 4월 5일 하나님의 말씀이 어두움에 쌓였던 한반도에 들어오면서 우리 민족에게 밝은 빛이 보이며 경제성장과 아울러 평화의 시대를 구가해 왔다. 현재 한국 교회는 그 어느 때보다도 세계 선교에 열을 올리고 있지만 통계에 의하면, 한국의 유년 주일학교 증가율이 16년 전부터 줄고 있다(1993). 미국에 있는 교포 교회들의 경우도 2세 종교교육이 심각한 위기에 놓여 있다. 미주 교포 2세들이 대학을 졸업하면 90%가 교회에 안 나간다. 기존 교회 교육과 가정교육이 실패했다는 증거다.

우리가 명심해야 할 것은 역사적이나 지형학적으로 중국이나 일본은 하나님 없이도 잘살 수 있는 민족일지 모르나 한국만은 하나님 없이는 또다시 중국이나 일본의 종이 될 수밖에 없다는 사실이다. 이에 대한 대안을 찾기 위하여 우리는 무던히도 고민하며 기도하여왔다.

그런데 그 해답을 드디어 구약의 선민교육인 쉐마에서 찾았다. 이제 우리는 가정과 교회와 민족을 지키기 위하여 분연히 나설 때다. 1세 신앙의 유산을 자자손손 후세에게 물려주어 우리 민족의 영혼을 구원할 역사적인 사명을 인식해야 한다.

따라서 신약의 복음으로 구원받고 구약의 선민교육인 쉐마를 전수받은 우리는 모두 구약의 모세나 신약의 바울처럼 자기 민족을 먼저 뜨겁게 사랑해야 한다. 그뿐 아니라 전 세계에 흩어진 한국 민족 디아스포라에 복음과 함께 쉐마를 전하여 한국인 기독교인의 동질성을 회복하고, 자신의 자녀를 말씀의 제자삼아 자손만대에 하나님의 말씀을 전수해야 한다. 더 나아가서 온 세계에 쉐마를 전파하여 주님의 재림을 준비하는 역군이 되어야 한다.

교육 혁명이 시작되었습니다!
- 가정교육 · 교회교육 · 교회성장 위기의 대안 -

자녀교육 + 교회성장, 고민하지요?

Q1: 왜 현대 교육은 점점 발달하는 데 인성은 점점 더 파괴되는가?
Q2: 왜 자녀들이 부모와 코드가 맞지 않아 갈등을 빚는가?
Q3: 왜 대학을 졸업하면 10%만 교회에 남는가? 교회학교의 90% 실패 원인은?
Q4: 왜 해외 교포 자녀들이 남은 10%라도 부모교회를 섬기지 않는가?
Q5: 왜 현대인에게 전도하기가 힘든가?

근본 대안은 유대인의 '인성교육+쉐마교육'에 있습니다

- 어떻게 유대인은 위의 문제를 4,000년간 지혜롭게 해결하고 세계를 지배하고 있는가?
- 어떻게 유대인은 아브라함 때부터 현재까지 세대차이 없이 자손 대대로 말씀을 전수하는데 성공했는가?

■ 쉐마교육연구원은 무슨 일을 하나?

1. 2세 종교교육 방향제시
혼돈 속에 있는 2세 종교교육의 방향을 성경적이고 과학적인 연구에 의해 옳은 방향으로 제시해 준다.

2. 성경적 기독교교육 재정립
유대인의 자녀교육과 기존 기독교교육 자료를 중심으로 백년대계를 세울 수 있도록 한국인에 맞는 기독교교육 방법을 재정립한다.

3. 한국인에 맞는 기독교교육 자료(내용) 개발
현 한국 및 전 세계 한국인 디아스포라를 위해 한국인의 자녀교육에 맞는 기독교교육 내용을 개발한다.

4. 해외 및 기독교교육 문제 연구
시대와 각 지역 문화의 변화에 대처하기 위해 계속 연구하고 대안을 제시한다.

5. 교회교육 지도자 연수교육
각 지교회에 새로운 교회교육 지도자를 양성 보충하며 기존 지도자의 필요를 충족시켜준다.

6. 청소년 선도 교육 실시
효과적인 청소년 교육 프로그램을 개발하여 선도교육을 실시한다.

7. 효과적 성경 연구 및 보급
성경을 교육학적으로 보다 깊이 연구하고 효과적인 전달 방법을 개발하여 이를 보급한다.

8. 세계 선교 교육
본 연구원의 교육 이념과 자료가 세계 선교로 이어지게 한다.

■ '쉐마지도자클리닉'이란 무엇인가?

쉐마교육연구원은 세계 최초로 현용수 교수에 의해 설립된, 인간의 인성과 성경적 쉐마교육을 가르치는 인성교육 전문 교육기관이다. 본 연구원에서 가르치는 핵심 교육의 내용 역시 현 교수가 하나님이 주신 지혜로 계발한 것들이며, 거의 모두가 세계 최초로 소개된 인성교육의 원리와 실제를 함께 가르치는 성경적 지혜교육이다. 본 연구원은 바른 인성교육 원리와 쉐마교육신학으로 가정교육·교회교육·교회성장 위기의 대안을 제시해 준다.

쉐마교육연구원에서 주관하는 '쉐마지도자클리닉'은 전체 3학기로 구성되어 있다. 1주 집중 강의로 3차에 걸쳐 제1학기는 '유대인을 모델로 한 인성교육 노하우', 제2학기는 '유대인의 쉐마교육'이 국내에서 진행된다. 제3학기는 '유대인의 인성 및 쉐마교육 미국 Field Trip'으로 미국에서 진행되며 현용수 교수의 강의는 물론 L.A.에 소재한 유대인 박물관, 정통파 유대인 회당 및 안식일 가정 절기 견학 등 그들의 성경적 삶의 현장을 견학하고, 정통파 유대인 랍비의 강의, 서기관 랍비의 양피지 토라 필사 현장 체험을 한 후 현지에서 졸업식으로 마친다.

3학기를 모두 마친 이수자에게는 졸업 후 쉐마를 가르칠 수 있는 'Teacher's Certificate'를 수여하여 자신이 섬기는 곳에서 쉐마교육을 가르칠 수 있도록 도와준다.

■ 누가 참석해야 하는가?

- 기존 교육에 한계를 느끼고 자녀교육과 교회학교 문제로 고민하시는 분.
- 한국 민족의 후대 교육을 고민하며 그 대안을 간절히 찾고자 하시는 분.
- 하나님의 말씀을 자손에게 물려줄 수 있는 비밀을 알고자 하시는 분.
- 유대인의 효도교육의 비밀과 천재교육+EQ교육의 방법을 알고자 하는 분.

미국 : 3446 Barry Ave. Los Angeles, California 90066 USA
쉐마교육연구원 (310) 397-0067
한국 : 02)3662-6567, 070-4216-6567, Fax. 02)2659-6567
www.shemaiqeq.org shemaiqeq@naver.com

IQ·EQ 박사 현용수의 유대인 교육 총서 〈전46권〉

총론

인성교육론 + 쉐마교육론의 총론
IQ는 아버지 EQ는 어머니 몫이다 〈전3권〉

쉐마교육의 파워 증언록
쉐마교육을 아십니까?

인성교육 시리즈 〈11권〉

문화와 종교교육 〈저자의 박사 학위 논문〉	현용수의 인성교육 노하우 시리즈 〈전4권〉	IQ·EQ 박사 현용수의 쉐마교육 개척기 〈자서전〉	가정해체로 인한 인성교육 실종 대재앙을 막는 길 〈논문〉
유대인이라면 박근혜의 위기 어떻게 극복할까 〈대한민국 국가관〉	이스라엘을 모델로 좌파논리 쪼개기 〈기독교인의 바른 국가관과 정치관〉	제2의 이스라엘 민족 한국인 〈유대인과 한국인의 유사점 107가지〉	유대인의 리더쉽 개발 원리

쉐마교육 시리즈 〈24권〉

기독교에 유대인 교육이 필요한 이유 시리즈 〈전2권〉

실패한 다음세대 교육, 왜 유대인 교육이 답인가 〈부모여 자녀를 제자 삼아라1〉	세계선교의 한계, 왜 유대인 교육이 답인가 〈부모여 자녀를 제자 삼아라2〉

구약의 지상명령 시리즈 〈전3권〉

잃어버린 구약의 지상명령 쉐마 제1권 〈교육신학의 본질〉	잃어버린 구약의 지상명령 쉐마 제2권 〈교육신학의 본질〉	잃어버린 구약의 지상명령 쉐마 제3권 〈교육신학의 본질〉

유대인 아버지 교육 시리즈 〈전4권〉

유대인 아버지의 4차원 영재교육 〈아버지 교육 종합편〉	하브루타, 유대인 아버지의 IQ교육 〈아버지 신학 제1권〉	하브루타식 4차원 영재교육의 비밀 〈아버지 신학 제2권〉	자녀들아, 돈은 이렇게 벌고 이렇게 써라 〈경제 신학〉

유대인 어머니 교육 시리즈 〈전3권〉

유대인의 성교육 〈부부·성 신학〉	성경이 말하는 어머니의 EQ교육 〈전2권〉 〈어머니 신학〉

유대인 효도 교육 시리즈 〈전3권〉 / 유대인 신앙명가 시리즈 〈가정신학, 전4권〉

자녀의 효도교육 이렇게 시켜라 〈전3권〉 〈효 신학〉	신앙명가 이렇게 시켜라 〈전2권〉 〈가정 신학〉	한국형 주일가정식탁 예배 예식서 + 순서지

유대인의 고난의 역사교육 시리즈 〈전5권〉

하나님의 독수리 자녀교육 〈고난교육신학 1〉	유대인의 고난의 역사교육 〈고난교육신학 2〉	승리보다 패배를 더 기억하는 유대인 〈고난교육신학 3〉
고난을 기억하는 유대인 절기 교육의 파워 〈고난교육신학 4〉	유대인의 고난의 역사현장교육 〈고난교육신학 5〉	

탈무드 시리즈 〈7권〉

탈무드 1 : 탈무드의 지혜 (원저 마빈 토카아어, 편저 현용수)	탈무드 2 : 탈무드와 모세오경 (원저 마빈 토카아어, 편저 현용수)	탈무드 3 : 탈무드의 처세술 (원저 마빈 토카아어, 편저 현용수)	탈무드 4 : 탈무드의 생명력 (원저 마빈 토카아어, 편저 현용수)
탈무드 5 : 탈무드 잠언집 (원저 마빈 토카아어, 편저 현용수)	탈무드 6 : 탈무드의 웃음 (원저 마빈 토카아어, 편저 현용수)	옷을 팔아 책을 사라 (원저 빅터 솔로몬, 편저 현용수)	

이런 순서로 읽으세요 〈전40여권〉

- 인성교육론과 쉐마교육론 -

- 전체 유대인 자녀교육에 대한 총론을 알려면
  - 《IQ는 아버지 EQ는 어머니 몫이다》 (전3권)
- 유대인을 모델로 한 인성교육의 원리를 이해하려면
  - 《현용수의 인성교육 노하우》 (전4권)
- 인성교육론이 나오게 된 학문적 배경을 이해하려면
  - 《문화와 종교교육》 (현용수의 박사학위 논문)
  - 《IQ · EQ 박사 현용수의 쉐마교육 개척기》 (현용수의 자서전)
- 왜 기독교교육에 유대인 교육이 필요한지를 알려면
  - 《실패한 다음세대교육, 왜 유대인 교육이 답인가》
  - 《세계선교의 한계, 왜 유대인 교육이 답인가》
- 쉐마교육론(교육신학)이 나오게 된 성경의 기본 원리를 알려면
  - 《잃어버린 구약의 지상명령 쉐마》 (전3권)
- 가정 해체와 인성교육과의 관계를 알려면
  - 《가정 해체로 인한 인성교육 실종 대재앙을 막는 길》
- 대한민국 자녀의 이념교육 교재
  - 《이스라엘을 모델로 좌파 논리 쪼개기》 (기독교인의 바른 국가관과 정치관)
- 쉐마교육에 대하여 자세히 알고 싶으시면
  - 《쉐마교육을 아십니까》
- 유대인의 리더쉽 교육 원리와 방법을 알려면
  - 《유대인의 리더쉽 개발 원리》

각 쉐마교육론을 더 깊이 연구하려면 다음 책들을 읽으세요

- 아버지 신학 《하브루타, 유대인 아버지의 IQ교육》 (제1권)
- 아버지 신학 《하브루타식 4차원 영재교육의 비밀》 (제2권)
- 경제 신학 《자녀들아, 돈은 이렇게 벌고 이렇게 써라》
- 효 신학 《자녀의 효도교육 이렇게 시켜라》 (전3권)
- 가정 신학 《신앙명가 이렇게 세워라》 (전2권)
- 부부 · 성 신학 《유대인의 성교육》
- 어머니 신학 《성경이 말하는 어머니의 EQ 교육》 (전2권)
- 가정예배 《한국형 주일가정식탁예배 예식서》 (별책부록: 순서지)
- 고난교육신학 1 《하나님의 독수리 자녀교육》
- 고난교육신학 2 《유대인의 고난의 역사교육》
- 고난교육신학 3 《승리보다 패배를 더 기억하는 유대인》
- 고난교육신학 4 《고난을 기억하는 유대인 절기교육의 파워》
- 고난교육신학 5 《유대인의 고난의 역사 현장교육》
- 하나님의 선민 유대인과 한국인의 공통점 《제2의 이스라엘 민족 한국인》

앞으로 더 많은 교육 교재가 발간될 예정입니다. 계속 기도해 주세요.